AF349352

El contenedor

Jaime Rodrigo de Larrucea
Ricard Marí Sagarra
Joan Martín Mallofré

El contenedor

Técnicas, normas y usos de la unidad de carga del transporte intermodal

Jaime Rodrigo de Larrucea
Ricard Marí Sagarra
Joan Martín Mallofré

Colección: BIBLIOTECA DE LOGÍSTICA
Director: David Soler

EL CONTENEDOR
TÉCNICAS, NORMAS Y USOS DE LA UNIDAD
DE CARGA DEL TRANSPORTE INTERMODAL
1.ª edición, 2007
2.ª edición 2012
3.ª edición 2023

© 2007, 2012, 2023, Jaime Rodrigo de Larrucea,
   Ricard Marí Sagarra, Joan Martín Mallofré
© de esta edición, incluido el diseño de la
   cubierta, ICG Marge, SL

Edita: Marge Books
València, 558 - 08026 Barcelona
Tel. 931 429 486 - marge@margebooks.com
www.margebooks.com

Gestión editorial: Adrià Gibernau
Compaginación: Mercedes Lara
Impresión: Safekat, SL (Madrid)

ISBN edición impresa: 978-84-19109-43-9
ISBN edición digital: 978-84-19109-44-6
Depósito Legal: B 6237-2023

Procedencia de las ilustraciones:

Archivos de los autores y:

ASC, 143
Autoridad Portuaria de Bilbao, 171
Autoridad Portuaria de la Bahía de Algeciras, 100
Autoritat Portuària de Tarragona, 117, 126a, 131a
Boba Jovanovic, 256
Cargotec, 123, 153
ECT (Europe Container Terminals), 131b, 137
Fernández Sasiaín, Francisco, 58b
HHLA, 150b
Hyster, 126b
J2 Servit, 272
JSV, 39, 43b,
Kalmar, 125b, 152
Kopo-Trans, 232
Marge Books, 28-29, 48-49, 55, 57, 58a, 69, 82, 87
Marshall, Jasmine, 142, 149, 150a, 155, 156, 157, 158
Martínez, Juanjo, 40, 79, 125a, 169, 170a, 173, 274
MRW, 56
Nisa, 44
Paceco España, SA, 124, 132-133
Port Strategy, 151
Precintia, 229
Puerto Seco de Burgos, 102
Puerto Seco Madrid, 122
Shipping Containers, 45b
TCL (Terminal de Contentores de Leixões, SA), 115
Truckmo, 46
UPS, 47

 El papel empleado en este libro no ha sido blanqueado con cloro elemental (Cl_2).

Índice

Capítulo 3
El puerto 95

Capítulo 4
Equipamientos de la terminal 121

Capítulo 5
El buque portacontenedores y su equipamiento 165

Capítulo 6
Seguridad de la carga y del transporte 211

Capítulo 7
Daños y averías 239

Capítulo 8
Régimen jurídico del transporte marítimo de contenedores. 277

Presentación a la tercera edición

Hablar o, mejor dicho, escribir sobre el contenedor, el recipiente mágico que ha transformado el comercio internacional y el mundo del transporte constituye un objetivo sumamente ambicioso. La primera edición de *El transporte en contenedor,* en 2007, supuso una contribución importante en la literatura técnica y profesional de habla hispana, y en tal sentido tuvo una importante acogida entre el público profesional. En este sentido, resulta muy grato prologar esta tercera edición de 2023, que acredita la utilidad de las anteriores ediciones y supone una referencia clásica en la materia.

Sin embargo, la importante expansión de la industria del contenedor y los sucesivos desarrollos legislativos (Incoterms, Reglas de Rotterdam, legislaciones nacionales sobre los sistemas portuarios, etc.), unido a las innovaciones tecnológicas (desarrollo de las terminales automatizadas o semiautomatizadas y los nuevos equipos operativos, el control de pesos VGM; la incorporación de una nueva generación de nuevos buques portacontenedores [ULCS 24000 TEU], logística inversa del contenedor, etc.); hacían imprescindible una actualización y un nuevo tratamiento de esta temática.

El crecimiento exponencial del contenedor debido a un conjunto de causas múltiples, como son el incremento del comercio internacional, las economías de escala, la globalización y desarme arancelario, la relevancia del transbordo de contenedores, etc., han creado una nueva tipología de buques gigantes que plantean nuevos retos a la seguridad marítima. Resulta sumamente ilustrativo el caso del *Ever Given* en el canal de Suez en 2021, que colapsó el comercio mundial y nos obligó a reflexionar sobre la seguridad del transporte marítimo y sus limitaciones.

Este es el objetivo final del presente trabajo, transmitir al lector una visión panorámica actualizada del conjunto de facetas técnicas, jurídicas y comerciales que envuelven el contenedor y su industria. Asimismo, desde una perspectiva más pedagógica, se ha pretendido elaborar una obra de referencia que sea de utilidad para quien busque una introducción sobre el contenedor, y para el experto en sus problemáticas cotidianas. En este sentido, se ha hecho un esfuerzo editorial en el tratamiento de las tablas, los gráficos y las fotografías, sin perder de vista la claridad y practicidad de la publicación.

Esta aventura requería de compañeros de viaje cualificados. En primer lugar, de David Soler y de la editorial Marge Books, con su prestigiosa colección Biblioteca de Logística; y de mis amigos y compañeros Ricard Marí y Joan Martín. Igualmente, debo agradecer la ayuda inestimable de Antonio Díaz Hellín, de la empresa Paceco España, y de Carlos Martí, de la compañía DP World, con sus aportaciones de materiales sobre los nuevos equipos de las terminales de contenedores. Todos ellos son tributarios de mi más sentido agradecimiento y un factor determinante del buen fin de esta aventura. Por el contrario, todas las inexactitudes o deficiencias son solo atribuibles a mi persona.

JAIME RODRIGO DE LARRUCEA

El contenedor

Jaime Rodrigo de Larrucea
Ricard Marí Sagarra
Joan Martín Mallofré

Capítulo 1
El contenedor de transporte

1 El contenedor en la historia

La necesidad de agrupar las cargas para su transporte está presente en la mente de la humanidad desde que en algunas civilizaciones de la antigüedad se empezó a comerciar con cantidades significativas de mercancías. Su finalidad siempre ha sido franquear con mayor facilidad grandes distancias con los medios de transporte que cada época ha proporcionado, hasta llegar a la tecnología aplicada en nuestros días (véase la tabla 1.1).

2 Evolución del uso del contenedor en el transporte internacional

Prácticamente desde su nacimiento, pero de manera más intensa desde las últimas décadas del pasado siglo xx, el uso del contenedor mantiene un crecimiento espectacular, que se evidencia en las tendencias de las estadísticas anuales de los principales puertos comerciales del mundo. Salvo las excepciones de un escaso número de puertos que mantienen un crecimiento nulo, la mayoría hace décadas que apostó decididamente por la intermodalidad del transporte, adaptándose a las necesidades de los usuarios en cuanto a rapidez y seguridad en los tráficos de mercancías. Se ha afirmado que el contenedor es una de las grandes creaciones del hombre y ha transformado nuestra realidad contemporánea.[1] El creador de la «cajita» maravillosa que es el

---

[1] Véase Levinson M. *The Box: How the Shipping Container Made the World Smaller and the World Economy Bigger;* Princeton Universiy Press, 2006.

EVOLUCIÓN DEL CONCEPTO DE CONTENEDOR				
Fecha	*Tipo*	*Características*	*Procedencia*	*Aplicación*
Siglo III a.C.	Ánfora	Barro	Imperio griego	Líquidos
	Dolium	Cajas	Imperio romano	Mercancías diversas
1830	*Less transcar*	Unidades	Inglaterra	Mercancías diversas
1911	Contenedor	18 × 8 × 8 pies	EEUU	Servicio regular
1928	Contenedor	Unidades	Italia	Transporte automóviles
1940-1945	Caja estándar	Madera	EEUU	Armamento
Posterior a 1945	Caja	Madera y acero (6 × 6 × 6 pies)	EEUU	Armamento en la Guerra de Corea
1954	Contenedor	35 × 8 × 8	EEUU	Interior EEUU
1958	Contenedor	Unidades ISO	Europa	Recomendaciones
1965	Contenedor	ISO normalizada	Europa	Normativa
1967	Contenedor	Cantoneras	ISO	Normativa

Tabla 1.1. Evolución del concepto de contenedor a lo largo de la historia.

contenedor, en el contexto de la posguerra mundial, fue el norteamericano Malcolm McLean.

Malcolm McLean era una persona de origen humilde y transportista terrestre de profesión. Un día, mientras descargaba unos fardos de su vehículo y los colocaba uno por uno en el interior de un buque del puerto, se preguntó por qué no era posible levantar la carrocería del camión y subirla al buque con toda la mercancía. Le pareció lo más lógico, puesto que llevar uno a uno los fardos o las cajas era un trabajo realmente pesado que suponía una gran pérdida de tiempo. Así pues, la idea básica de McLean era la de poder llenar un buque con estos contenedores, descargarlos en su destino y cargar otros.

McLean llevó esa idea a un grupo de amigos, entre los que se encontraba el ingeniero Charles Tushing. Este último tomó la idea básica de McLean e incorporó algunos detalles técnicos sobre cómo levantar los contenedores y depositarlos en los barcos. Según explica el presidente de la Fundación de Historia de la Contenerización, «es el mismo sistema básico que se utiliza hoy día».

El primer buque portacontenedores fue el *Ideal-X*, que zarpó el 26 de abril de 1956 del puerto de Newark con 58 contenedores de 20 pies de largo y en seis días llegó a

Houston. El éxito fue casi inmediato, lo único que faltaba era crear un sistema viable para poder hacer todo el proceso de una forma eficiente y rápida. De hecho, el éxito fue tan fulgurante que la compañía Dupont llenó el buque con contenedores para su viaje de regreso a Newark.

La necesidad de agilizar el proceso de carga y descarga de contenedores llevó rápidamente al desarrollo de un nuevo negocio, el de las grúas portacontenedores. Se formó un negocio nuevo y distinto, increíblemente grande si uno piensa en el tamaño de una de esas grúas. Gracias a aquella primera y atrevida aventura del *Ideal-X*, Malcolm McLean creó la compañía SeaLand Service que ha pasado a la historia del transporte y de la que actualmente es propietaria la naviera Maersk.

2.1   *El transporte de contenedores en la actualidad*

Con la llegada del contenedor se inició el declive de la carga general, que era hasta entonces el tipo de transporte de mercancías más importante por vía marítima. Los clásicos buques con cuatro o más bodegas de carga, con sus respectivos entrepuentes, están en vías de extinción, a excepción de algunos casos de buques que se dedican al transporte de cargas especiales.

La estandarización de los espacios de carga en los buques portacontenedores facilita las operaciones de carga y descarga, con el resultado de mayor rapidez y menor tiempo de estancia del buque en el puerto. Asimismo, la estandarización del contenedor no solamente afecta a los buques sino que influye directamente en el funcionamiento de las terminales portuarias que los acogen, las terminales ferroviarias de contenedores, los depósitos de contenedores, las plataformas para el transporte de contenedores por carretera, etc. En definitiva, el incremento de los estándares del transporte intermodal aporta como ventaja el ahorro de costos y tiempo, en detrimento del transporte de mercancías en régimen de carga general, lento y de mayor costo.

Según un informe sobre tráfico portuario elaborado por la consultora Ocean Shipping Consultants, el tráfico mundial de contenedores fue en 1980 de 36 millones de TEU,[2] para alcanzar en solo veinte años, en el 2000, los 234 millones. En 2010 el movimiento de mercancías contenerizadas llegó a los 579 millones de TEU, después de un breve descenso en 2009 a causa de la crisis financiera y económica internacional, y en 2016 fue de 701 millones de TEU.

---

[2] TEU, siglas de *twenty feet equivalent unit,* unidad de medida equivalente a un contenedor de 20 pies. Las capacidades globales de buques o terminales de contenedores se realizan mediante el TEU.

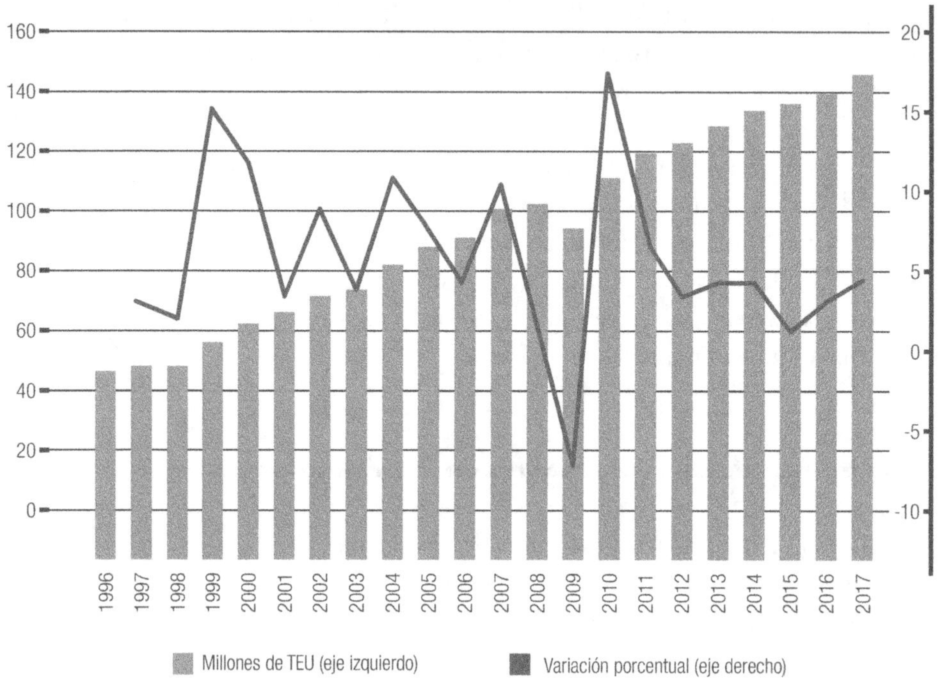

Figura 1.1. Comercio contenerizado mundial, 1996-2017.
Fuente: Informe sobre el transporte marítimo, 2017, *UNCTAD.*

Por otro lado, el informe COST-315[3] estudia las consecuencias de la introducción de los contenedores ISO serie 2, a partir de un informe elaborado por el Comité Técnico 104 de la ISO, en el que se especifican las dimensiones y otros aspectos técnicos de una futura generación de contenedores. Una de las principales razones de este informe es la problemática que presenta la estiba de palés con medidas europeas en los contenedores de la serie ISO 1.[4]

Según la Comisión de las Naciones Unidas para el Comercio y Desarrollo (UNCTAD),[5] tras la contracción económica de 2009, el transporte marítimo internacional no ha dejado de experimentar un crecimiento sostenido, con un aumento sustancial de los volúmenes, en especial en los segmentos comerciales de las mercancías de granel seco y los contenedores, pasando de los 7.800 millones de toneladas de ese año, a los 10.300 en 2016.

---

[3] COST, siglas de *Coopération européenne dans le domaine de la recherche Scientifique et Technique.*
[4] El palé tipo europeo tiene unas medidas de 1.000 × 1.200 mm o 800 × 1.200 mm.
[5] Véase *Informe sobre el transporte marítimo, 2017,* UNCTAD.

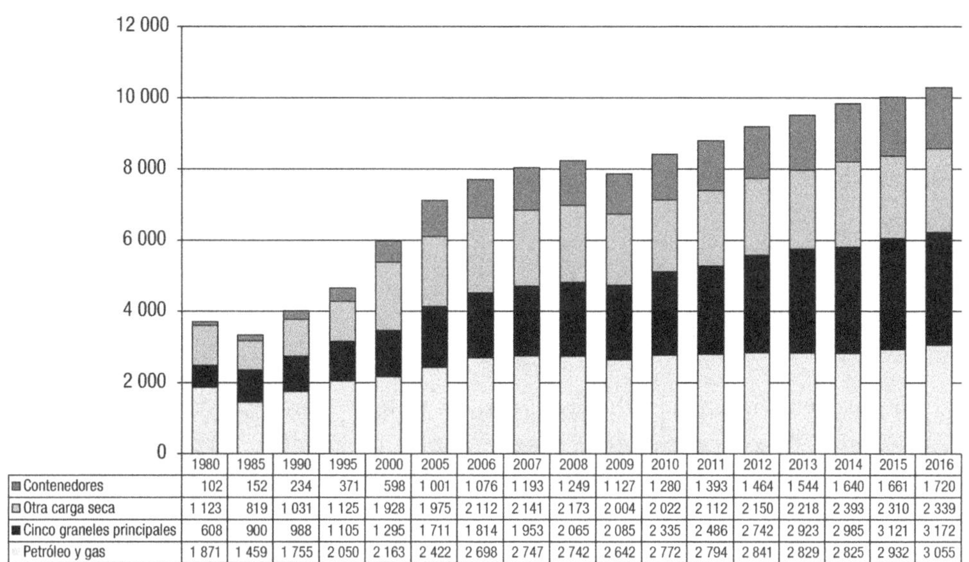

	1980	1985	1990	1995	2000	2005	2006	2007	2008	2009	2010	2011	2012	2013	2014	2015	2016
Contenedores	102	152	234	371	598	1 001	1 076	1 193	1 249	1 127	1 280	1 393	1 464	1 544	1 640	1 661	1 720
Otra carga seca	1 123	819	1 031	1 125	1 928	1 975	2 112	2 141	2 173	2 004	2 022	2 112	2 150	2 218	2 393	2 310	2 339
Cinco graneles principales	608	900	988	1 105	1 295	1 711	1 814	1 953	2 065	2 085	2 335	2 486	2 742	2 923	2 985	3 121	3 172
Petróleo y gas	1 871	1 459	1 755	2 050	2 163	2 422	2 698	2 747	2 742	2 642	2 772	2 794	2 841	2 829	2 825	2 932	3 055

Figura 1.2. Comercio marítimo internacional 1980-2016 (millones de toneladas cargadas).
Fuente: Informe sobre el transporte marítimo, 2017, *UNCTAD.*

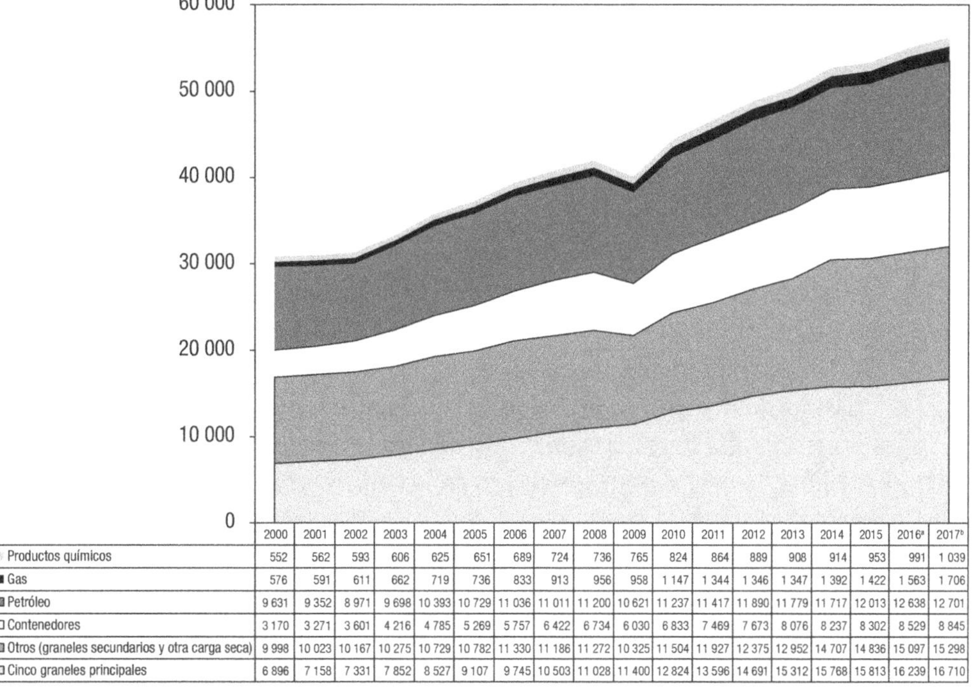

	2000	2001	2002	2003	2004	2005	2006	2007	2008	2009	2010	2011	2012	2013	2014	2015	2016[a]	2017[b]
Productos químicos	552	562	593	606	625	651	689	724	736	765	824	864	889	908	914	953	991	1 039
Gas	576	591	611	662	719	736	833	913	956	958	1 147	1 344	1 346	1 347	1 392	1 422	1 563	1 706
Petróleo	9 631	9 352	8 971	9 698	10 393	10 729	11 036	11 011	11 200	10 621	11 237	11 417	11 890	11 779	11 717	12 013	12 638	12 701
Contenedores	3 170	3 271	3 601	4 216	4 785	5 269	5 757	6 422	6 734	6 030	6 833	7 469	7 673	8 076	8 237	8 302	8 529	8 845
Otros (graneles secundarios y otra carga seca)	9 998	10 023	10 167	10 275	10 729	10 782	11 330	11 186	11 272	10 325	11 504	11 927	12 375	12 952	14 707	14 836	15 097	15 298
Cinco graneles principales	6 896	7 158	7 331	7 852	8 527	9 107	9 745	10 503	11 028	11 400	12 824	13 596	14 691	15 312	15 768	15 813	16 239	16 710

Figura 1.3. Comercio marítimo mundial por tipo de carga, 2000-2017.
Fuente: Informe sobre el transporte marítimo, 2017, *UNCTAD.*

El precio de los buques nuevos fue menor en todos los tipos de buques en 2010, debido a la visión del mercado que en el corto plazo la capacidad de la flota mundial era suficiente para satisfacer el comercio mundial.

El índice de conectividad del transporte marítimo de línea pone de manifiesto que China sigue siendo el país más conectado. Le siguen Hong Kong (China), Singapur y Alemania.

3 Ventajas del transporte en contenedor

El transporte en contenedor ofrece numerosas ventajas para una amplia tipología de mercancías. Entre estas destacan las siguientes:

- La reducción del número de manipulaciones es un factor significativo en cuanto al cumplimiento de los plazos previstos para la entrega de los envíos.
- El contenedor, al tratarse de un envase estanco, cerrado y precintado, aporta mayor seguridad en cuanto a las faltas y los robos en los productos transportados.
- Las mercancías transportadas en contenedor están menos expuestas a averías, tanto por el menor número de manipulaciones de la carga como por la mayor seguridad en la estiba que este ofrece, lo que permite reducir la prima del seguro de transporte.
- Una mayor fluidez en los trámites de la documentación que acompaña a las expediciones.
- La mayor rapidez en las operaciones de carga y descarga de los buques dedicados al transporte de contenedores reducen el tiempo de estancia de este en el puerto, y, al mismo tiempo, los gastos de estadías, combustible, nóminas y otros.
- La reducción de los gastos de estiba y desestiba. Las operaciones de carga-descarga y estiba-desestiba se llevan a cabo con medios mecánicos, de manera que se ahorran todas las manipulaciones manuales de estiba-desestiba en bodegas y entrepuentes clásicas de la carga general, con el consiguiente ahorro en tiempo y dinero.
- En las terminales portuarias, los contenedores se estiban en grandes explanadas al aire libre, lo cual supone un ahorro en la construcción y el mantenimiento de tinglados.
- Un mejor aprovechamiento de la capacidad de los medios de transporte.
- La reducción de los gastos de embalaje. Las mercancías están protegidas por los contenedores, por lo que no es necesaria una protección extra de empaquetado contra riesgos como el robo, las inclemencias del tiempo, etc.
- Ciertas mercancías, como la maquinaria de pequeño tamaño, se pueden transportar sin embalaje, asegurando solamente un buen trincado dentro del conte-

nedor. De este modo, al evitar el uso del embalaje se reducen costos y espacio
de carga.
- Para las compañías navieras es más económico la construcción de un buque portacontenedores que la de un buque convencional, puesto que se ahorra en la instalación de todos los medios de carga y descarga de cubierta (palos, grúas, jarcias,
  escotillas,[6] etc.), con el consiguiente ahorro en el mantenimiento de los mismos.

4 Desventajas en el uso del contenedor

A pesar de las ventajas detalladas en el apartado anterior, en el transporte en contenedor
también pueden considerarse algunos inconvenientes, como son los siguientes:

- Aunque es sumamente amortizable, se debe tener en cuenta el precio de construcción de cada contenedor; este costo es inexistente cuando se trata de carga
  general no contenerizada.
- Se deben considerar los costos de mantenimiento del contenedor a lo largo de
  su vida comercial: reparaciones de daños ocasionados durante su explotación,
  pintado interior y exterior de paneles, mantenimiento de los bajos del contenedor, reemplazo de las partes del contenedor deterioradas por el uso (WT),[7]
  limpiezas, etc.
- Si bien en los países considerados desarrollados el uso del contenedor es útil para
  el transporte de mercancía manufacturada hacia países en vías de desarrollo, estos últimos basan mayoritariamente su economía en la exportación de materias
  primas, generalmente a granel y donde no es práctico el uso del contenedor. Ello
  genera unas considerables existencias de contenedores en los puertos de dichos
  países, con el consiguiente costo de almacenaje y devolución.
- En época de crisis económica, durante la cual las importaciones y exportaciones
  sufren importantes recesiones, los depósitos de contenedores aumentan sus existencias, e incrementan al mismo tiempo los gastos de almacenaje para las navieras
  y las empresas de alquiler de contenedores.
- El uso del contenedor requiere una logística de ámbito internacional en la que se
  debe tener en cuenta la operativa de los depósitos de almacenaje, el mantenimien-

---

[6] Existen buques portacontenedores sin tapas de escotilla *(hatch cover-less container carrier),* lo
cual les convierte en buques no estancos al agua y a la luz. Esta no estanqueidad de la cubierta queda
compensada con un fiable sistema de achique.

[7] WT, siglas de *were and there.*

to y la reparación de contenedores repartidos por la mayoría de puertos de la red mundial, la inspección de los contenedores a cargo de los comisarios de averías o inspectores de carga *(surveyors)* requeridos por las navieras o por las empresas de alquiler, el movimiento de contenedores vacíos dependiendo de la oferta y la demanda, etc. El desequilibrio operativo en el posicionado de contenedores por las actuales rutas oceánicas unido a los problemas de congestión portuaria en las terminales, ha dado lugar a la llamada logística inversa del contenedor *(container reverse logistic),* más allá de que las grandes navieras dispongan de programas propios de equipo, se han desarrollado diversas técnicas instrumentales de tratamiento del equipo: triangulación, *match back,* reposicionado; en orden al tratamiento de la logística inversa del contenedor.

En el interior de Europa continental, en el transporte por carretera, predomina el uso de cajas móviles, remolques, semirremolques, etc. En consecuencia, los contenedores recibidos en sus respectivos destinos deben ser devueltos a las zonas portuarias para un posterior llenado, con los gastos de transporte y almacenaje que ello comporta.

5   Aspectos técnicos del contenedor

5.1   Normalización

El contenedor puede definirse como un recipiente o una caja de dimensiones normalizadas y de construcción estándar en el cual se cargan toda clase de mercancías para ser transportadas en uno o varios modos de transporte (marítimo, aéreo, ferroviario o por carretera), en lo que se conoce como transporte intermodal. De manera genérica, se denomina contenerización al transporte de carga mediante el uso de contenedores.

La recomendación ISO-R-668, de enero de 1968, referente a la «terminología del contenedor», lo definió como un artículo del equipamiento de transporte, que debía cumplir los siguientes requisitos:

- Tener carácter permanente y ser resistente para soportar un uso reiterado.
- Estar diseñado de manera que facilite su movilidad en una o más modalidades de transporte, sin necesidad de descargar la mercancía en centros intermedios.
- Estar provisto de dispositivos que permitan su fácil manejo, particularmente durante la transferencia de un vehículo a otro en una o más modalidades de transporte.

– Estar proyectado de modo que permita su fácil llenado y vaciado.
– Tener un volumen interno de 35,3 pies cúbicos (un metro cúbico) o más.

Con posterioridad, la International Standard Organization (ISO) creó en julio de 1968 la R-790, donde se definen las marcas de identificación; en enero de 1970 la R-1161, donde se hacen recomendaciones sobre los «dados»; y en octubre de 1970 la R-1897, donde se establecen las dimensiones mínimas internas de las unidades para carga general.

En paralelo, la comunidad internacional se ocupó de esta cuestión y en 1972 se celebró una conferencia, organizada por Naciones Unidas y la OMI (Organización Marítima Internacional), para examinar un proyecto de convenio elaborado por este organismo en colaboración con la Comisión Económica Europea, cuyo resultado fue el Convenio Internacional sobre Seguridad de los Contenedores (CSC 1972), con posteriores enmiendas en 1981, 1983, 1991 y 1993.

Los anexos técnicos de este convenio determinan las pruebas periódicas que deben llevarse a cabo sobre los contenedores para garantizar su seguridad estructural, sometiéndolos a cargas de prueba en izada, apilamiento, cargas concentradas, rigidez transversal, pruebas estáticas, en paredes extremas y paredes laterales. Parte de dicha información debe registrarse en la «placa de aprobación de seguridad», lo cual será permanente, incorrosible e inconvertible, mientras el contenedor vaya superando satisfactoriamente las pruebas.

5.1.1 Convenio sobre la Seguridad en Contenedores (CSC)

Convenio firmado el 1972 y que entró en vigor el 1977, realizado en el marco de una conferencia conjunta entre la OMI y la ONU. El tratado tiene dos objetivos:

* **Seguridad en la manipulación de los contenedores**
  Mantener un alto nivel de seguridad en el transporte y la manipulación de contenedores, ofreciendo prescripciones sobre resistencias, controles y pruebas. En relación a estas pruebas, cabe señalar que para que un contenedor consiga la aprobación con el sello de la sociedad de clasificación Germanischer Lloyd, por ejemplo, deberá obtener unos valores equivalentes a 1,5 veces los prescritos por el CSC.

* **Fomento del transporte internacional de contenedores**
  Donde se engloban las normas de estandarización y documentación de los propios contenedores en todos los países firmantes, con el objetivo de que el contenedor viaje con el mínimo posible de formalidades administrativas.

Este convenio se debe aplicar a todos los contenedores que tengan cantoneras y unas medidas mínimas, excepto los dedicados exclusivamente al transporte aéreo. Para que un contendedor pueda ser utilizado debe pasar una inspección por parte de un Estado contratante del CSC. Cabe destacar que determinadas empresas han sido habilitadas para realizar tales inspecciones y suelen exigir unos estándares más altos; entre ellas cabe citar Lloyd Register, Bureau Veritas, Germanischer Lloyd y American Bureau of Shipping (ABS).

La Administración o su representante autorizado ha de facultar al fabricante para que coloque en los contenedores aprobados una placa identificativa relativa a la seguridad con los datos técnicos pertinentes.

La clave de este convenio reside en el principio de aceptación recíproca de los contenedores aprobados en cuanto a su seguridad por parte de los Estados contratantes. El mantenimiento posterior de un contenedor es responsabilidad del propietario, al que incumbe que el contenedor se someta periódicamente a revisión.

El anexo técnico del convenio prescribe específicamente que el contenedor ha de ser objeto de diversas pruebas que representen una combinación de las prescripciones de seguridad, tanto para el transporte de tierra como para el marítimo.

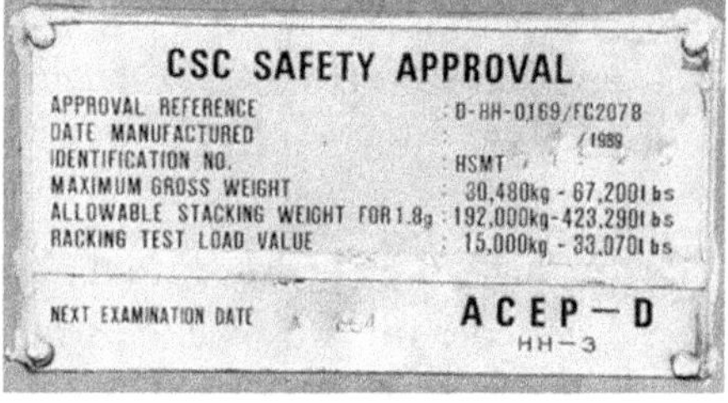

Figura 1.4. Placas CSC de aprobación de seguridad.

5.2 Fabricación y elementos constructivos

Desde el punto de vista de la fabricación, las características básicas de un contenedor son:

- Los límites de la estructura exterior no deben ser rebasados por ningún dispositivo o elemento añadido.
- No se debe exceder el peso que establece la normativa internacional.
- Tiene que ser completamente estanco.
- Llenado al máximo de su capacidad, se debe poder apilar a seis alturas mediante dispositivos colocados en las esquinas superior o inferior.
- El suelo debe resistir la presión de una carga de un mínimo de 200 kg, de manera uniforme, sobre una superficie de 600 × 300 mm.
- Los paneles delanteros y traseros deben poder soportar una carga repartida de manera uniforme de un mínimo de 0,4 veces el máximo de carga útil; mientras en los paneles laterales esta resistencia debe ser de 0,6 veces.
- Tienen que disponer, por lo menos, de una puerta de la mayor dimensión posible en uno de sus extremos.

El contenedor puede dividirse en tres partes: la estructura, las paredes y la base.

La estructura, que es la parte responsable de la resistencia, está hecha de una aleación de acero, y el resto de las partes están construidas con aluminio, material sintético, acero, madera o con la combinación de algunos de estos elementos.

Con el uso del aluminio, el peso del contenedor es un tercio inferior respecto al de acero, y, además, presenta una elevada resistencia a la corrosión, si bien en su conjunto es más vulnerable a los golpes y el costo de fabricación es más elevado.

La madera de la base recibe un tratamiento fungicida, aplicado por medio de autoclaves apropiados para uso en madera.

Las pinturas utilizadas en los contenedores son de calidad especial, con garantía para un determinado tiempo de exposición a las más severas condiciones de trabajo. Las más usuales, con distintos procedimientos de aplicación y de secado, son las siguientes:

- *Pinturas acrílicas:* gran dureza y cierta flexibilidad.
- *Pinturas epoxídicas:* elevado grado de resistencia a los agentes atmosféricos.
- *Pinturas alkídicas:* gran dureza; secan rápido por aplicación de calor.
- *Pinturas cauchocloradas::* resistencia a la corrosión y a los productos químicos.
- *Pinturas de poliuretano:* gran durabilidad y resistencia a la corrosión y abrasión; secan al aire.

La terminología de las partes constituyentes de un contenedor se muestra en las figuras 1.5 y 1.6.

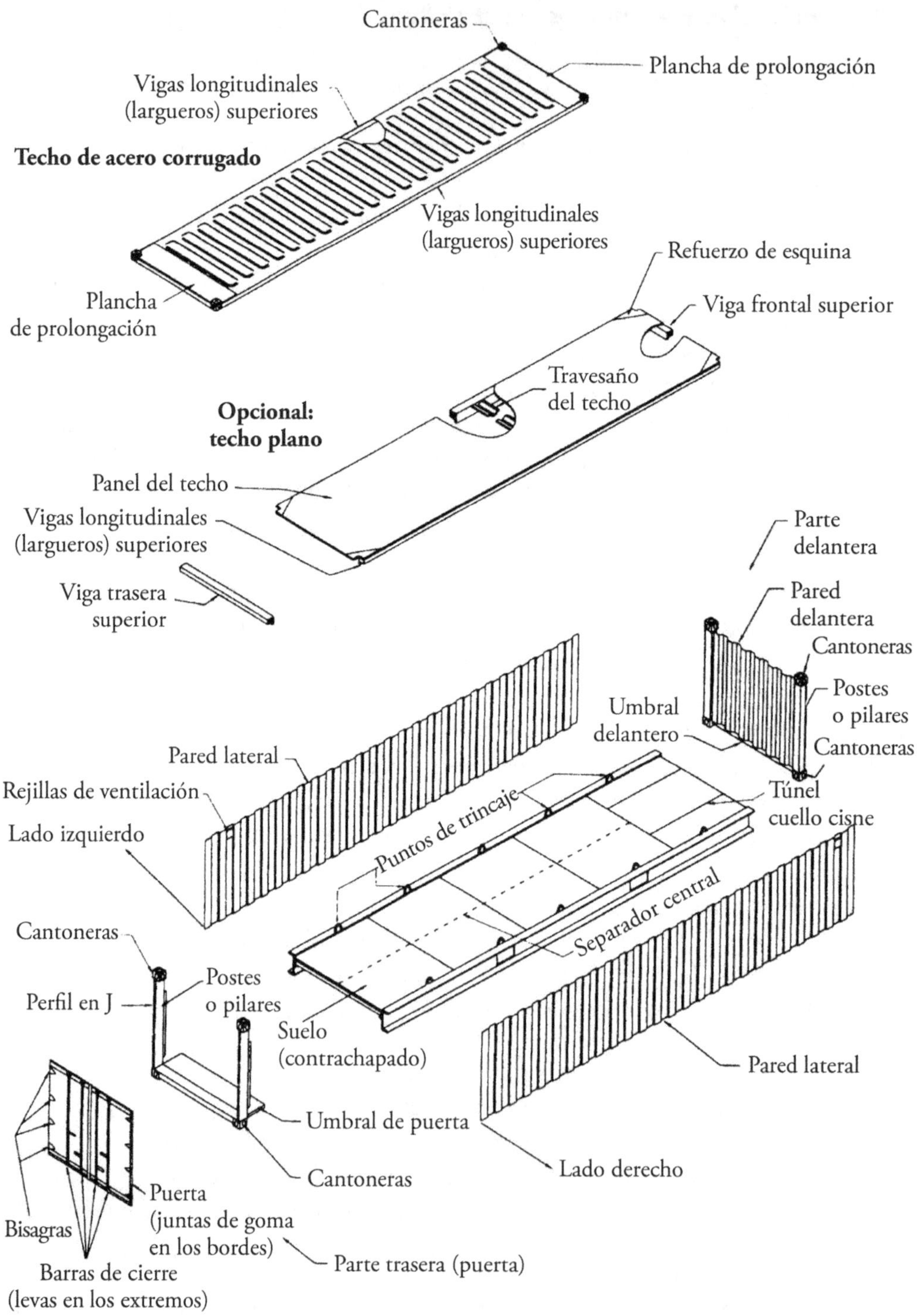

Figura 1.5. Terminología de los elementos que constituyen un contenedor.

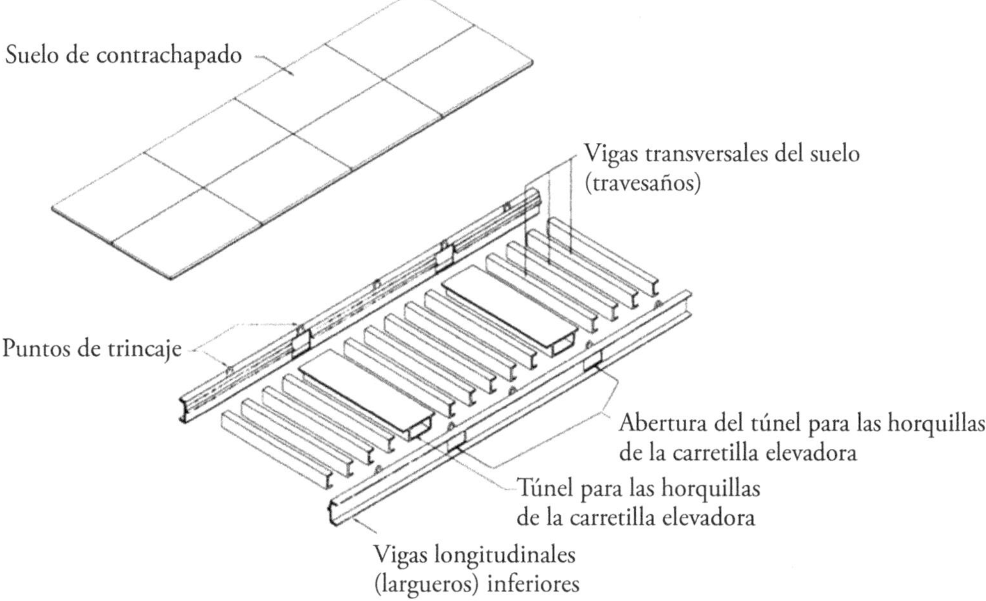

Figura 1.6. Detalle del suelo de un contenedor estándar de 20'.

5.3 Dimensiones y capacidad

Las dimensiones y capacidades del contenedor obedecen a las recomendaciones de la norma ISO, y para los principales tipos de contenedores son las que se resumen en la tabla 1.2, válidas para mediciones con una temperatura de 20 °C.

Los volúmenes indicados hacen referencia al máximo volumen calculado para el contenedor totalmente cargado. Dicho volumen es entre un 10 y un 15 % menor que la capacidad real del contenedor, teniendo en cuenta las dimensiones de las cargas, según envases normalizados. En la figura 1.7 se muestra un ejemplo en el que en un contenedor de 20 × 8,6 pies las cajas tienen una altura uniforme de 20 pulgadas, y la longitud y la anchura son mayores que la altura. Si el cálculo aporta un volumen de 1.170 pies cúbicos, la altura de 14 pulgadas del espacio vacío en la parte superior de la estiba de cajas dará una pérdida de ocupación para carga de unos 170 pies cúbicos.

Con sus respectivos volúmenes útiles y la capacidad de carga máxima, estas dimensiones, especialmente el ancho, buscan la intermodalidad con el ferrocarril y la carretera, así como facilitar el transporte por mar en los buques especializados. Estos buques portacontenedores poseen células-guía con dimensiones apropiadas para recibir los contenedores sin necesidad de sujeción, transportándolos con seguridad

DIMENSIONES DE LOS CONTENEDORES DE TRANSPORTE							
	Dimensiones internas (mm)			*Capacidad y carga útil*		*Con puertas abiertas (mm)*	
	Largo	*Ancho*	*Alto*	*Volumen (m³)*	*Carga máxima (kg)*	*Ancho*	*Alto*
Contenedor cerrado, seco o de carga general *(dry container)*							
20'	5.898	2.352	2.393	33,2	21.740	2.340	2.280
40'	12.032	2.352	2.393	67,7	26.630	2.340	2.280
HC	12.032	2.352	2.698	76,3	26.520	2.340	2.585
45'	13.556	2.352	2.695	86	27.910	2.340	2.579
Contenedor de costado abierto *(open side)*							
20'	5.896	2.310	2.255	31	22.470	2.236	1.960
Contenedor frigorífico *(reefer container)*							
20'	5.444	2.284	2.267	28,5	21.135		
40'	11.583	2.284	2.250	58,7	26.580		
HC	11.583	2.286	2.556	67,9	26.380		
45'	13.102	2.286	2.509	75,4	27.300		

Continuación

		Dimensiones internas (mm)			Capacidad y carga útil		Con puertas abiertas (mm)	
		Largo	*Ancho*	*Alto*	*Volumen (m^3)*	*Carga máxima (kg)*	*Ancho*	*Alto*
	Contenedor sin techo *(open top container)*							
	20'	5.900	2.330	2.337	32,6	21.740		
	40'	12.025	2.330	2.337	65,8	26.410		
	Contenedor plataforma *(flat rack container)*							
	20'	5.628	2.178	2.159	/	21.740		
	40'	11.762	2.178	1.986	/	26.410		
	Contenedor cisterna o tanque *(tank container)*							
	20'	/	/	/	21	27.410		
	Contenedor granelero *(bulk container)*							
	20'	5.838	2.366	2.374	32,7	28.030		

Tabla 1.2. Dimensiones de los principales tipos de contenedores de transporte.

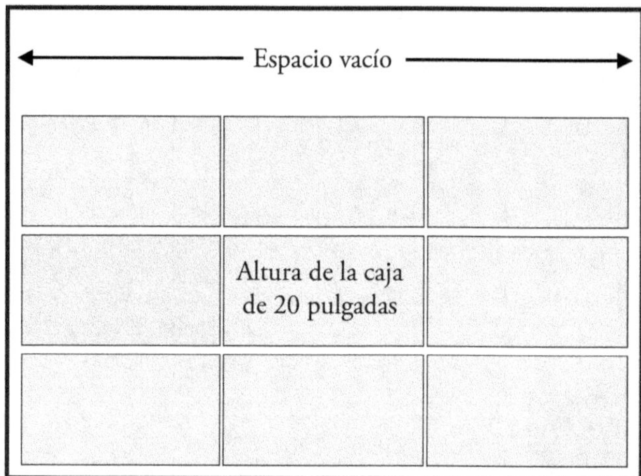

Figura 1.7. Ejemplo de ocupación en un contenedor.

y ofreciendo rapidez durante las operaciones de manipulación de las unidades de carga.

Los más utilizados son los contenedores de 20 pies (6 m) y 40 pies (12 m) de longitud, con un volumen útil medio de 30 a 33 m³ y de 60 a 67 m³, respectivamente, en tanto la carga útil media es del orden de 21.000 y 27.000 kg, también respectivamente.

Un aspecto de gran importancia es la diferencia que hay entre el volumen útil del contenedor y el volumen efectivamente ocupado por la carga acondicionada dentro de este, provocada por la incompatibilidad de dimensiones entre los embalajes y el espacio disponible en el interior del contenedor.

La diferencia que hay entre el volumen de la carga y el volumen del contenedor es el denominado «factor de pérdida de estiba», que, como puede apreciarse en la tabla 1.3, adquiere distinto porcentaje según la capacidad del contenedor.

FACTOR DE PÉRDIDA DE ESTIBA POR TIPO DE CONTENEDOR	
Tipo de contenedor	*Factor de pérdida de estiba*
ISO de 10 pies (3 m)	17 %
ISO de 20 pies (6 m)	12 %
ISO de 30 pies (9 m)	10 %
ISO de 40 pies (12 m)	8,9 %

Tabla 1.3. Factor de pérdida de estiba según el tipo de contenedor utilizado.

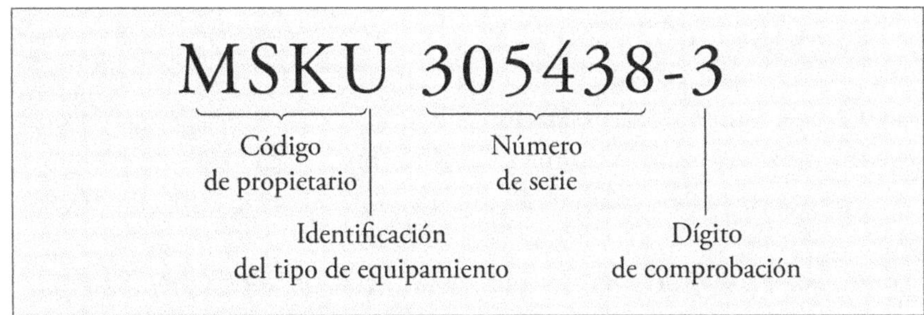

Figura 1.8. Sistema de identificación de contenedores

5.4 Identificación, siglas y numeración

Los contenedores poseen siglas y numeraciones que facilitan su identificación a través de sistemas informáticos. La recomendación ISO-R-790, de julio de 1986, que complementaba la ISO 2716-1972 (E), emitida en diciembre de 1970, exige la colocación de marcas de identificación en todos los contenedores de carga, sean padrón ISO o no, y de acuerdo con la cláusula 1.1 de la ISO-R-830.

Por su parte, la norma ISO 6346, que fomenta la estandarización de los contenedores y fija como unidad base el TEU, establece un sistema de identificación de cada contenedor mediante:

- Un código de propietario comúnmente conocido como código BIC.[8]
- Una letra de identificación del tipo de equipamiento.
- Un número de serie.
- Un dígito de comprobación.
- Un código que establece las medidas y el tipo de contenedor.
- Un código de país.
- Marcas de operación.
- Indicación del peso máximo y la tara en kilogramos y libras.

- *Código de propietario.* Consiste en cuatro letras mayúsculas del alfabeto latino que designan al propietario o al principal operador del contenedor, en el que siempre la «U» es la última letra, con el significado de «UNIT», con excepción del contenedor-tanque. Este código necesita estar registrado en el BIC. Como se muestra en el ejemplo de la página siguiente, las letras correspondientes al código del propietario podemos tomarlas de la tabla 1.5.

---

[8] BIC, siglas de Bureau International des Containers et du Transport Intermodal.

Ejemplo: Contenedor ICSU - 406550 – (X)

Donde ICSU = código del propietario = Integrated Container Service (recuérdese que el código del propietario termina siempre con la letra «U»).

Si observamos la tabla 1.5, obtendremos los siguientes números: I = 19, C = 13, S = 30, U = 32.

A continuación, se ordenan colocando la numeración antes obtenida seguida del número de serie, que en el caso del ejemplo quedaría así: 19-13-30-32-4-0-6-5-5-0.

Seguidamente, se multiplica cada número antes mencionado por el factor de ponderación en la escala 20 a 29, y así obtendremos:

$$
\begin{aligned}
19 \cdot 2^0 &= 19 \\
13 \cdot 2^1 &= 26 \\
30 \cdot 2^2 &= 120 \\
32 \cdot 2^3 &= 256 \\
4 \cdot 2^4 &= 64 \\
0 \cdot 2^5 &= 0 \\
6 \cdot 2^6 &= 384 \\
5 \cdot 2^7 &= 640 \\
5 \cdot 2^8 &= 1.280 \\
0 \cdot 2^9 &= \underline{0} \\
&\ 2.789
\end{aligned}
$$

La suma de los productos obtenidos deberá ser dividida por el valor modular 11 (once), el resto encontrado de la división será el código de dígito que debe ser aplicado, es decir, 2.789/11 = 253 y resto igual a 6.

Por tanto, el número obtenido en el resto de la división ha sido el 6, que corresponde al código de dígito, con lo que así queda la identificación completa del contenedor:

ICSU - 406550 – 6

- *Tipo de equipamiento.* Utiliza una de las siguientes tres mayúsculas del alfabéto latino:

  - U: para los contenedores de uso corriente.
  - J: para equipos auxiliares adosables.
  - Z: para chasis o tráileres de transporte vial.

PRIMER Y SEGUNDO DÍGITOS DEL CÓDIGO DE TAMAÑO					
Dígito 1.º	*Longitud nominal (mm)*	*Denominación*	*Dígito 2.º*	*Altura nominal (mm)*	*Túnel para Gooseneck*
0	3.000	ISO Container (2)	0	2.438	No
1	3.000	ISO Container (1)	1	2.438	Sí
2	6.000	ISO Container (1)	2	2.591	No
3	9.000	ISO Container (1)	3	2.591	Sí
4	12.000	ISO Container (1)	4	2.591	No
5	3.000	N.º ISO Container	5	–	Sí
6	3.000	N.º ISO Container	6	1.219 a 1.295	No
7	6.000	N.º ISO Container	7	1.219 a 1.295	Sí
8	9.000	N.º ISO Container	8	1.295 a 2.438	Sí o no
9	12.000	N.º ISO Container	9	–1.219	Sí o no

Tabla 1.4.

CÓDIGO DE PROPIETARIO			
A = 10	H = 18	N = 25	U = 32
B = 12	I = 19	0 = 26	V = 34
C = 13	J = 20	P = 27	W = 35
D = 14	K = 21	Q = 28	X = 36
E = 15	L = 23	R = 29	Y = 37
F = 16	M = 24	S = 30	Z = 38
G = 17		T = 31	

Tabla 1.5.

- *Número de serie.* Consiste en seis dígitos numéricos asignados por el propietario u operador y que sirven únicamente a este en la identificación de su contenedor. Cuando no llegan a seis, se completa anteponiendo tantos ceros como sean necesarios

- *Dígito de comprobación.* Consiste en 1 dígito numérico cuyo objetivo es el de comprobar la veracidad del código del propietario y del número de serie. Este dígito verificador es de suma importancia pues garantiza en transmisiones y en el ingreso a sistemas informatizados su correcta escritura. Su cálculo se realiza mediante un algoritmo.

Dígitos 3 y 4	Tipo	Notas	Características	Notas
00 01 02 03 04	Contenedor polivalente	1	– Obertura(s) en uno o ambos extremos – Obertura(s) en uno o ambos extremos y obertura(s) completa(s) en uno o ambos lados – Obertura(s) en uno o ambos extremos y obertura(s) parcial(es) en uno o ambos lados – Obertura(s) en uno o ambos extremos y techo abierto – Obertura(s) en uno o ambos extremos y techo abierto, más obertura(s) en uno o ambos lados	13 13 13 13 13
10 11	Contenedor cerrado, con obertura	1	– Ventilación pasiva en lo alto del espacio de carga. Área total ventilada menor de 25 cm²/m del largo del contenedor – Ventilación pasiva en lo alto del espacio de carga. Área total ventilada menor de 25 cm²/m del largo del contenedor	13 13
13 15 17	Contenedor cerrado, ventilado	13	– Sin sistemas mecánicos; ventilación por encima y por debajo del espacio de carga – Ventilación mecánica, localizada internamente – Ventilación mecánica, localizada externamente	
20 21	Contenedor térmico, con aislante	2,3	– Aislado – Aislado	2a 2b
22	Calorífico	4	– Calorífico	2a/2c
25 26	Contenedores con denominación		– *Livestock carrier* – *Automobile carrier*	
30 31	Contenedor térmico refrigerado	2,5	– Refrigerado con refrigerante expandible – Refrigerado mecánicamente	2a/2c 2a/2c
32	Refrigerado y calorífico	4,5	– Refrigerado y calorífico	2a/2c
40 41 42	Contenedor térmico, refrigerado y calorífico con equipos separados	2,5,6	– Con equipo separable de aparatos externos – Con equipo separable de aparatos internos – Con equipo separable de aparatos externos	2a 2a 2b
50 51	Contenedor sin techo	14	– Obertura(s) en uno o ambos lados – Obertura(s) en uno o ambos lados, y separable *top member(s) in end frame(s)*	

Tabla: **Tercer y cuarto dígitos para tipos ISO**

Continúa

Continuación

Dígitos 3 y 4	Tipo	Notas	Características	Notas
52 53	Contenedor sin techo	14	– Obertura(s) en uno o ambos lados, y obertura(s) en uno o ambos lados – Obertura(s) en uno o ambos lados, y obertura(s) en uno o ambos lados, más separable *top member(s) in end frame(s)*	
60	Contenedor-plataforma		– Plataforma (contenedor)	8
61 62 63 64	Contenedor-plataforma con superestructura incompleta	7,8,9	– Con *ends* completos y fijados – Con *free-standing posts* fijados – Con *ends* completos y plegables – Con *free-standing posts* completos	
65 66 67	Contenedor-plataforma con estructura completa y contenedor de costado abierto		– Con techo – Con contenedor de techo abierto – Con contenedor de techo abierto, *open ends (skeletal)*	
70 71 72 73 74 75 76 77 78	Contenedor tanque	10 11 12	– Para líquidos no peligrosos, test de presión 0,45 bar – Para líquidos no peligrosos, test de presión 1,50 bar – Para líquidos no peligrosos, test de presión 2,65 bar – Para líquidos peligrosos, test de presión 1,50 bar – Para líquidos peligrosos, test de presión 2,64 bar – Para líquidos peligrosos, test de presión 4,0 bar – Para líquidos peligrosos, test de presión 6,0 bar – Para gases peligrosos, test de presión 10,5 bar – Para gases peligrosos, test de presión 22,0 bar	
80-89	Contenedor de carga seca	11		
90 91 92 93 94 95 96 97 98 99	Contenedor *air surface*		– Polivalente – Cerrado, con oberturas o ventilados – Térmico – Refrigerado – Refrigerados y calorífico con equipos separados – Contenedor de techo abierto – Plataforma (palés) – Contenedor tanque – Contenedor de carga seca – Otros	

Tabla 1.6.

CÓDIGO DE CONTENEDOR (TIPO Y MEDIDAS)			
Tipo de grupo ISO		Tipo de medida ISO	
Código	Descripción	Código	Descripción
22GP	Multipropósito	20G0	Multipropósito
		20G1	Multipropósito
20HR	Aislado	20H0	Aislado
20PF	Plataforma (extremos fijos)	20P1	Plataforma (extremos fijos)
20TD	Tanque	20T3	Tanque
		20T4	Tanque
		20T5	Tanque
		20T6	Tanque
20TG	Tanque	20T7	Tanque
		20T8	Tanque
20TN	Tanque	20T0	Tanque
		20T1	Tanque
		20T2	Tanque
22BU	Granelero	22B0	Granelero
22GP	Multipropósito	22G0	Multipropósito
		22G1	Multipropósito
22HR	Aislado	22H0	Aislado
22PC	Plataforma (plegable)	22P3	Plataforma (plegable)
		22P8	Plataforma
		22P9	Plataforma (plegable)
22PF	Plataforma (extremos fijos)	22P1	Plataforma (extremos fijos)
		22P7	Plataforma
22RC	Refrigerado (no alimentos)	22R9	Refrigerado (no alimentos)
22RS	*Built-in gen. F. Power sply of reef*	22R7	*Built-in gen. F. Power sply of reef*
22RT	Refrigerado	22R1	Refrigerado
22SN	Contenedor carga nombrado	22S1	Contenedor carga nombrado
22TD	Tanque	22T3	Tanque
		22T4	Tanque
		22T5	Tanque
		22T6	Tanque

Continúa

Continuación

	Tipo de grupo ISO		Tipo de medida ISO	
Código	*Descripción*	*Código*	*Descripción*
22TG	Tanque	22T7	Tanque
		22T8	Tanque
22TN	Tanque	22T0	Tanque
		22T1	Tanque
		22T2	Tanque
22UP	Contenedor de techo rígido	22U6	Contenedor de techo rígido
22UT	De techo abierto	22U1	De techo abierto
22VH	Ventilado	22V0	Ventilado
		22V2	Ventilado
		22V3	Ventilado
25GP	Gp-contenedor *over-height*	25G0	Gp-contenedor *over-height*
26GP	Gp-contenedor *over-height*	26G0	Gp-contenedor *over-height*
26HR	Aislado	26H0	Aislado
28TG	Tanque para gas	28T8	Tanque para gas
28UT	De techo abierto (media altura)	28U1	De techo abierto (media altura)
28VH	Ve-media altura=1.448 mm	28V0	Ve-media altura=1.448 mm
29PL	Plataforma	29P0	Plataforma
2EGP	Multipropósito sin ventilación, de 2,5 de ancho	2EG0	De gran cubicación (2,5 de ancho)
42GP	Multipropósito	42G0	Multipropósito
		42G1	Multipropósito
42HR	Aislado	42H0	Aislado
42PC	Plataforma (plegable)	42P3	Plataforma (plegable)
		42P8	Plataforma
		42P9	Plataforma (plegable)
42PF	Plataforma (extremos fijos)	42P1	Plataforma (extremos fijos)
42PS	Plataforma *(space saver)*	42P6	Plataforma *(space saver)*
42RC	Refrigerado (no alimentos)	42R9	Refrigerado (no alimentos)
42RS	Refrigerado (gen. diesel)	42R3	Refrigerado (gen. diesel)
42RT	Refrigerado	42R1	Refrigerado

Continúa

Continuación

Tipo de grupo ISO		Tipo de medida ISO	
Código	*Descripción*	*Código*	*Descripción*
42SN	Contenedor carga nombrado	42S1	Contenedor carga nombrado
42TD	Tanque	42T5	Tanque
		42T6	Tanque
42TG	Tanque	42T8	Tanque
42TN	Tanque	42T2	Tanque
42UP	Contenedor de techo rígido	42U6	Contenedor de techo rígido
42UT	De techo abierto	42U1	De techo abierto
45BK	Granelero	45B3	Granelero
45GP	De gran cubicación	45G0	De gran cubicación
		45G1	De gran cubicación
45PC	Plataforma (plegable)	45P3	Plataforma (plegable)
		45P8	Plataforma
45RC	Refrigerado (no alimentos)	45R9	Refrigerado (no alimentos)
45RT	Refrigerado	45R1	Refrigerado
45UT	De techo abierto	45U1	De techo abierto
45UP	De gran cubicación y techo rígido	45U6	De gran cubicación y techo rígido
46HR	Aislado	46H0	Aislado
48TG	Tanque para gas	48T8	Tanque para gas
49PL	Plataforma	49P0	Plataforma
4CGP	Contenedor GP	4CG0	Contenedor GP (2,5 m ancho)
L0GP	De gran cubicación	L0G1	De gran cubicación
L2GP	De gran cubicación	L2G1	De gran cubicación
L5GP	De gran cubicación	L5G1	De gran cubicación

Tabla 1.7. Código de contenedor según los tipos y medidas del contenedor.

6 Tipos de contenedor

Teniendo en cuenta el límite de sus dimensiones (véase la tabla 1.2), el contenedor puede recibir cargas de cualquier naturaleza. Para ello existen en el mercado una amplia variedad de tipologías, adaptadas a las más diferentes finalidades:

Figura 1.9. Contenedor cerrado de 45 pies.

- **Contenedor calorífico** *(heated container)*
  Contenedor isotermo al que se ha adaptado un sistema de calefacción con el fin de mantener o elevar su temperatura interior.

- **Contenedor cerrado, seco o de carga general** *(dry container)*
  Es el contenedor de uso más frecuente para cargar mercancía general seca y unitizada mediante palés, cajas, barriles, etc. Es estanco y cerrado, con suelo, techo, paredes laterales y de los extremos rígidos. Está dotado de puertas en el testero y se carga a través de ellas con ayuda de carretillas o transpaletas. Se fabrica en acero (véase la figura 1.9).

- **Contenedor cisterna o tanque** *(tank container)*
  Se emplea para transportar graneles líquidos (aceite, plásticos, resinas, látex, leche, cerveza, vino, agua mineral, etc.) y algunas sustancias peligrosas, como líquidos tóxicos, corrosivos y altamente inflamables. Se compone de una cisterna de aluminio o acero inoxidable anclada en un bastidor o estructura de soporte

Figura 1.10. Contenedores cisterna apilados en una terminal de contenedores.

con los accesorios necesarios para su trincaje en los anclajes de buques, vehículos y vagones, o bien para apilarlo sobre otro contenedor (véase la figura 1.10).

- **Contenedor de automóviles** *(car container)*
  Contenedor abierto, sin paredes laterales, con o sin techo, acondicionado con barras de acero desmontables y dispositivos para la sujeción y el transporte de los vehículos a uno o dos niveles. Existen modelos de gran capacidad y dos alturas, con piso y estructuras laterales riostradas fijas (véase la figura 1.11).

- **Contenedor de costado abierto** *(open side container)*
  Cuando la mercancía que hay que cargar, debido a su longitud, resulta de difícil manejo a través del testero, se utiliza un contenedor abierto por uno o los dos costados para facilitar la operación. Es especialmente apto para la carga y descarga en las estaciones de ferrocarril. Está construido en acero (véase la figura 1.12).

- **Contenedor de gran capacidad** *(high cube container)*
  Contenedor cerrado de mayor altura que otros tipos de contenedores (2,9 m o más, en lugar de 2,44 m). Se utiliza especialmente para el transporte de mercancías voluminosas y de poco peso. Se fabrica en acero.

Figura 1.11. Contenedor de gran capacidad para el transporte de automóviles a dos alturas.

Figura 1.12. Contenedor de costado abierto.

- **Contenedor de temperatura controlada** *(controlled temperature container)*
  Contenedor térmico dotado de sistemas o equipos de control y registro de la temperatura y la humedad.

- **Contenedor europalé** *(pallet wide container)*
  Contenedor ISO estándar, de 20', 40' o 45' con una anchura exterior de 8,2', (2,5 m), adaptados al tamaño de los europalés, lo cual permite optimizar el espacio del interior del contenedor e incrementar el número de palés que se pueden estibar en comparación con los contenedores estándar.

- **Contenedor frigorífico** *(reefer container)*

  Contenedor térmico capaz de mantener la mercancía a una temperatura de hasta –30 ºC. Cuenta con un dispositivo frigorífico para mantener la temperatura deseada de manera autosuficiente, al mismo tiempo que puede conectarse al buque, al vehículo de transporte o a la terminal para obtener el suministro de energía que permite su funcionamiento. Algunos contenedores frigoríficos también controlan el grado de humedad de su interior. Son idóneos para transportar mercancías perecederas: carne, fruta, etc. Se fabrica en aluminio o aluminio y acero inoxidable (véase la figura 1.13).

- **Contenedor granelero** *(bulk container)*

  Contenedor utilizado para el transporte de carga seca a granel, como productos químicos granulados, cemento, fertilizantes, harina, leche en polvo, azúcar, sal, etc. La mercancía se introduce en el contenedor mediante mangueras conectadas a unas escotillas dispuestas en su parte superior, y se extrae a través de unas compuertas de vaciado situadas en sus puertas, basculando el contenedor o utilizando transportadores neumáticos. Se fabrican con fibra de vidrio y acero (véase la figura 1.14).

- **Contenedor hipobárico** *(hipobaric container)*

  Contenedor empleado en el transporte de productos vegetales altamente perecederos, como plantas, flores o fruta. Además de sistema de humidificación, dispone de equipos que permiten modificar la concentración de gases en el aire, para conseguir una presión de oxígeno menor que la atmosférica. Su aspecto exterior es muy similar al del contenedor térmico.

- **Contenedor ISO** *(ISO container)*

  Contenedor de dimensiones, capacidad y peso acordes con las normas ISO (International Standart Organization), apto para el transporte intermodal de mercancías.

- **Contenedor isotermo** *(insulated container)*

  Contenedor que se caracteriza por tener las paredes, las puertas, el suelo y el techo construidos con materiales aislantes, con el fin de disminuir la tasa de transmisión de calor entre el interior y el exterior. Se utiliza para transportar mercancías que precisan mantener una temperatura constante determinada, por ejemplo las plantas vivas o algunas mercancías peligrosas. Puede estar provisto de separadores, mamparas, conductos de ventilación, equipos de modificación y control de la atmósfera interior, y de dispositivos de refrigeración, calefacción y de generación de energía ubicados en el interior o exterior del contenedor.

Figura 1.13. Contenedor frigorífico para el transporte de productos perecederos.

Figura 1.14. Contenedor granelero.

Figura 1.15. Contenedor jaula de 20' para el transporte de animales vivos.

- **Contenedor jaula** *(livestock container)*
  Contenedor que se utiliza para transportar animales vivos, por lo que dispone, como mínimo, de una pared vertical no maciza para favorecer la ventilación. Su diseño facilita las labores de limpieza y el acceso para la manutención de los animales. También existen contenedores jaula provistos de una estructura de pilares en los costados y los testeros, para transportar productos siderúrgicos (véase la figura 1.15).

- **Contenedor para pulverulentos** *(container for granular and powdery materials)*
  Contenedor construido para el transporte a granel de mercancías granulosas o pulverulentas.

- **Contenedor plataforma** *(flat rack container)*
  Contenedor formado por una plataforma, sin ninguna otra superestructura o con paneles frontales (fondos) fijos o plegables, que pueden ser de diferentes alturas, con igual longitud, anchura, requisitos de resistencia y dispositivos de manipulación y seguridad que los requeridos para los contenedores ISO. Se utiliza cuando las características de los elementos que hay que transportar no encajan con las de ningún otro tipo de contenedor, y es especialmente adecuado para elementos pesados y de gran volumen, como maquinaria, cables, bidones,

Figura 1.16. Contenedor plataforma.

Figura 1.17. Contenedor plataforma plegable.

bobinas y láminas de acero, vehículos pesados o productos forestales. Cuando dispone de paneles frontales abatibles, es posible su apilamiento como si se tratara de bandejas para su almacenamiento o retorno en vacío. Se fabrica en acero (véanse las figuras 1.16 y 1.17).

- **Contenedor plataforma con laterales fijos** *(flat rack with fixed sides)*
Contenedor de plataforma provisto de estructuras longitudinales permanentes entre los paneles frontales fijos, que pueden ser de diferentes alturas.

- **Contenedor sin techo** *(open top container)*
Contenedor que no dispone de techo rígido, lo que permite cargarlo mediante grúas y cubrirlo con una cubierta flexible y móvil, como una lona de plástico reforzado o una chapa rígida desmontable, por ejemplo. Puede tener puertas en los paneles frontales o laterales, y resulta especialmente útil para grandes cargas, como cristales, mármoles, material de construcción, madera o maquinaria de gran volumen. Se fabrica en acero (véase la figura 1.18).

- **Contenedor ventilado** *(closed ventilated container)*
Contenedor cerrado que se utiliza para transportar mercancías que precisan una ventilación constante para mantener su estado de conservación. Está dotado de aberturas o dispositivos superiores, intermedios e inferiores para la circulación natural o mecánica del aire.

Figura 1.18. Contenedor sin techo cubierto con una lona plástica.

7   Contenedores en la carga aérea

La mayor parte del transporte aéreo de carga se lleva a cabo utilizando las bodegas de los aviones de pasaje. Entre el 80 y el 90 % de las cargas por vía aérea son transportadas por líneas aéreas miembros de la International Air Transport Association (IATA), entidad que normaliza las reglas del transporte aéreo en todo el mundo.

Los contenedores de carga aérea cumplen los requisitos del transporte intermodal, sin que las mercancías deban ser estibadas de nuevo.

Una de las restricciones del transporte aéreo de carga es el precio. Las cargas aéreas son apropiadas para las que tienen alto valor y poco volumen, dado que el flete casi siempre se considera elevado.

Las ventajas del transporte de mercancías por el modo aéreo son las siguientes:

– Entrega rápida, en gran parte debido al menor tiempo de depósito, ya que la carga transportada es entregada en pocas horas, mientras que en el modo marítimo, en el mejor de los casos, puede ser de uno a dos días, o semanas, lo que en su conjunto significa un mayor riesgo para la carga al sufrir robos, pillaje y otros daños.

Figura 1.18. Contenedor iglú para transporte aéreo.

CONTENEDORES DE TRANSPORTE AÉREO DE CARGA				
	Dimensiones internas (cm)			Capacidad y carga útil	
	Largo	Ancho	Alto	Volumen (m^3)	Carga máxima (kg)
P1P (Código IATA ULD) **Palé plataforma con red** (*flat pallet with net*)	317,5	223,5	162,6	10,5	4.626
P6P 10' **Palé plataforma con red** (*flat pallet with net*)	317,5	243,8	162,6	21,2	6.804
PLA **Medio palé plataforma con red** (*half pallet with net*)	317,5	153,4	162,6	7,1	3.175
PRA 16' **Medio palé plataforma con red** (*half pallet with net*)	497,8	243,8	243,8	27,6	11.300
PGA 20' **Palé plataforma con red** (*flat pallet with net*)	605,8	243,8	243,8	33,7	11.340

Continuación

	Dimensiones internas (cm)			Capacidad y carga útil	
	Largo	*Ancho*	*Alto*	*Volumen (m³)*	*Carga máxima (kg)*
AMA Contenedor rectangular (rectangular container)					
	317,5	243,8	243,8	17,6	6.804
AMD Contenedor contorneado (contoured container)					
	317,5	243,8	299,7	21,2	6.800
AGA 20' Contenedor caja (box container)					
	605,8	243,8	243,8	33,7	11.340
AAF Contenedor contorneado (contoured container)					
	317,5	223,5	162,6	13,3	6.033
AAU Contenedor contorneado (contoured container)					
	317,5	223,5	162,6	14,4	6.033

Tabla 1.8. Características de los contenedores más usuales en el transporte aéreo de carga.

- Elevada seguridad, ya que las propias instalaciones aeroportuarias y los procedimientos del transporte aéreo son extremadamente rigurosos, aportando un mayor control ante las posibles manipulaciones indebidas y las delictivas.
- Menor necesidad de atenciones al embalaje-envase, relacionado con el mayor control de la seguridad, lo que se traduce en menores costos de peso (flete), embalajes y horas de trabajo.
- Seguros menos costosos, debido a la disminución del riesgo de daños que pueden sufrir las mercancías.

7.1 Tipología y capacidad de los contenedores aéreos

En el transporte aéreo de mercancías se da también la necesidad de adaptar las características de los contenedores a la naturaleza de las cargas que se han de transportar y al fuselaje y las dimensiones de los aviones, que implican unas limitaciones físicas de los compartimientos de carga.

En la tabla 1.8 se resume los tipos de contenedores más usuales en el transporte aéreo de carga.

Capítulo 2
Uso y transporte del contenedor

1 Tipología de las mercancías transportadas en contenedor

El contenedor posee un tipo de estructura y las condiciones físicas para transportar prácticamente cualquier tipo de carga susceptible de ser llevada en camión o vagón ferroviario.

Por otro lado, desde el punto de vista económico, no es de esperar un resultado positivo cuando se emplean contenedores para transportar productos de gran peso o volumen por debajo del «valor intrínseco». Debemos convenir, pues, que, en principio, el contenedor está pensado para ser usado en el transporte de cargas nobles.

Respecto a la idoneidad de su uso, se puede adoptar la siguiente clasificación considerando el grado de eficiencia (véase también la tabla 2.1):

- **Excelente**
  Productos de gran valor con un flete relativamente alto cuyo factor de estiba sea compatible con la relación volumen y capacidad de carga del contenedor, así como los productos sensibles al deterioro y el robo, por ejemplo, licores, vinos, tabacos elaborados, productos farmacéuticos, materiales informáticos, conservas, etc.

- **Adecuada**
  Mercancía general de valor moderado que tenga tendencia a la contaminación o que esté sujeta a incrementos de fletes, por ejemplo, harina en sacos, pieles frescas, tabaco, café en sacos, semillas de cacao en sacos, pinturas vegetales, etc.

- **Marginal**
  Productos que pueden ser colocados físicamente dentro de los contenedores, pero que son de poco valor y fletes bajos.

CLASIFICACIÓN POR GRADO DE EFICACIA ECONÓMICA (%)				
Mercancías	*Excelente*	*Adecuada*	*Marginal*	*Inadecuada*
Productos de carne, leche y de la pesca	25	–	10	15
Cuero, piel y sus manufacturas	–	75	–	–
Productos animales no comestibles	–	80	20	–
Productos animales diversos	–	90	5	5
Aceites animales	–	25	75	–
Harinas diversas	–	100	–	–
Vegetales, frutas y sus derivados	80	20	–	–
Aceites vegetales comestibles	25	25	50	–
Café y cacao	–	100	–	–
Té	100	–	–	–
Especias	100	–	–	–
Azúcar	–	–	10	90
Melaza	–	–	20	80
Vinos y licores	100	–	–	–
Harina para uso animal	–	80	20	–
Productos alimenticios diversos	75	25	–	–
Caucho y derivados	20	60	–	20
Resinas vegetales	25	75	–	–
Drogas de origen vegetal	90	10	–	–
Granos y semillas	10	90	–	–
Aceites vegetales no comestibles	10	40	50	–
Pinturas vegetales	–	100	–	–
Productos vegetales no comestibles	60	20	20	–
Tabaco	100	–	–	–
Fibras naturales no manufacturadas	10	50	40	–
Algodón y lana manufacturados	100	–	–	–
Sacos de yute y similares	–	–	100	–
Fibras vegetales manufacturadas	100	–	–	–
Fibras sintéticas y sus manufacturas	100	–	–	–
Textiles	95	5	–	–
Troncos, postes y durmientes	–	–	55	45
Madera no manufacturada	–	10	80	10

Tabla 2.1. Clasificación de mercancías según el grado de eficacia económica que se alcanza en el uso del contenedor para su transporte.

- **Inadecuada**

  Carga que no se puede colocar físicamente dentro del contenedor. Ejemplos de ello son los grandes camiones, las estructuras con más de 40 pies de longitud (12 m) y otros productos de muy bajo valor, tales como la arena, los lingotes de hierro, la chatarra, etc., cuyo transporte resulta más económico en buques de carga general, graneleros, etc., adecuados para ese tipo de carga.

Todas estas consideraciones deben ser tenidas en cuenta antes de decidir la utilización de un contenedor, además de considerar el flete mínimo establecido por las «conferencias de flete»[1] y otros acuerdos de ámbito sectorial o de comercio internacional.

Por otro lado, en el competitivo servicio del transporte, la vía marítima debe ser comparada con los distintos modos y su relación con el transporte de contenedores (véase la figura 2.1).

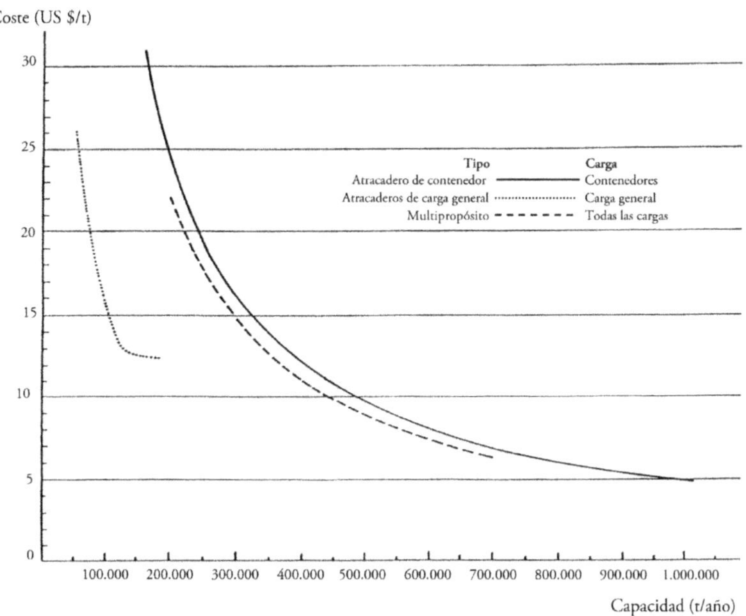

Figura 2.1. Relaciones entre el costo por tonelada transportada a través de diferentes tipos de terminales portuarias.

---

[1] Convenio de cooperación entre líneas marítimas regulares, cuya finalidad es optimizar sus recursos y prestar sus servicios mediante tarifas uniformes y competitivas. Mediante la conferencia marítima, las empresas armadoras también consiguen reducir el riesgo que supone el compromiso de que los buques deban partir en las fechas y realizando las escalas que tienen prefijadas, hayan conseguido o no completar su capacidad de carga. En la Unión Europea quedaron derogadas el 18 de octubre de 2008 por el Reglamento (CE) 1490/2007 del Parlamento Europeo y del Consejo. (Fuente: *Diccionario de logística,* en www.logisnet.com.)

2   El concepto de unitización y el grupaje

La unitización consiste en el agrupamiento de mercancías de la misma especie, e incluso de naturaleza diferente, en unidades de mayor volumen, de formas y dimensiones preestablecidas, capaces de facilitar su transporte, movimiento y almacenamiento de manera sistematizada, patroneada, segura y homogénea, mediante la utilización de equipos mecanizados.

El grupaje es un procedimiento de transporte que consiste no solo en el agrupamiento de mercancías de diferente especie, sino también de distintos fabricantes o procedencias, relacionadas con un destino común (puerto, ciudad, aeropuerto, etc.).

2.1   Sistemas de unitización

Desde el desarrollo de las técnicas más sencillas hasta los más complicados sistemas actuales, pueden detallarse los sistemas de unitización que se describen en los apartados siguientes.

2.1.1   El palé

Los palés constituyen el equipo esencial para la carga rápida y segura de mercancías en un contenedor por medios mecánicos. Son elementos formados por una plataforma horizontal sobre traviesas, de dimensiones predefinidas, utilizado internacionalmente para el empaquetamiento, el almacenamiento y el manejo de cargas, y provisto de dispositivos de apoyo para la sujeción por las horquillas de suspensión de las carretillas elevadoras.

Los palés están construidos con materias tales como la madera, el plástico, algunos metales (aluminio o hierro, fundamentalmente) y el cartón. Los de madera poco resistente suelen ser de un solo uso, y, aunque más costosos, los de maderas duras tienen numerosas utilidades. Los de plástico, si bien son de mayor costo, poseen una mayor resistencia a los ataques químicos en caso de derrames y tienen una gran duración.

Cada exportador selecciona el modelo de palé que mejor se ajusta a las necesidades y naturaleza de sus mercancías, por el tipo, el tamaño y el peso, a fin de obtener una mayor eficiencia en el conjunto del transporte y los costos relacionados con el mismo.

Los tipos más frecuentes de palés que proporcionan el término de «carga paletizada» son los que se muestran en la figura 2.2.

Tipos de palés de madera

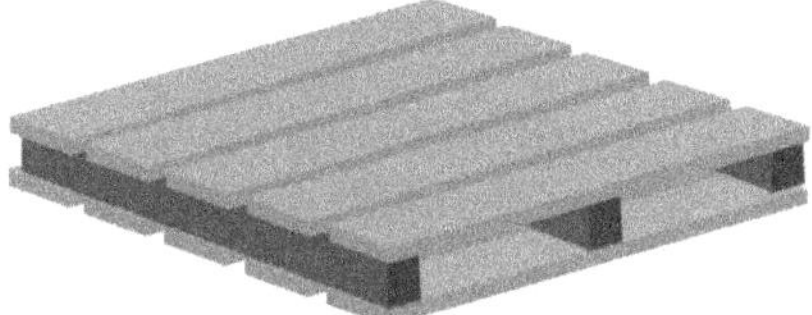

Palés de dos entradas para las horquillas

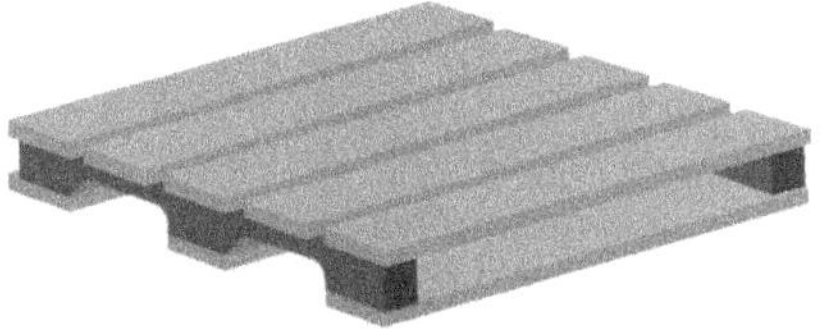
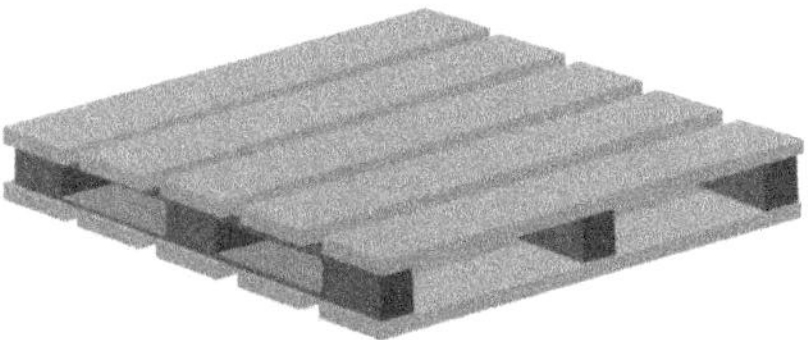

Palé de cuatro entradas para las horquillas,
de doble cara, no reversible

Palé de cuatro entradas para las horquillas,
de doble cara, reversible

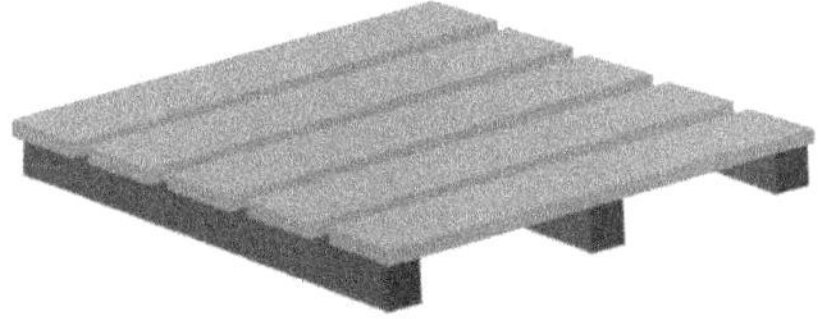

Palé de dos entradas para las horquillas,
de cara única, no reversible

Palé de dos entradas para las horquillas,
de dos caras, reversible

Figura 2.2. Tipología básica de los palés de madera, de dos y cuatro entradas, reversibles y no reversibles.

2.1.1.1 Dimensiones de los palés

Los palés más utilizados son el europeo (CEN) estándar, de medidas 800 × 1.200 mm, y el palé ISO estándar, de 1.000 × 1.200 mm (véase la tabla 1.2).

2.1.2 Prelingados

Los prelingados, llamados en inglés *unit loads,* tienen como principio básico el palé que hace de soporte y la carga ligada a esta, como opción de evitar desplazamientos internos, robos y averías. El acondicionamiento de la carga sobre el palé puede completarse con cartón, madera o vinilo termorretráctil, con el fin de conseguir unidades de carga más seguras que, junto al uso de unidades mayores de manipulación, generan mayor productividad.

2.1.3 Tráileres

Pueden ser TIR o no y tienen una capacidad y características técnicas semejantes a las de los contenedores tipo ISO, usados en la combinación del transporte por carretera y ferrocarril.

3 Cargas sobre palés

Las mercancías, en general, las conservas, los medicamentos, los alimentos, los electrodomésticos, los juguetes, etc., acostumbran a estar encajadas en cartón, las cuales pueden apilarse en el interior del contenedor. Para estas mercancías es recomendable paletizar las cargas, con lo que se facilita la labor de llenado y vaciado.

La loza y la alfarería se pueden cargar directamente, colocadas entre viruta de madera, aunque para estos materiales y los sanitarios, es recomendable colocarlos en unidades de carga denominadas caja-palé, que permiten la manipulación en un tiempo menor.

Figura 2.3. Manipulación de palés dispuestos en estanterías en un almacén.

Otras mercancías, como las bobinas de papel, los fardos, los rollos de alambre o el fleje se pueden cargar directamente sin protección alguna, pero es recomendable que vayan colocados sobre palés para simplificar su manipulación.

Los muebles y otros elementos de volumen similar se pueden apilar debidamente envueltos, procurando que las mercancías queden lo más entrelazadas posible para mayor seguridad en el sostenimiento de la estiba y evitar su desplazamiento.

La maquinaria es preciso situarla sobre palés para que el peso quede repartido, evitando de esta manera que recaiga directamente sobre sus pies. Los palés servirán, a su vez, para fijar las cargas y evitar desplazamientos. Según la clase de maquinaria, convendrá protegerla, además, de las acciones corrosivas producidas por el salitre del mar y la humedad del ambiente, con la aplicación de materiales barrera y deshidratantes (véase el apartado 5.2, en el capítulo 7, Daños y averías). Las piezas sueltas, los recambios o las herramientas de la máquina se deben colocar dentro de cajas que se sujetarán para evitar que se desplacen.

En la figura 2.4 se representan algunas de las distribuciones más usuales para la colocación de embalajes rectangulares sobre un palé normalizado.

El mismo procedimiento debe aplicarse a los embalajes modulares cuando no tienen formas rectangulares y el reparto de bidones, tambores, botes, etc., no ocupa todo. En estas condiciones, la estiba tiene una mayor complejidad, por cuanto la manipulación y el transporte del palé puede provocar movimientos que desestabilicen una estiba inicialmente correcta.

Por ello es preciso calcular previamente la disposición que resulte más idónea para este tipo de transporte, ya que, de lo contrario, se incrementa el riesgo de roturas de los embalajes y la pérdida de sus contenidos, lo que comporta una posible contaminación a otras mercancías que se estiben en el mismo contenedor (véase la figura 2.5).

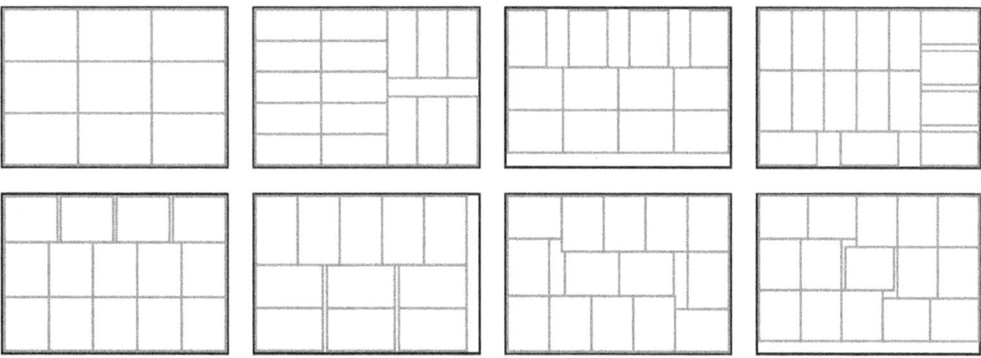

Figura 2.4. Opciones para la colocación de embalajes rectangulares
sobre palés normalizados (800 × 1.200 mm).

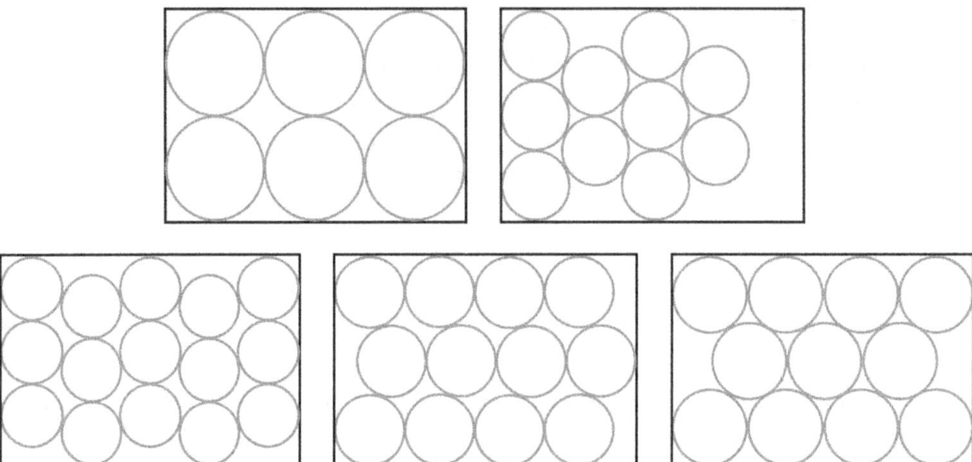

*Figura 2.5. Opciones de colocación de embalajes redondos
sobre palés normalizados (800 × 1.200 mm).*

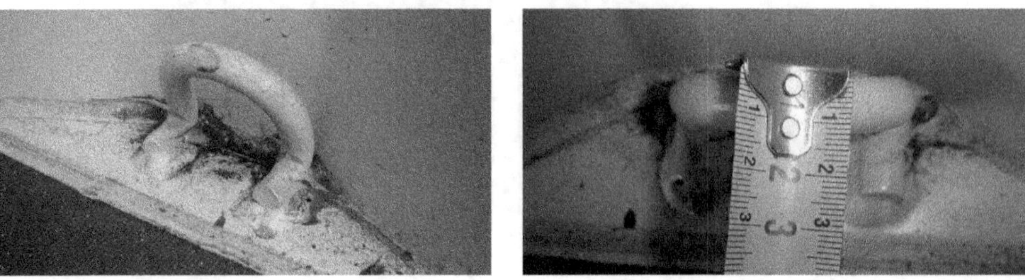

Figura 2.6. Puntos de trincaje (amarre [círculos] y anclaje [abajo]) de un contenedor estándar.

La mayoría de los contenedores tienen dispuestos en la parte superior e inferior de los paneles laterales varios cáncamos con el fin de poder trincar con seguridad las mercancías una vez estibadas (véase la figura 2.6).

4 Uso del contenedor por parte del cliente o usuario

En las figuras 2.7 y 2.8 se muestran distintas opciones respecto a la utilización del contenedor por parte del cliente cuando este es aportado por una compañía naviera.

5 Modalidades de tráfico de contenedores

El transporte de contenedores puede darse con diversas modalidades de tráfico, dependiendo de las conveniencias y los acuerdos entre los agentes y los usuarios implicados en el transporte: importadores, expedidores, transportadores y exportadores.

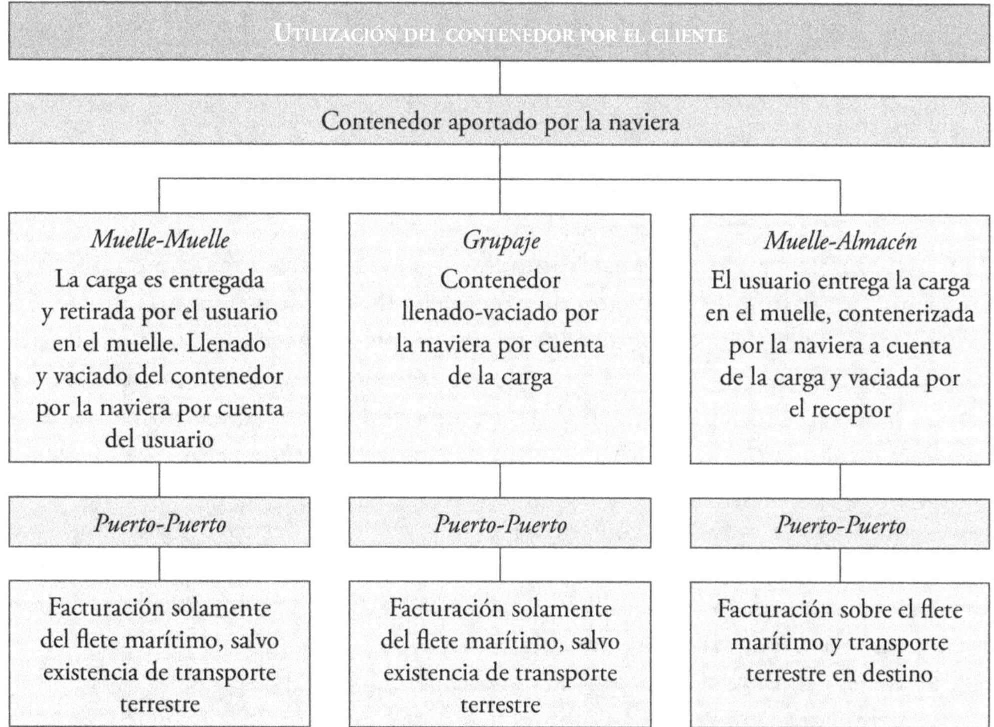

Figura 2.7. Opciones de uso del contenedor por el cliente cuando es aportado por una compañía naviera.

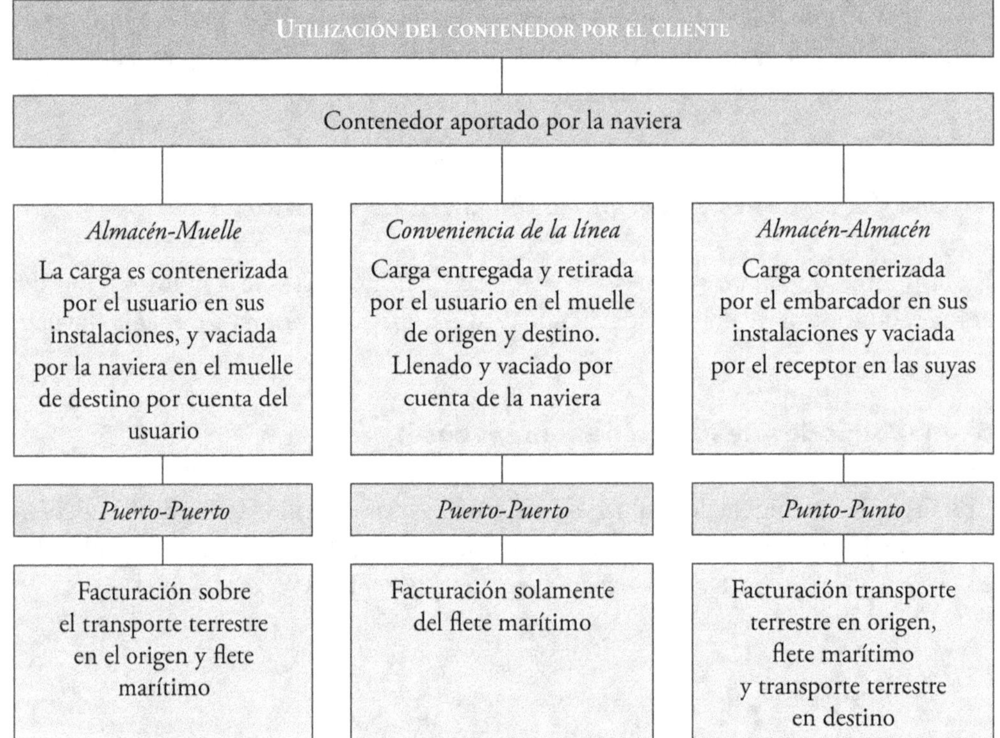

Figura 2.8. Opciones de uso del contenedor por el cliente cuando es aportado por una compañía naviera.

5.1 Puerta a puerta (house to house - H/H)

El tráfico puerta a puerta es el más difundido y el que presenta más ventajas para el usuario. En este tipo de operación, la carga del contenedor es responsabilidad del expedidor. Este entrega el contenedor en sus propios almacenes (una vez cargado por su cuenta y riesgo) al porteador, quien lo transporta, también por su cuenta y riesgo, desde el almacén de origen al de destino, y lo entrega al receptor. Este último lleva a cabo la operación de desagrupar la carga del contenedor por su cuenta y riesgo.

Una vez se haya vaciado el contenedor, el importador lo devuelve al armador. Para ello dispone de un plazo de cinco días desde la retirada o descarga, descontándose este día más el día de la devolución, y completando un total de siete días. Pasado este plazo incurre en una tasa diaria de sobreestadía.

El alquiler del contenedor es pagado por el exportador. El transportador acostumbra a conceder un descuento del 10 % sobre el flete básico en la exportación y del 5 % en la importación cuando el flete pase del mínimo estipulado en la respectiva tarifa.

5.2 *Puerta a puerto* (house to pier - H/P)

En el tráfico puerta a puerto el exportador es responsable de la carga y estiba, en tanto el transportador lo es de la descarga y desestiba en el puerto de destino, así como de poner el contenedor a disposición del consignatario, sujeto al pago de la tasa en las mismas condiciones que las establecidas para la modalidad puerta a puerta.

5.3 *Puerto a puerta* (pier to house - P/H)

En el tráfico puerto a puerta, la carga y estiba del contenedor es responsabilidad del transportador, mientras que la descarga y desestiba, del importador. Como en la modalidad anterior, está sujeta al pago de la tasa de sobreestadía.

5.4 *Puerto a puerto* (pier to pier - P/P)

En el tráfico puerto a puerto, el transportador recibe la mercancía y en la zona primaria del puerto de embarque hace la carga y estiba del contenedor. En el puerto de destino, el transportador también es responsable de la descarga, y coloca la mercancía a disposición del importador, en la zona primaria del puerto.

En la mayoría de los casos, este sistema es usado por conveniencia del armador, llamándose entonces *ship's convenience*. Generalmente sucede que el armador tiene varias cargas diferentes para embarcar y, por su propia conveniencia, coloca las mercancías en un contenedor y las embarca, siendo entonces responsable de todos los gastos resultantes del empleo del contenedor.

6 Elementos del transporte multimodal

El transporte multimodal tiene como objetivo la entrega final «puerta a puerta» de la mercancía, con la reducción al mínimo de los costos globales de transporte de carga general y de los tiempos totales de trayecto y entrega.

Sus objetivos se logran en la medida en que se utilizan embarques más livianos y menos costosos, por la menor posibilidad de robos, la disminución de averías y desvíos, por la reducción de los atrasos y las pérdidas y las correspondientes bonificaciones del seguro. También se reducen costos por el aumento de la productividad operacional por medio del uso de equipos eficientes en las operaciones de trasbordo, en las de carga y descarga, por el almacenamiento al aire libre de los contenedores y por la reducción de mano de obra empleada, así como con medidas simplificadoras de la documentación, o por la adopción de un documento único de transporte multimodal.

El transporte multimodal puede definirse como el movimiento de la carga general, desde el origen (productor) hasta el destino (consignatario final), con la utilización sucesiva de más de un modo de transporte (carretera, ferroviario, marítimo, fluvial o aéreo). Es internacional cuando atraviesa más de un Estado.

Su característica principal es que la mercancía no es directamente manipulada en las diversas transferencias o segmentos de la cadena de transporte. El contenedor es, en la actualidad, el más perfecto sistema para el movimiento de cargas en el transporte multimodal, aunque no sea el único.

A modo de resumen, sus aspectos más significativos son los siguientes:

- Se lleva a cabo mediante dos o más modos de transporte.
- Ante el propietario de la mercancía se ejecuta a través de un solo responsable: el operador de transporte multimodal (OTM).
- Está respaldado por un único contrato de transporte multimodal (CTM), entre el OTM y el propietario de la carga.
- Existe el conocimiento único (DTM), válido para el trayecto puerta a puerta.
- Unitización de las mercancías que se deben transportar en unidades de carga: palés, contenedores, semirremolques (tráficos en buques de manutención horizontal).
- Indivisibilidad e inviolabilidad de la unidad de carga.
- Mayor seguridad de la carga, rapidez operacional y productividad.
- Menores costos globales.
- Inspecciones fiscales, preferentemente, solo en origen y destino.
- Carácter sistemático a través de la normalización y homogeneización de las unidades de carga, así como de los medios y equipos para su manejo, con el fin de facilitar la integración de los sistemas de transporte.

6.1 *El operador de transporte multimodal (OTM)*

Un «operador de transporte multimodal» (OTM)[2] es cualquier persona física o jurídica que concluye en un contrato de transporte multimodal (CTM), que actúa como principal, no como agente o intermediario del destinatario o de los transportistas de

---

[2] Definición de la Convención Internacional de Transporte Multimodal de Mercancías, art. item 2, Unctad, 24 de mayo de 1980.

las operaciones de transporte multimodal, y que asume la responsabilidad de las condiciones del contrato.

El Convenio sobre Transporte Multimodal Internacional de Mercancías de la Unctad, aprobado en Ginebra el 24 de mayo de 1980, si bien aún no ha entrado en vigor por requerir la adhesión de treinta países, creó en el artículo 1, apartado 2, la figura del operador de transporte multimodal, tal como ha sido definida con anterioridad.

Cuando algún transitario u operador de cualquier modo de transporte asume ante el propietario de la carga la responsabilidad de transportar una carga de origen a destino está cumpliendo tareas de OTM.

Actualmente, las responsabilidades asumidas por las categorías de operador de transporte existentes son resultado de convenciones específicas para cada sistema de transporte. Relativas a todo un trayecto, restringidas a determinadas áreas geográficas o a los países firmantes de un acuerdo (por ejemplo, los del Convenio TIR).

Los compromisos actuales sobre quién asume ante el propietario de la carga la responsabilidad del transporte puerta a puerta, se basan en acuerdos comerciales avalados por la práctica y por asociaciones empresariales u organismos internacionales de reconocida idoneidad, aunque no gubernamentales, como la ICC (International Chamber of Commerce), con sede en París, que consolidó el uso de las reglas Incoterms en el comercio internacional; la Fiata (International Federation of Freight Forwarders Associations, del francés Fédération Internationale des Associations de Transitaires et Assimilés) con sede en Zurich; la Bimco (Baltic International Maritime Commission) con sede en Copenhague; la ISO (International Organization for Standardization); la ICB (International Bureau of Container) con sede en París. Existen también convenios entre países relacionados con los modos de transporte, como el Convenio CIM, para transportes por ferrocarril, y el Convenio CIR, para transporte por carretera, ambos de ámbito europeo, además de otros relacionados con los servicios aduaneros, como el Convenio TIR (Customs Convention on the International Transport by Road), que facilita el tráfico aduanero, aunque bajo control, entre los países signatarios de Europa, Extremo Oriente y Oriente Medio.

Por ahora, las partes contratantes de un transporte internacional asumen compromisos entre sí, sin un convenio internacional con la garantía de los gobiernos de los países que son referentes en una operación, sea el de origen, el de destino o el de tránsito.

Adicionalmente, pueden aparecer factores que compliquen una situación, por ejemplo, cuando es difícil identificar en cuál de los segmentos de la cadena de transporte ocurrió una pérdida, un daño o una avería a la carga.

Cuando el citado convenio sobre transporte multimodal internacional entre en vigor, habrá una definición y un reconocimiento de la responsabilidad, los plazos, los servicios que deben ser prestados, los documentos que hay que emitir y toda una serie de compromisos resultantes del contrato de transporte con el vendedor o el comprador. Esto facilitará que el transportador o el OTM haga llegar la mercancía al destinatario en condiciones de aceptación, es decir, dando cumplimiento al contrato comercial de compraventa, y que el transporte de la carga, con la debida cobertura del seguro, permita la efectividad del pago por la carga recibida en perfectas condiciones.

En el convenio de la Unctad se prevé la obligatoriedad de que el transporte multimodal se efectúe mediante dos o más modalidades diferentes, por medio de un contrato único de transporte y por un OTM, que asumirá legalmente el cumplimiento de dicho contrato ante el propietario de la carga, emitiendo los respectivos «documentos de transporte multimodal» (DTM) para cada unidad de carga, de manera que él será el responsable único de lo que pueda ocurrir durante todo el trayecto, de origen a destino, incluso cuando la carga sea transportada por otros transportadores.

Actualmente, las actividades de OTM son desarrolladas de modo competitivo por las empresas transportistas y las transitarias registradas en la Fiata. El propio OTM, en publicaciones de la Unctad es referido como de dos tipos: los operadores de buques *(vessel operator* o VO) y los no operadores de buques *(non vessel operator* o NVO).

6.2 *El documento único de transporte*

El transporte multimodal de cargas necesita un apoyo institucional que le otorgue un «documento único de transporte», necesario para el desplazamiento de cada unidad de carga y evidencia del contrato único de transporte, que sea válido durante todo el trayecto de puerta a puerta, lo que no excluye el derecho del transportador de cada modalidad a emitir también su propio conocimiento, correspondiente al tramo del trayecto que lleva a cabo.

Este contrato representa la responsabilidad asumida por un solo OTM ante el propietario de la carga, además de englobar la cobranza de flete único, el seguro único, los despachos aduaneros, las tasas y otros pagos y gastos que comprenden el transporte puerta a puerta. Volveremos a tratar el tema del documento de transporte multimodal (DTM) y sus versiones Multidoc, Fiata B/L, creados al amparo de las Reglas Unctad/ICC 1991, en el capítulo 8.

El transporte multimodal, a pesar de beneficiarse de las muchas virtudes de la conexión directa desde origen hasta destino, debe ser considerado tan fuerte como el más débil de los modos que lo configuran. De ahí la necesidad de conseguir la mejor estructura para cada modo de transporte y la integración física entre los mismos a través de terminales especializadas (para contenedores cuando esta sea la unidad de carga).

6.3 *Factores condicionantes del transporte multimodal*

Como hemos visto anteriormente, los factores que aseguran la eficacia del transporte multimodal son tres: la seguridad, la rapidez y el bajo costo final.

A su vez, la concurrencia de estos tres factores conduce a la deseada eficiencia operacional, condicionada por los siguientes aspectos:

- **Unitización de las cargas**
  - Palés.
  - Contenedores.
  - Preeslingadas.
  - Trincas.
  - Elementos para el tráfico en buques de carga rodada *(ro-ro)*.

- **Integración de los sistemas de transporte**
  - Interfases:

    - Instalaciones apropiadas.
    - Equipos especiales para efectuar las transferencias.

  - Terminales:

    - Instalaciones especiales.
    - Equipos de muelles, patios y de circulación para llevar a cabo las transferencias (embarque-desembarque), el apilamiento y la manipulación.

- **Estructuración de los sistemas de transporte**
  A su vez, respecto al transporte de contenedores, los sistemas de transporte se estructuran según se expresa en la tabla 2.2.

7 Las reglas Incoterms y los costos del transporte[3]

Las reglas Incoterms son términos comerciales fijados por la Cámara de Comercio Internacional (CCI), cuya primera versión es de 1936 y la actual es la edición 2020,

---

[3] Para ampliar información sobre el uso de las reglas Incoterms en el comercio internacional, véase *Manual de uso de las reglas Incoterms 2020,* Alfonso Cabrera, editorial Marge Books, Barcelona, 2020.

Modo de transporte	Vías	Medios
Marítimo	– Atracaderos especializados – Terminales para contenedores – Rampas ro-ro	
Carretera	– Túneles – Puentes	– Chasis portacontenedores – Semirremolques adaptados
Ferroviario	– Túneles – Puentes	– Vagones adaptados – Vagones especiales
Fluvial	– Condiciones de navegación	– Barcazas – Buques portacontenedores
Aéreo		– Adaptaciones en los aviones

Tabla 2.2. Estructuración modal del transporte de contenedores.

que entró en vigor el 1 de enero de 2021, cuya difusión abarca a todo el comercio internacional. Estas reglas expresan las obligaciones y los derechos entre las partes vendedora y compradora en una operación de comercio internacional, en cuanto a las distintas fases del proceso de transporte elegido y las condiciones para la entrega de las mercancías.

La Convención sobre Contratos para la venta internacional de mercancías de las Naciones Unidas (en inglés, CISG, UN Convention on Contracts for the International Sale of Goods) en su parte III, «Venta de las mercancías» (artículos 25-88), describe el momento en que el riesgo sobre la mercancía se transfiere del vendedor (fabricante o no) al comprador (sea este el usuario final o no), pero reconoce que, en la práctica, la mayoría de las transacciones internacionales se rigen de acuerdo con las obligaciones reflejadas en las reglas Incoterms.

De manera más resumida establecen las reglas de reparto de riesgos y gastos y condiciones de entrega entre vendedor y comprador. Están constituidas por once modalidades distintas, en su edición de 2020.

- **EXW - En fábrica** *(ex works)*

  El vendedor se obliga a poner la mercancía a disposición del comprador en su establecimiento o lugar convenido (por ejemplo, la fábrica, el taller, el almacén, etc.), sin despacharla para la exportación ni efectuar la carga en el vehículo receptor; concluyendo con ello sus obligaciones.

- **FCA - Franco transportista; punto convenido** *(free carrier; named place)*
  El vendedor entrega la mercancía y la despacha para la exportación al transportista nombrado por el comprador en el lugar convenido. El lugar de entrega elegido determina las obligaciones de carga y descarga de la mercancía en ese lugar: si la entrega tiene lugar en los locales del vendedor, este es responsable de la carga; si ocurre en cualquier otro lugar, el vendedor no es responsable de la carga.

- **FAS - Franco o libre al costado del buque**
  (free alongside ship; named port of shipment)
  La entrega de la mercancía se lleva a cabo cuando es colocada por el vendedor al costado del buque en el puerto de embarque convenido. Son por cuenta del comprador todos los costos y riesgos de pérdida o daño de la mercancía desde ese momento. Esta regla Incoterms exige al vendedor despachar la mercancía en aduana para la exportación.

- **FOB - Franco a bordo; puerto de carga convenido**
  (free on board; named port of shipment)
  El vendedor tiene la obligación de cargar la mercancía a bordo del buque en el puerto de embarque especificado en el contrato de venta. El comprador selecciona el buque y paga el flete marítimo. La transferencia de riesgos y gastos se produce cuando la mercancía rebasa la borda del buque. El vendedor se encarga de los trámites para la exportación.

- **CFR - Costo y flete; puerto de destino convenido**
  (cost and freight; named port of destination)
  El vendedor paga los gastos de transporte y otros necesarios para que la mercancía llegue al puerto convenido, si bien el riesgo de pérdida o daño de la mercancía se transmite de vendedor a comprador una vez haya sido esta entregada a bordo del buque en el puerto de embarque y haya traspasado la borda del mismo. También exige que el vendedor despache la mercancía de exportación. El seguro va a cargo del comprador.

- **CIF - Costo, seguro y flete; puerto de destino convenido**
  (cost, insurance and freight; named port of destination)
  El vendedor tiene las mismas obligaciones que con el CFR, si bien, además, ha de contratar y pagar la prima del seguro marítimo de cobertura de la pérdida o del daño de la mercancía durante el transporte, ocupándose también del despacho de la mercancía en aduana para la exportación.

- **CPT - Transporte pagado hasta...; lugar de destino convenido**
  (carriage paid to; name place of destination)
  El vendedor contrata y paga el flete de transporte de la mercancía hasta el lugar de destino convenido. El riesgo de pérdida o daño se transfiere del vendedor al comprador cuando la mercancía ha sido entregada a la custodia del primer transportista designado por el vendedor. En caso de existir varios, el despacho en aduana de exportación lo lleva a cabo el vendedor.

- **CIP - Transporte y seguros pagados hasta...; lugar de destino convenido**
  (carriage and insurance paid to; named place of destination)
  Esta regla Incoterms obliga al vendedor de igual manera que el CPT, quien, además, debe contratar el seguro y pagar la prima correspondiente para cubrir la pérdida o el daño de la mercancía durante el transporte, si bien solo está obligado a contratar un seguro con cobertura mínima.

- **DAP - Entregada en ...** *(delivered at place)*
  Las mercancías han de ser entregadas en algún punto del país de destino y puede utilizarse en todas las modalidades de transporte. Resulta más flexible que la desaparecida regla DAF y comparte las características de las también suprimidas DAF y DDU (véase la tabla 2.4).

- **DPU - Entregada y descargada en lugar acordado** *(delivered at place unloaded)*
  Es una regla Incoterms multimodal, es decir, se puede utilizar para cualquier transporte: marítimo, terrestre, aéreo u otro. En esta regla la parte exportadora se encarga de casi toda la logística, el costo y los riesgos, hasta el país de destino. Esto incluye el embalaje de mercancías y carga al primer transporte, las maniobras en puerto o terminal del país de origen y trámites aduanales, el transporte internacional (sin obligación de seguro) y el traslado al lugar acordado y descarga (sin pago de impuestos y trámite de importación).

- **DDP - Entregado libre de derechos; punto de destino convenido**
  (delivered duty paid; named place of destination)
  En esta regla, el vendedor efectúa la entrega de la mercancía al comprador, despachada para la importación y no descargada de los medios de transporte a su llegada al lugar convenido del país de la importación. El vendedor asume todos los gastos, riesgos y derechos, impuestos y otras cargas por llevar la mercancía hasta aquel lugar, una vez despachada en aduana para la importación.

La tabla 2.3 resume el detalle de los costos según la modalidad de la regla Incoterms que se haya acordado en una operación de compraventa internacional.

Reglas Incoterms 2020 – Asignación de gestiones y costos												
	EXW	FCA local vendedor	FCA otro lugar	FAS	FOB	CFR	CIF	CPT	CIP	DAP	DPU	DDP
Envase y embalaje	●	●	●	●	●	●	●	●	●	●	●	●
Otros costos de exportación: documentos, certificaciones...	●	●	●	●	●	●	●	●	●	●	●	●
Carga de la mercancía en el vehículo de transporte inicial	○	●	●	●	●	●	●	●	●	●	●	●
Despacho de exportación	○	●	●	●	●	●	●	●	●	●	●	●
Transporte inicial	○	○	●	●	●	●	●	●	●	●	●	●
Transporte hasta terminal	○	○	●	●	●	●	●	●	●	●	●	●
Costos en terminal de origen: THC, tasas y otros	○	○	○	●	●	●	●	●	●	●	●	●
Carga a bordo	○	○	○	○	●	●	●	●	●	●	●	●
Transporte principal	○	○	○	○	○	●	●	●	●	●	●	●
Seguro de transporte	◉	◉	◉	◉	◉	◉	◉	◉	◉	◎	◎	◎
Descarga en terminal	○	○	○	○	○	○	○	○	○	●	●	●
Costos en terminal de destino: THC, tasas y otros	○	○	○	○	○	○	○	○	○	●	●	●
Despacho de importación	○	○	○	○	○	○	○	○	○	○	○	●
Transporte de terminal a destino	○	○	○	○	○	○	○	○	○	●	●	●
Descarga de la mercancía del vehículo de transporte final	○	○	○	○	○	○	○	○	○	○	●	○

● Costo a cargo de la empresa vendedora.

○ Costo a cargo de la empresa compradora.

◉ ◎ No es obligatoria la contratación del seguro como condición de una regla Incoterms, pero se indica la parte, vendedora o compradora, a la que le conviene plantearse su contratación por soportar mayoritariamente los riesgos del transporte. En general, es conveniencia de la compradora desde EXW a CPT, mientras que convendrá mayoritariamente a la vendedora desde DAP a DDP.

Tabla 3.2. Relación de las gestiones y costos que asumen la parte vendedora y la compradora en función de las distintas reglas Incoterms que acuerden para una operación de compraventa internacional.

7.1 Actualización de las reglas Incoterms

Las reglas Incoterms son actualizadas regularmente por la Cámara de Comercio Internacional, en atención al desarrollo y las novedades del comercio internacional. En la actualización de 2020, podemos decir que las modificaciones respecto a las reglas publicadas en 2010 son mínimas.

Hay una transformación de la regla DAT *(delivered at terminal)* a DPU *(delivered at place unloaded* o mercancía entregada y descargada en lugar acordado), al parecer por el poco uso que de ella han hecho las empresas y la visión limitativa que suponía el concepto "terminal", a pesar de que se indicaba claramente en la versión de las reglas de 2010 que no se refería únicamente a terminales marítimas. DPU está pensado para aquellas empresas que se encargan de vender por proyectos o mercancías muy delicadas que requieren controlar toda la cadena logística, desde la carga embarcada en origen a la descarga y puesta en funcionamiento en destino (a excepción de los trámites aduaneros y el pago de impuestos en destino).

Así, lo más significativo de la modificación de DAT por CPU es el cambio de nombre, ya que las responsabilidades y obligaciones son las mismas, si bien la nueva denominación DPU permite que se pueda establecer la entrega en cualquier lugar, sin que tenga que ser especialmente en una terminal, aunque también podría pactarse así en el contrato si lo desean las partes.

Por otro lado, se fijan nuevas condiciones a la hora de contratar un seguro para las reglas Incoterms CIF y CIP, donde hay modificaciones en la cobertura de seguro: hasta ahora se obligaba a contratar una póliza con, al menos, cobertura ICC (Cláusulas del Instituto de Aseguradores de Londres para Cargamentos) "C" en ambos casos. En la actualización de 2020, si se acuerda el envío en condiciones CIP, la cobertura deberá ser ICC "A" (el denominado "todo riesgo marítimo" o *all risks),* mientras que si el envío se realiza en condiciones CIF se mantiene la obligación de contratar al menos una cobertura ICC "C" (inferior a la clase "A"). La cobertura ICC "C" es la más barata de prima, pero la de menor cobertura, ya que solo cubre las averías gruesas.

En lo que refiere al FCA, en la versión de las reglas Incoterms 2020 se establece la opción, en caso de transporte marítimo, para que la parte compradora pueda dar instrucciones a la empresa transportista que ha contratado (naviera o su agente) de que emita a nombre de la parte vendedora un conocimiento de embarque con la anotación "a bordo" *(on board),* lo cual indica que la mercancía se ha cargado a bordo del buque. Éste es el documento de transporte más habitual que se utiliza en la operativa de las cartas de crédito o créditos documentarios para justificar la entrega de la mercancía y, con ello, hacer efectivo el pago a la parte vendedora.

El resto de cambios son de menor calado, más estéticos, y están relacionados con la presentación de la información, la relación de gastos, la obligación de las partes vendedora o compradora, cuando así lo indique la regla Incoterms, de contratar el transporte (lo que se indicaba hasta ahora) o proporcionarlo por sus propios medios (como novedad en las reglas Incoterms 2020) si se dispone de una flota propia que no requiere de contratación a terceros, la inclusión de requisitos derivados de la seguridad en el transporte de una manera genérica (por ejemplo verificación de pesos en el contenedor VGM) o la inclusión de notas explicativas que, hasta esta nueva versión, no existían.

8 El proceso de compraventa internacional

8.1 *Procedimiento de exportación-importación*

El procedimiento de exportación-importación que se sigue en una operación de compraventa internacional, generalmente, se rige por los siguientes pasos:

1. El vendedor y el comprador acuerdan un contrato de compraventa, utilizando el recurso de una carta de crédito (CREDOC o crédito documentario *(letter of credit);* regido por las reglas de la CCI UCP/600) para la seguridad de la operación.
2. El comprador extiende la carta de crédito a favor del vendedor a través del banco con el que opera.
3. Dicha entidad encarga al banco del vendedor el aviso y la confirmación del crédito acordado.
4. El banco en el origen de la mercancía envía la carta de crédito al vendedor, informando sobre los términos y las condiciones del crédito.
5. Si las condiciones del crédito están de acuerdo con el contrato de compraventa, el vendedor prepara las mercancías y su documentación y las dispone para su transporte.
6. El vendedor presenta los documentos que confirman el embarque y el borrador del conocimiento para pagar, aceptar o negociar con el banco fijado en el crédito, generalmente el de origen, o cualquier banco dispuesto para negociar con las condiciones del crédito.
7. El banco examina los documentos para comprobar los términos del crédito. Si todo se cumple, el banco pagará, aceptará o negociará.
8. Si fuera otra entidad bancaria distinta a la utilizada por el comprador, esta envía los documentos al banco antes mencionado.
9. El banco examina los documentos para comprobar si cumplen las condiciones del crédito. Si las cumplen, es aceptado.

10. Los documentos son librados al comprador después del pago, o en las condiciones que se haya acordado entre el banco y el comprador.

11. El comprador entrega el conocimiento de embarque al transportista a cambio de las mercancías que le entrega.

8.2 Factores de costo

En el proceso de exportación o importación se generan costos que pueden venir generados por diferentes factores. Los más usuales son los siguientes:

1. Vendedor, exportador, fabricante:
   - Materiales y costos laborales.
   - Embalajes para aduanas.
   - Gastos de inspección.
   - Licencias.
   - Franquicias, derechos de terceros.

2. Agente de exportación:
   - Comisiones a la agencia de exportación.
   - Margen comercial de operadores.

3. Documentaciones de trámite:
   - Comisiones y gastos bancarios.
   - Comisiones a los agentes del transportador.
   - Costos de flete.
   - Licencia de exportación.
   - Costos del seguro.
   - Costos de certificación.
   - Costos consulares.
   - Anuncios.

4. Transporte hasta el puerto (carretera, ferrocarril):
   - Flete del transporte elegido.
   - Costos según ruta utilizada (peajes, etc.).
   - Daños no asegurados.
   - Robos y pérdidas.
   - Gastos de manipulación.
   - Demoras.

5. Paso de aduanas:
   - Gastos de corretaje.
   - Impuestos de exportación.

6. Depósito en puerto a la espera de embarque:
   - Robos y pérdidas.
   - Costos de manipulación.
   - Almacenaje.
   - Costos de carga.
   - Demoras.
   - Derechos de muelle.

7. Transporte marítimo:
   - Primas de seguro.
   - Flete marítimo.
   - Daños o pérdidas no asegurados (posibles aligeramientos, zonas conflictivas, imprevistos, etc.).
   - Robos y pérdidas.

8. Descarga en puerto de destino:
   - Robos y pérdidas.
   - Costos de manipulación.
   - Costos de descarga.
   - Almacenaje.
   - Demoras.
   - Costos de muelle.

9. Aduanas en puerto de destino:
   - Tasas e impuestos de importación.
   - Comisiones y gastos bancarios.
   - Gastos por licencia de importación.
   - Gastos de consignatario.

10. Transporte a destino final (carretera, ferrocarril):
    - Costos del transporte seleccionado.
    - Costos relacionados con la ruta elegida.
    - Robos y pérdidas.
    - Daños no asegurados.

- Costos de manipulación.
- Demoras.

11. Hasta el usuario comprador:
    - Almacenamiento.
    - Costos por intereses.
    - Anuncios.

9 Arrendamiento del contenedor

Determinadas empresas de ámbito internacional tienen como actividad el alquiler de contenedores. Estas empresas fueron creadas para atender el desarrollo del uso del contenedor, que encontró a las compañías de navegación no suficientemente preparadas para soportar altas inversiones en equipos, y consideraron que para cada ruta serían necesarios tres contenedores: uno para cada extremo (puerto inicial y puerto final) y uno a bordo. Un buque de 1.200 TEU necesitaría 3.600 contenedores de 20 pies para atender las necesidades de sus clientes. Esto significaría dedicar unos recursos financieros elevadísimos que, sumados al costo del propio buque, harían difícil que aquella operación pudiera ser llevada a cabo por algunas navieras.

Las compañías de arrendamiento de contenedores ofrecen a sus usuarios las siguientes ventajas:

- La no movilización de recursos financieros y gerenciales para una actividad que puede exigir un elevado capital.
- Alternativas de contrato de servicio de alquiler, que ofrecen opciones al arrendatario con respecto a la forma de utilización del contenedor, así como al plazo de utilización del mismo.
- Infraestructura operativa a través de agentes de depósitos de contenedores, que ponen a disposición de los usuarios locales adecuados para alquilar y devolver contenedores, de acuerdo con la necesidad del flujo de carga.
- Una actuación reguladora en el mercado de contenedores, que promueve un mejor equilibrio del mismo por su capacidad de ajuste geográfico de las ofertas, de acuerdo con las necesidades y tendencias de los usuarios.

9.1 Contratos de alquiler de contenedores

Los tipos de contrato de arrendamiento de contenedores más utilizados son:

- **Trip lease**
  También conocido como *short term lease,* que a su vez puede ser:

  – *One way*
    Es un contrato en el que el contenedor es alquilado para atender un único tramo. Es arrendado en el local de origen de la carga y entregado en el local de descarga o en otra parte donde existan agentes de la compañía de arrendamiento. Tiene una duración mínima de treinta días.

  – *Round trip*
    Es un contrato en el que el contenedor es arrendado en un puerto y devuelto en el mismo, después de completar un viaje de ida y vuelta. Tiene también una duración mínima de treinta días.

- **Master lease agreement**
  Es el modelo de contrato más utilizado, en el que se pacta el arrendamiento de un número mínimo de contenedores, sin especificar su identificación, por un período de tiempo determinado, superior a un año.

- **Long term agreement**
  Tipo de contrato de arrendamiento de un número concreto y con numeración de contenedores de largo plazo, en el que la duración generalmente varía de uno a cinco años, a cuyo vencimiento los contenedores son devueltos sin cobrar la tasa de devolución.

Cualquiera de los tres contratos debe contener las siguientes especificaciones:

- Precio del arrendamiento.
- Duración del contrato.
- Período mínimo del tiempo de arriendo *(master agreement).*
- Costo de entrega y devolución de los contenedores.
- Condiciones de pago.
- Condiciones de intercambio de los contenedores con terceras partes *(direct interchange).*
- Condiciones de devolución del equipo por fin de contrato.
- Condiciones para las inspecciones de los contenedores.
- Condiciones de mantenimiento.
- Valor depreciado y pérdida total.

9.2 Tasas de alquiler de contenedores

Se conoce como «tasa de alquiler del contenedor» el importe que se abona en relación con el alquiler y la manipulación de un contenedor. Las más usuales son las siguientes:

- **Tasa diaria** *(per diem)*
  Tasa que se abona por el arriendo del contenedor por un determinado período de días. Las compañías de arrendamiento, además del alquiler del contenedor, cobran tasas adicionales por diferentes conceptos que se establecen al formalizar el contrato.

- **Tasa de manipulación** *(handling charge)*
  Tasa por el movimiento del contenedor en el patio de la empresa de alquiler. Ese movimiento solo comprende la operación de descarga o carga del contenedor vacío del vehículo que vino a retirarlo o a entregarlo. Esa tasa corresponde *out* en la retirada e *in* en la entrega del equipamiento.

- **Tasa de recepción** *(pick-up)*
  Tasa cobrada en el momento en que el arrendador recibe el contenedor. Es variable, según el puerto.

- **Tasa de devolución** *(drop off charge)*
  Tasa cobrada en el momento de la devolución del contenedor en la terminal de la compañía de alquiler. Es variable, según el puerto. Esta tasa tiene la finalidad de cubrir eventuales gastos con la redistribución y el mantenimiento de las existencias de contenedores disponibles en las terminales en las que cada compañía opera. Es generalmente alta cuando el contenedor es devuelto en áreas donde existe acumulación de contenedores.

Al inicio y al término del alquiler del contenedor es necesario inspeccionarlo para verificar sus condiciones y el estado de conservación. Estas inspecciones se llevan a cabo basándose en los procedimientos recomendados por el IICL (Institute of International Container Lessors), cuya finalidad es facilitar orientación técnica para la inspección y la reparación de los contenedores.

Las informaciones y orientaciones del IICL se difunden mediante manuales técnicos, revisados periódicamente tomando en cuenta las normas internacionales vigentes.

10　Consolidación de contenedores

Consolidar un contenedor es la operación de llenado del mismo para su posterior expedición. Si se precisa acondicionar en su interior diferentes mercancías, habitualmente se requiere disponer de personal técnico experto en estiba.

La consolidación se debe llevar a cabo mediante una rigurosa anotación de los elementos que se introducen en el contenedor, con sus marcas, especies, numeración, etc.; es decir, de todo cuanto permita conseguir una completa lista de carga,[4] destinada a verificar la correcta recepción de las mercancías en el lugar donde se efectúa la desconsolidación.

En el capítulo dedicado a las averías se ofrece un estudio detallado de las mismas, mientras que en este apartado se citan los principales cuidados que hay que observar en la consolidación del contenedor con el fin de prevenir posibles daños.

Dependiendo de las condiciones del transporte de carga, el llenado del contenedor podrá ser efectuado en cualquier lugar, fuera del puerto o de la zona portuaria.

10.1　*Revisión y preparación del contenedor*

Antes de proceder al llenado de un contenedor hay que efectuar una profunda revisión del mismo. Con el fin de asegurar su idoneidad, debe atenderse especialmente a las siguientes consideraciones:

- No deben existir puntos de entrada de agua, lo que se puede identificar por la entrada de luz estando el contenedor bajo la luz del sol con las puertas completamente cerradas, o por la aplicación de chorros de agua a presión.
- No deben haber abolladuras que comprometan la seguridad del contenedor o disminuyan la capacidad volumétrica del mismo.
- Se debe garantizar la seguridad de las puertas, especialmente de las cerraduras, bisagras y aldabas.
- No ha de existir desgaste por corrosión avanzada en ninguna parte del contenedor.
- Se debe vigilar la existencia de reparaciones inadecuadas o incompletas que puedan comprometer la seguridad del contenedor o de las mercancías.
- No deben haber en el interior del contenedor obstáculos de ningún tipo, tales como piezas del suelo sueltas o quebradas que puedan perjudicar la carga provocándole averías, accidentes al personal o que puedan comprometer la seguridad del contenedor.

---

[4] En inglés *packing list*.

- Debe llevarse a cabo una limpieza completa y rigurosa del interior del contenedor, removiendo los residuos, los olores y los restos de plagas u hongos resultantes de usos anteriores.

10.2 Características de las carretillas elevadoras

Las carretillas elevadoras que se utilicen para el llenado de contenedores deben tener el mástil de elevación a cero, debido a la limitación impuesta por la altura de la puerta del contenedor.

10.3 Distribución de la carga

El proceso de llenado de un contenedor debe efectuarse teniendo en cuenta las observaciones siguientes:

- El centro de gravedad longitudinal y transversal de la carga en el interior del contenedor debe situarse lo más próximo posible al centro de gravedad del mismo.
- Se debe verificar la capacidad de peso máximo del contenedor, estampada en la parte superior externa de la puerta derecha.
- Los volúmenes más livianos deben ser estibados sobre los más pesados.
- Las cargas de gran peso y poco volumen deben ser estibadas sobre tablones para aumentar la distribución de esfuerzos, por lo cual hay que conocer en toneladas por metro cuadrado la capacidad de resistencia estructural del suelo del contenedor.

Desde el punto de vista del tipo o la naturaleza de la mercancía, debe tomarse en consideración:

- **Carga homogénea**
  - Los sacos y fardos deben estibarse «cruzados»; es decir, una camada en sentido longitudinal y otra en sentido transversal.
  - Las unidades de carga o los recipientes tipo tambor se deben estibar de pie, con tablones de madera separando las pilas y con materiales acolchados para evitar el contacto entre el metal de los bordes del tambor con el suelo y las paredes del contenedor.

Figura 2.9. Operación de llenado de un contenedor utilizando una carretilla elevadora.

- **Carga heterogénea**
  - Los volúmenes pesados deben ser estibados sobre tablones de madera, con el fin de permitir el acceso de las uñas de la carretilla elevadora en la desconsolidación del contenedor y evitar averías.
  - Las cajas de madera, cuando sean colocadas junto a sacos o cartones, deben ser estibadas con la suficiente separación.
  - Los productos que desprendan olores no deben ser colocados junto a aquellos que sean sensibles a la contaminación por olor.
  - Las cargas secas no se deben estibar junto a las cargas que desprendan humedad. Cuando no exista riesgo de avería por humedad, la carga seca se debe colocar en la parte superior, conservando siempre una separación suficiente.
  - Las mercancías que presenten protuberancias o un formato irregular (las que sean puntiagudas, por ejemplo), se deben estibar aisladas de las demás.

- **Carga peligrosa**
  - Los documentos de embarque deben contener el nombre del producto, la cantidad total, el peso y volumen, además de etiquetas identificativas y de información exigidas para el transporte de mercancías peligrosas, de acuerdo con el Código Internacional de Mercancías Peligrosas por Mar (IMDG) de la OMI.

- El aislamiento de los productos peligrosos colocados en el interior de un mismo contenedor se establece en función de la incompatibilidad de las cargas peligrosas entre sí. Estas se estiban totalmente en el interior del contenedor, sin ningún saliente proyectado hacia fuera, especialmente cuando se utiliza un contenedor de techo abierto.
- Los contenedores necesitan una marcación muy visible, con letras de por lo menos 100 mm (4 pulgadas) de altura, que indiquen la clasificación de las mercancías referidas.

- **Fijación de la carga en el interior del contenedor**
  - Se deben evitar espacios vacíos que puedan ser ocupados con el desplazamiento de la carga. En el caso de que existan esos espacios se deben llenar con calzos de madera, cartón ondulado, neumáticos viejos, bloques de poliestireno (plumavit) o elementos inflables para el acolchamiento de los volúmenes en el interior del contenedor, lo que, en términos generales a todos ellos, se conoce a bordo como «madera de estiba».
  - Los volúmenes de gran peso y los vehículos deben ser fijados con cintas y alambres de acero, cadenas, cintas de material sintético (generalmente nailon) o cabo «Hércules», a los ojales existentes en el interior del contenedor, utilizando también tensores (tecles), manillas y clips.
  - Las puertas de los contenedores no deben servir de apoyo para la carga, que podría caer con la abertura de las mismas.
  - La resistencia de cada volumen debe ser suficiente para soportar la presión de la pila estibada sobre el mismo. En caso contrario, la ruptura de un volumen en la parte inferior de la pila podría desmoronar toda la estiba, causando mayores averías.

- **Humedad del aire dentro del contenedor**
  Con el objetivo de evitar la humedad del aire en el interior del contenedor, deben tomarse las siguientes precauciones:

  - Usar tablones de madera seca para la ventilación inferior, o sea, en el espacio que hay entre la carga y el suelo del contenedor.
  - Forrar internamente el contenedor con papel tipo kraft.
  - Emplear envoltorios de plástico debidamente sellados, sin humedad en su interior o con productos absorbentes del tipo «silica gel».
  - Pintar los volúmenes metálicos para evitar la corrosión.
  - En los contenedores ventilados, verificar que no estén obstruidas las aberturas de ventilación y que existan dispositivos que eviten la entrada de agua de mar o de lluvia.

- **Precinto del contenedor**

  Una vez concluida la operación de carga, el contenedor debe ser precintado para evitar manipulaciones no autorizadas mediante precintos de seguridad y también se debe colocar en los lugares apropiados los sellos, los rótulos y las etiquetas relativas a la carga peligrosa que pueda albergar el contenedor, cuando sea el caso.

10.4 Procedimientos de estiba del contenedor

Los palés o bultos con dimensiones regulares y normalizadas deben estibarse de manera que se produzca un eficaz aprovechamiento del espacio, con el mínimo de pérdidas de estiba y la mejor relación carga/flete. En la figura 2.10 se muestran tres modelos de estiba, vistos desde la parte superior:

- En el procedimiento «X», todos los bultos (palés, cajas, etc.) se estiban de frente, con su lado largo paralelo al largo del contenedor.
- En el procedimiento «Y» los bultos se estiban unos de frente, con su lado largo paralelo al largo del contenedor, mientras que otros se estiban de costado, con su lado largo perpendicular al ancho del contenedor.
- En el procedimiento «Z» los bultos alternan secuencialmente el orden de «Y», es decir, primero con su lado largo paralelo al largo del contenedor, mientras que otros se estiban de costado, con su lado largo perpendicular al ancho del contenedor, y viceversa.

10.5 Rendimiento de carga de palés en el contenedor

Existen distintos programas informáticos que facilitan el cálculo y proporcionan resultados eficaces en cuanto a la forma de ordenar la estiba en un contenedor, de manera que se pueda aprovechar al máximo su capacidad y, por tanto, incrementar la eficiencia del transporte. En la figura 2.11 se muestran planos de carga con diferentes soluciones de estiba de palés para contenedores de distintas dimensiones.

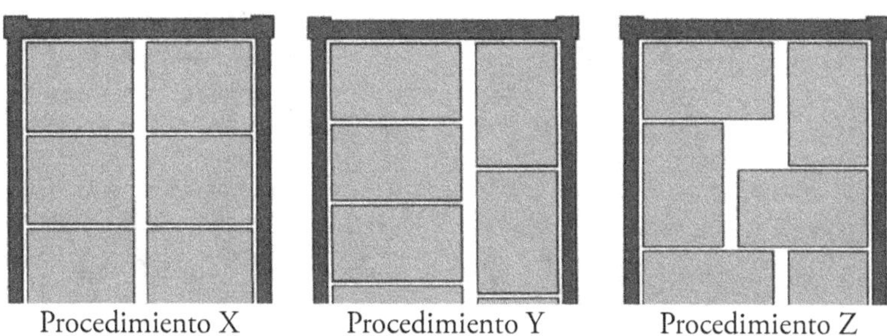

Figura 2.10. Diferentes procedimientos de estiba de contenedores.

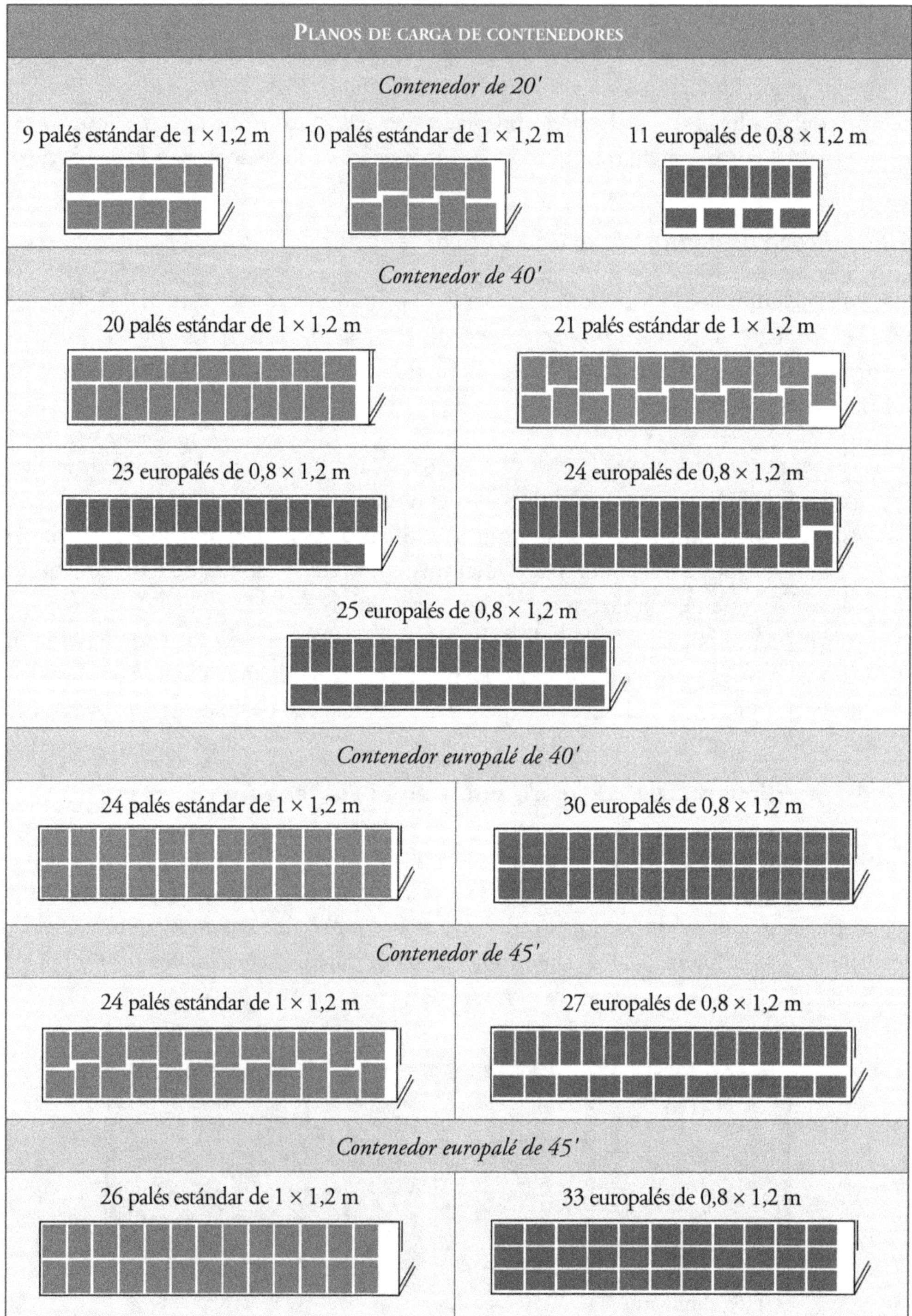

Figura 2.11. Ejemplos de planos de estiba de contenedor para palés estándar y europalés.

Como se observa en la tabla 2.5, las dimensiones de los palés disponibles y la orientación en la que se coloquen facilitarán, en mayor o menor medida, el aprovechamiento del espacio de carga.

Considerando las dos dimensiones del palé, un lado «l» y el otro lado «l'», podrá colocarse orientado en el interior del contenedor respecto a las dimensiones de este, largo «L» y ancho «A», con lo que se obtendrían las siguientes posibilidades:

CASO PRÁCTICO: ESTIBA DE UN CONTENEDOR

El peso de la carga y su volumen condicionan el tamaño y el número de contenedores necesarios para un embarque. El caso supuesto es:

Un importador compra 1.500 cajas de un producto. El peso de cada caja es 10,5 kg y sus medidas son $1,5' \times 1' \times 1'$, lo que significa un volumen de 1,5 pies cúbicos o 0,04248 m³. La mercancía exige que las cajas se estiben en posición vertical (señalizada por la flecha en dirección hacia arriba). El peso total de la carga es de 15.750 kg y el total del volumen es de 2.350 pies cúbicos o 63,713 m³.

Teniendo en cuenta que la capacidad del contenedor de 20' es de 1.170 pies cúbicos o 33,131 m³, y la de uno de 40' es de 2.385 pies cúbicos o 67,535 m³, todo hace pensar que las 1.500 cajas podrán estibarse en dos contenedores de 20' o en uno de 40', pero debe considerarse la pérdida de estiba por espacio vacío entre las cajas.

Contenedor 20' × 8,5' (estándar)	*Procedimiento (X)*	*Procedimiento (Y)*	
A lo largo, filas	12	19	
A lo ancho, filas	7	5	
En altura, capas	7	7	
Total cajas	588	665	
Total volumen utilizado (pies)	882	997,5	

Contenedor 20' × 8,5' (estándar)	*Procedimiento (ZX)*	*Procedimiento (ZY)*	*Procedimiento Z = ZX + ZY*
A lo largo, filas	12	19	
A lo ancho, filas	3	3	
En altura, capas	7	7	
Total cajas	252	339	651
Total volumen utilizado (pies)			976,5

Contenedor 40' × 8,5' (estándar)	*Procedimiento (X)*	*Procedimiento (Y)*	
A lo largo, filas	26	39	
A lo ancho, filas	7	5	
En altura, capas	7	7	
Total cajas	1.274	1.365	
Total volumen utilizado (pies)	1.911	2.047,5	

Contenedor 40′ × 8,5′ (estándar)	Procedimiento (ZX)	Procedimiento (ZY)	Procedimiento Z = ZX + ZY
A lo largo, filas	26	39	
A lo ancho, filas	3	3	
En altura, capas	7	7	
Total cajas	546	819	1.365
Total volumen utilizado (pies)			2.047,5
Contenedor 40′ × 9,5′ (Contenedor de gran cubicación)	Procedimiento (X)	Procedimiento (Y)	
A lo largo, filas	26	39	
A lo ancho, filas	7	5	
En altura, capas	8	8	
Total cajas	1.456	1.560	
Total volumen utilizado (pies)	2.184	2.340	
Contenedor 40′ × 9,5′ (Contenedor de gran cubicación)	Procedimiento (ZX)	Procedimiento (ZY)	Procedimiento Z = ZX + ZY
A lo largo, filas	26	39	
A lo ancho, filas	3	3	
En altura, capas	8	8	
Total cajas	624	936	1.560
Total volumen utilizado (pies)			2.340

Tabla 2.5. Cálculo de diferentes procedimientos de estiba.

Con el análisis de las seis alternativas de la tabla 2.4, se obtiene la conclusión de que dos contenedores de 20′ no permitirían la carga de las 1.500 cajas, ni por volumen ni por el número de cajas de estiba. En el caso de utilizar un contenedor de 40′, sería posible por el volumen empleado pero no para estibar el total de cajas del cargamento completo. Solo el contenedor de 9,5′ de altura, el denominado «contenedor de gran cubicación», admitiría la estiba de todas las cajas, cualquiera que fuera la disposición o el procedimiento aplicado.

– Orientación 1: l/L – l′/A
– Orientación 2: l/A – l′/L

Con ello, teniendo en cuenta las dimensiones internas de los contenedores de 20′ (232″ × 92″) y de 40′ (473″ × 92″), y partiendo de una altura para cada palé de 60″, el rendimiento según las dimensiones de los palés más utilizados sería el

1. Número total de palés para un contenedor de 20′						
Método estiba (fig. 2.2)		*X*	*X*	*Y*	*Z*	*Porcentaje de suelo útil*
Orientación del palé		*1*	*2*	*1 + 2*	*1 + 2*	
Lado l	*Lado l'*					
45″	53″	5	8	NA	NA	83,39
45″	45″	10	10	NA	NA	94,87
44″	52″	5	8	NA	NA	85,76
44″	44″	10	10	NA	NA	90,70
41″	49″	5	8	9	10	94,12
40″	48″	5	8	9	10	89,96
40″	40″	10	10	NA	NA	74,96
36″	45″	12	10	11	10	91,08
36″	36″	12	12	NA	NA	72,86
35″	44″	12	10	11	10	86,58
34″	45″	12	10	11	10	86,02
33″	44″	14	10	12	12	95,24

2. Número total de palés para un contenedor de 40′						
Método estiba (fig. 2.2)		*X*	*X*	*Y*	*Z*	*Porcentaje de suelo útil*
Orientación del palé		*1*	*2*	*1 + 2*	*1 + 2*	
Lado l	*Lado l'*					
45″	53″	10	16	NA	NA	87,69
45″	45″	20	20	NA	NA	93,07
44″	52″	10	18	NA	NA	94,64
44″	44″	20	20	NA	NA	88,98
41″	49″	11	18	20	20	92,33
40″	48″	11	18	20	20	88,24
40″	40″	22	22	NA	NA	80,89
36″	45″	26	20	23	22	96,79
36″	36″	26	26	NA	NA	77,43
35″	44″	26	20	23	20	92,01
34″	45″	26	20	23	22	91,41
33″	44″	28	20	24	24	93,43

Tabla 2.6. Rendimiento de la estiba de contenedores según las dimensiones de los palés.

que se refleja en la tabla 2.6 (2), junto a los tipos que no tendrían aplicación práctica (NA).

10.6 Rendimiento de carga de otros bultos (cajas, balas, etc.)

En estos casos, utilizando un procedimiento parecido al anterior, las orientaciones que puede adquirir el bulto en sus tres dimensiones deben relacionarse con las correspondientes del contenedor, lo que significará considerar dieciocho posibilidades de estiba, según se relacionan en la tabla 2.7, en las que las letras A, B y C corresponden a las dimensiones de largo, ancho y alto del bulto, y las letras X, Y y Z a las homólogas del contenedor.

Si tomamos parte del ejemplo antes resuelto, asumiendo que las dimensiones de los bultos son A = 18″, B = 12″ y C = 12″, y que pueden estibarse en cualquier posición sin que las mercancías sufran ningún daño, utilizando un contenedor de 40′ x 8,5′ (estándar) de medidas interiores X = 473″, Y = 92″ y Z = 94″, se obtendrán las posibilidades de estiba que se presentan en la tabla 2.8.

De esta tabla se desprende que los procedimientos que van del 3 al 6 son los más eficaces para la estiba máxima en un contenedor de 40′. En la práctica, las orientaciones 1 y 4 y su respectiva combinación son las más utilizadas.

Por otro lado, considerando la carga de bultos en los palés, existe una estrecha vinculación entre la manipulación de palés consolidados que presenten una forma estable y compacta con la imposibilidad de caída de parte de sus bultos. Una manera adecuada de colocar los bultos en los palés es la que se muestra en la figura 2.12, entendiendo que la unidad mejorará sustancialmente cuando además el palé esté envuelto con capas protectoras de plástico retráctil.

Posibilidad	Orientación de los bultos		
1	A-X	B-Y	C-Z
2	A-X	B-Z	C-Y
3	A-Z	B-Y	C-X
4	A-Y	B-X	C-Z
5	A-Z	B-X	C-Y
6	A-Y	B-Z	C-X

Tabla 2.7. Posibilidades de estiba de bultos en un contenedor.

Posibilidad de orientación	Bultos por combinación	Total de bultos
1	X-A = 26 Y-B = 7 Z-C = 7	26 × 7 × 7 = 1.274
2	X-A = 26 Z-B = 7 Y-C = 7	26 × 7 × 7 = 1.274
3	Z-A = 5 Y-B = 7 X-C = 39	5 × 7 × 39 = 1.365
4	Y-A = 5 X-B = 39 Z-C = 7	5 × 7 × 39 = 1.365
5	Z-A = 5 X-B = 39 Y-C = 7	5 × 7 × 39 = 1.365
6	Y-A = 5 Z-B = 7 X-C = 39	5 × 7 × 39 = 1.365

Tabla 2.8. Rendimiento de la estiba de contenedores mediante bultos.

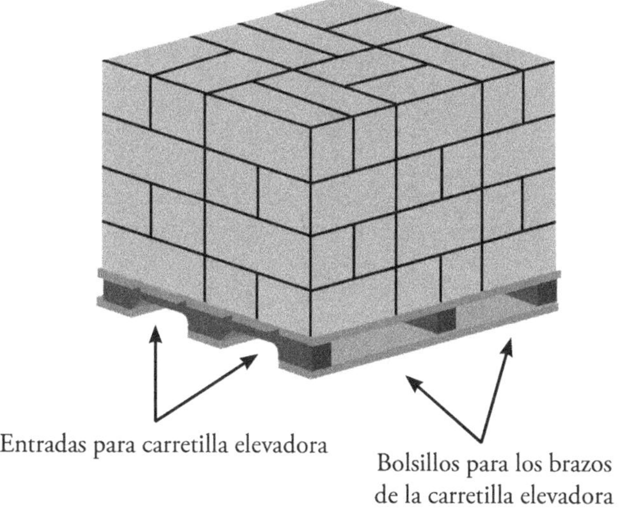

Figura 2.12. Modo de colocar los bultos sobre un palé.

11 Procedimiento de inspección

En la recepción de mercancías, en especial las transportadas de forma unitizada y contenerizada, tanto por parte del comprador como de los inspectores de aduana, se lleva a cabo una toma de muestras aleatorias que establecen el nivel de calidad aceptable de la totalidad de la expedición.

Para ello se dispone de procedimientos que permiten conocer con suficiente fiabilidad si el cargamento puede ser aceptado o rechazado, en todo o en parte, si el nivel de calidad no cumpliese con los requisitos del contrato de compraventa. De existir rechazo, ello puede representar una significativa demora en el embarque o desembarque, e incluso la cancelación del contrato.

En las operaciones de exportación, el rechazo afecta normalmente a la totalidad de la partida. A menudo, el vendedor tiene la posibilidad de separar lo aceptable de lo rechazable, rehacer y subsanar lo rechazado, y volver a someterlo a la inspección de calidad.

En caso de rechazo, el buque también puede efectuar una inspección completa de la partida, separar lo aceptable de lo rechazado, embarcar lo primero y retornar lo segundo. En la práctica, este proceso puede no ser posible debido a las restricciones impuestas en la carta de crédito, en especial cuando el embarque parcial está expresamente prohibido o se determinan las cantidades en el número mínimo de unidades que componen el cargamento o partida.

En el procedimiento para conocer las verdaderas características de una partida compuesta por un grupo de unidades, el muestreo es aleatorio a menos que se requiera el 100 % de inspección. En un conjunto de unidades estibadas uniformemente, el inspector puede seguir un muestreo aleatorio basado en la determinación del bulto en las dimensiones de largo «L», alto «A» y profundo «P» que esté dicho elemento respecto al conjunto en el que se encuentra integrado.

En la figura 2.13, el bulto A es identificado por 1-3-1, mientras que el bulto B se localiza por 2-2-2.

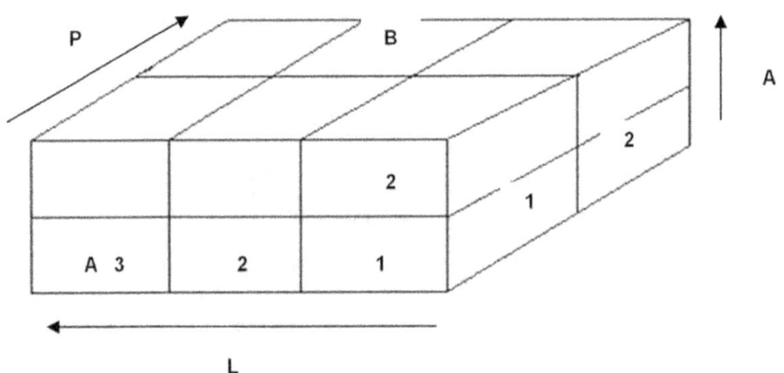

Figura 2.13.

El número de muestras aleatorias que deben ser inspeccionadas para dar garantía de la calidad total de la partida se obtiene de la tabla 2.9, en la que «A» es el número aceptable del total depreciado y «B», el número de rechazo, con el procedimiento de selección descrito en la figura 2.12. La tabla solo considera los porcentajes que van del 1 al 6,5 % como muestra del sistema, y, por ello, para cualquier otro porcentaje debe acudirse a tablas similares con porcentajes distintos.

Cuando se trata de una partida que llena plenamente el contenedor, la inspección de las mercancías se lleva a cabo antes de la carga y no después, a fin de tener accesibilidad en la selección aleatoria a diversas partes de la partida.

12   El seguro y sus coberturas

Determinados riesgos del transporte han ido incorporándose al sector del seguro a medida que las circunstancias, a menudo procedentes de accidentes del transporte inter-

Lote	*Núm. de bultos inspeccionados*	*Nivel de calidad aceptable (NCA %)*								
		1,0		*1,5*		*2,5*		*4,0*		*6,5*	
		A	*R*	*A*	*R*	*A*	*R*	*A*	*R*	*A*	*R*
2-18	2	0	1	0	1	0	1	0	1	0	1
9-15	3	0	1	0	1	0	1	0	1	0	1
16-25	5	0	1	0	1	0	1	0	1	1	2
26-50	8	0	1	0	1	0	1	1	2	1	2
51-90	13	0	1	0	1	1	2	1	2	2	3
91-150	20	0	1	1	2	1	2	2	3	3	4
151-280	32	1	2	1	2	2	3	3	4	5	6
281-500	50	1	2	2	3	3	4	5	6	7	8
501-1200	80	2	3	3	4	5	6	7	8	10	11
1.201-3.200	125	3	4	5	6	7	8	10	11	14	15
3.201-10.000	200	5	6	7	8	10	11	14	15	21	22
10.001-35.000	315	7	8	10	11	14	15	21	22	21	22

*Tabla 2.9. Cálculo del número de muestras aleatorias que se deben inspeccionar
como garantía de la calidad total de una partida.*

modal, han ido sucediéndose y ocupando un espacio de especial interés en el comercio internacional.

La tabla 2.10 resume las coberturas más usuales que ofrecen las empresas aseguradoras. La columna 1 refleja las coberturas que abarcan la casi totalidad de riesgos, la columna 2,

RIESGOS CUBIERTOS Y EXCLUIDOS	1	2	3
Fuego y explosión	S	S	S
Varada, hundimiento y vuelco	S	S	S
Vuelco o descarrilamiento terrestre	S	S	S
Descarga en puerto de embargo	S	S	S
Terremoto, rayo o erupción volcánica	S	S	N
Daños intencionados	S	N	N
Robos	S	N	N
Demoras	N	N	N
Vicio o naturaleza inherente a la carga	N	N	N
Extravío intencionado de los asegurados	N	N	N
Sacrificio en avería general	S	S	S
Embargo	S	S	S
Echazón	S	S	N
Mojaduras	S	S	N
Pérdida total por caídas en carga y descarga	S	S	N
Piratería	S	N	N
Guerra	N	N	N
Huelgas y alborotos civiles	N	N	N
Armas atómicas o nucleares	N	N	N
Pérdidas ordinarias de peso y volumen	N	N	N
Insuficiente o inadecuado embalaje	N	N	N
Aseguramiento privado por innavegabilidad	N	N	N
Insolvencia o fallo financiero del propietario u operador del buque	N	N	N

Tabla 2.10. Coberturas más usuales en las pólizas de las empresas aseguradoras.

las coberturas que significan o proceden de averías, y la columna 3, las que están libres de avería particular. Puede decirse que las pérdidas o los daños asegurados son los determinados en la columna 1, y son razonablemente admitidos los de las columnas 2 y 3.

El término endoso usado en las cláusulas de ampliación del seguro hace referencia a las modificaciones de la póliza para tener previstos riesgos no incluidos en la póliza básica, añadiendo cláusulas apropiadas y pagando una prima adicional. El endoso usual es un impreso anexado a la póliza, si bien algunas tienen espacios en blanco en los que se pueden añadir directamente por escrito.

El exportador debe consultar con la compañía aseguradora o sus agentes cualquier endoso que pueda necesitar un mercado o un transporte en particular. La cantidad cubierta por el seguro, salvo que previamente se haya estipulado otra cosa en la carta de crédito, será la indicada por el precio que se estipularía de acuerdo con la regla Incoterms CIF (costo, seguro, flete) más el 10 %. Si dicho valor no está determinado, la cantidad cubierta por el seguro será el 110 % de la indicada en la letra de crédito para el pago, la aceptación o la negociación, o el 110 % de la cantidad total del envío; la cantidad que sea mayor. El seguro cubre un 10 % más que el CIF, como un seguro por la pérdida del esperado beneficio de la operación comercial.

En contratos suscritos utilizando la regla Incoterms FOB (franco a bordo) o la CFR (costo y flete), el interés asegurable pasa del exportador al importador en el momento en que las mercancías estén situadas a bordo. Por ello es importante que el exportador proporcione los detalles del embarque al importador con la máxima diligencia, a fin de que el seguro pueda estar formalizado a tiempo. En la práctica, es frecuente que el importador disponga el seguro después de que el buque salga del puerto de origen cuando el contrato es FOB y CFR. Mientras la responsabilidad del importador es proveerse del seguro, el exportador puede sufrir pérdidas si la mercancía es dañada antes de transferir el seguro. En tales casos, el exportador debe asegurar las mercancías desde el almacenaje hasta la carga a bordo del buque para evitar imprevistos, sin que se deba informar de ello al importador.

Si las mercancías se exportan sin mediar carta de crédito, existe el riesgo de que el importador pueda rechazar el embarque si estas están dañadas a la llegada. Para evitar este problema, el exportador puede asegurar las mercancías de almacén a almacén, si bien, en el caso de que el importador también las haya asegurado y reclame daños, el exportador no podrá reclamar daños más allá de su interés asegurado y no estará en condiciones de justificar documentalmente los documentos usados por el importador para sustentar las pérdidas.

12.1 *La prima del seguro*

Una guía generalmente aceptada para determinar la prima del seguro es el 1 % de la cantidad asegurada, si bien puede variar entre un 0,5 y un 2,5 % ante factores tales como:

- Tipología de las mercancías. Incremento en las que son más susceptibles de sufrir daño.
- País y distancia de destino. Incremento en países con una historia de conflictos, o también cuanto mayor es la distancia hasta la entrega, ya que aumenta la posibilidad del riesgo.
- Valor de las mercancías.
- Modo de transporte. El transporte por mar, en términos generales, tiene una prima más elevada que el efectuado por tierra, mientras que en el transporte aéreo puede ser menor.
- Tipo de riesgos cubiertos. Según las columnas de riesgo de la tabla 2.9, de la 1 a la 3, de mayor a menor prima. Cualquier añadido de cláusulas puede incrementar la prima.
- Contenedor o en carga general de bodega. El primero con menor prima que el segundo.
- Tipo de envase, embalaje. Cuanto mejor protegido está el producto tiende a tener una menor prima de seguro y viceversa, siempre considerando que el embalaje insuficiente o inapropiado está excluido del seguro.

12.2 Reclamaciones por daños

Con el modelo CIF es usual que cualquier reclamación sea pagada en el puerto de destino al destinatario o al banco de aquél. Sin embargo, cuando la pérdida ocurre antes de pasar la propiedad de las mercancías al destinatario, entonces es abonado en el puerto de origen al embarcador o a su agente comercial.

El asegurado está obligado en la póliza a llevar a cabo cualquier acción para minimizar las pérdidas o los daños, reclamando contra los transportistas o cualquier parte que haya contribuido a las consecuencias, e informando inmediatamente al destinatario. El asegurador nombra un comisario de averías para que realice un peritaje del objeto asegurado y emita un informe de las causas, el valor y la extensión del daño.

En una reclamación, el demandante está obligado, en todo o en parte, a proporcionar los siguientes documentos:

- Original de la póliza del seguro o certificado.
- Original del conocimiento de embarque u otro documento utilizado en el transporte.
- Factura proforma o comercial de las mercancías afectadas.
- Relación de bultos, paquetes, etc.
- Certificado de los daños evaluados por el comisario de averías.

– Anotaciones en las manipulaciones o en el peso en destino.
– Cualquier comunicación que se haya establecido con los responsables del daño o de la pérdida.
– Protesta del capitán.

Cuando el asegurado ha cobrado totalmente la reclamación, suele subrogar en el asegurador los derechos de la carga dañada o perdida. Es entonces cuando este puede adoptar acciones contra el transportista o cualquier otra parte que sea responsable del daño o de la pérdida.

Capítulo 3
El puerto

1 Tipología de puertos

El puerto es un lugar de la costa donde los buques pueden encontrar refugio, cargar y descargar mercancías. Tiene su origen en la propia existencia de la navegación, de la que se tornó elemento inherente e inseparable, evolucionando con las características de las embarcaciones.

En el mundo antiguo, a la incipiente navegación le bastaba una playa, siempre que estuviera abrigada de los vientos, para proteger a las pequeñas y livianas embarcaciones.

En la civilización minoica, desaparecida en el siglo XIV a.C., ya existían elementos que ofrecían una cierta protección a la navegación, como fue el famoso hecho de la isla de Pharos, o el prototipo de los faros actuales, en Alejandría. También se utilizaron artes que aumentaban la protección frente a la violencia de las olas y mareas, y que impedían el acceso de naves extranjeras, como podemos ver aún hoy en el puerto de Famagusta, donde gruesas cadenas de cuerda enredadas cerraban el paso a las embarcaciones enemigas.

Hasta el siglo XIX, lo que caracterizaba al puerto era su componente marítimo de acceso fácil, aguas tranquilas, sitio abrigado, profundidad suficiente, anclaje firme y espacio suficiente para que las embarcaciones pudieran maniobrar con seguridad.

Sin embargo, el incremento de los intercambios comerciales exigía el movimiento de grandes volúmenes de mercancías en un corto espacio de tiempo. Para lograrlo, fue necesario conseguir la concentración previa de las mercancías destinadas a un determinado puerto. Se debía organizar la descarga y el almacenamiento de modo que el buque quedara en disposición de recibir nueva carga lo más rápidamente posible. Con el paso del tiempo, se incrementó la necesidad de optimizar la utilización de las embarcaciones mediante el perfeccionamiento de las instalaciones portuarias, pues el manejo de las mercancías a través de los muelles, de rudimentarios espigones o de barcazas, comportaba grandes demoras, y, en la mayoría de los casos, eran causa de averías.

En la prestación de los servicios portuarios pueden intervenir diversas organizaciones; en particular, el propietario de la infraestructura (por regla general, la administración portuaria) y una empresa de manipulación de carga (generalmente, la compañía que explota la terminal portuaria en régimen de concesión, aunque también puede ser un departamento de la administración portuaria). Si bien sus intereses pueden ser divergentes en algún caso, estas entidades han de funcionar de manera colaborativa y siempre se consideran una entidad única: el puerto.

Con el desarrollo del comercio internacional, desde el punto de vista físico, se debe tener en cuenta que en el puerto confluye un entramado de infraestructuras de transporte, carreteras y vías ferroviarias, capaces de transportar la producción de su ámbito de influencia económica, y que los buques se dirigen hacia él con el objetivo de practicar el intercambio de mercancías. Por tanto, el puerto es el punto de enlace entre dos sistemas de transporte: el terrestre y el acuático (marítimo, fluvial o lacustre).

1.1 *La gestión portuaria*

En cuanto a los diferentes modelos de negocio y de gestión que se pueden aplicar en cada puerto, se distinguen, a escala mundial, tres grandes modelos *tool port, operating port* y *landlord:*

- *Tool port*
  - Puerto prestador del conjunto de los servicios portuarios.
  - Internalización de los servicios y de las actividades.

- *Operating port, comprehensive port* o *service port*
  - Es aquel en el que la autoridad portuaria, en este caso una administración pública, además de realizar las actividades de gestión de espacios y del territorio y de ser el propietario de infraestructuras y superestructuras, se encarga de la explotación de las instalaciones. La autoridad portuaria ofrece así todos los servicios requeridos para el funcionamiento del sistema portuario.

- *Landlord port*
  - Puerto proveedor de infraestructuras y espacios, orientados a la satisfacción del cliente.
  - Externalización de servicios y de actividades no estratégicas.

En cuanto a los criterios que pueden intervenir en la gestión portuaria, cabe considerar:

- **Criterios de gestión pública**
  - Estructura compartimentada y burocratizada.
  - Visión mecánica de la eficacia.
  - Orientada a la gestión de infraestructuras.

- **Criterios de gestión privada**
  - Estructura flexible y adaptable.
  - Visión orgánica de la eficacia.
  - Orientada a la satisfacción del cliente.

- **Centralización**
  - Jerarquización.
  - Métodos de decisión centralizados.
  - Organización orientada al control.

- **Descentralización**
  - Coordinación.
  - Métodos de decisión participativos.
  - Organización orientada a la integración mediante objetivos comunes.

Un puerto tiene su razón de ser en cuanto que cumple su función como infraestructura para un ámbito económico determinado. En este sentido, las áreas de influencia económica del puerto se conocen como:

- **Traspaís** *(hinterland)*
  Área geográfica nacional o internacional que es origen de las mercancías embarcadas en el puerto y destino de las mercancías desembarcadas en el mismo. Se puede definir como el área de influencia del puerto.

- ***Foreland***
  Región nacional o internacional que es origen de las mercancías desembarcadas en el puerto y destino de las mercancías embarcadas en el mismo

Por otro lado, se conoce como *hub* marítimo, puerto concentrador o de trasbordo, aquel en el que se realizan básicamente operaciones de trasbordo y distribución de carga cuyo origen y destino queda fuera del *hinterland* del puerto. Es un concepto muy ligado al tráfico de contenedores.

Reciben el nombre de *gateway* aquellos puertos que tienen importantes volúmenes de trasbordo pero que, además, disponen de un *hinterland* económicamente relevante que genera asimismo grandes volúmenes de carga

2 Ámbito jurídico de los puertos en España

El ámbito jurídico sobre el que se fundamenta el desarrollo del sistema portuario español afecta a todo tipo de tráfico y de instalación portuaria. Entre las normativas de mayor consideración, cabe destacar las siguientes:

- Ley de Puertos de 1880, en la que se clasifican y definen los puertos de interés general y de interés local, y se establecen las competencias del Ministerio de Fomento, las diputaciones y los ayuntamientos y se clarifican las competencias del Ministerio de Marina.
- Real Decreto Ley de Puertos de 1928, en cuyo reglamento se definen las juntas de obra como delegaciones de la Administración General del Estado, con dependencia directa del Ministerio de Fomento.
- Ley sobre régimen financiero de los puertos españoles de 1966, donde se establecen los criterios de tarificación de puertos y de financiación de obras nuevas.
- Ley de Juntas de Puertos y Estatutos de Autonomía de 1968, en la que se modifican parcialmente las previsiones que sobre juntas de obra se establecían en la Ley de 1928 y se establece el marco general por el que se rigen los puertos autónomos.
- Real Decreto sobre clasificación de puertos de interés general de 1982 y los reales decretos de traspaso de funciones a las comunidades autónomas.
- Ley de Puertos del Estado y de la Marina Mercante de 1992, mediante la que se unifican los modelos de gestión preexistentes al crear las autoridades portuarias y se establece el principio de autosuficiencia económica y financiera.

Haciendo un resumen histórico de la evolución de los puertos especializados en España, se puede establecer que:

- Antes de 1992, existía en España un modelo intervencionista basado en unidades administrativas dependientes del MOPU (Ministerio de Obras Públicas y Urbanismo), actualmente Ministerio de Fomento.
- A partir de 1992, disminuyeron las funciones de control de Puertos del Estado. Este organismo público fija las directrices básicas y los objetivos de gestión, asigna los recursos y los apoyos financieros, planifica las inversiones, define la política general de recursos humanos y los costos de personal.

– A partir de 1997 se crea un modelo de dirección según el cual Puertos del Estado es el encargado de ejecutar la política portuaria del Gobierno, definir los objetivos generales de gestión y aprobar la programación financiera y de inversiones. Ejerce, asimismo, el control de la eficiencia de la gestión. Tal esquema legal es conocido por la LPMM 92/97.

Con posterioridad, se han producido diferentes manifestaciones normativas que enmendaron sucesivamente la mencionada ley 92/97, como la Ley 48/2003, de 26 de noviembre, de régimen económico y de prestación de servicios de los puertos de interés general; y la Ley 33/2010, de 5 de agosto, de modificación de la Ley 48/2003, de 26 de noviembre, de régimen económico y de prestación de servicios en los puertos de interés general.

Las diferentes modificaciones legislativas han ido ligadas al debate sobre precios públicos y privados en relación a la tarifa T-3, *tasa por la mercancía*. Más allá del debate jurídico que ha llegado al Tribunal Constitucional y al Tribunal Supremo, en el que se ha planteado la naturaleza jurídica de las prestaciones portuarias y sus aspectos económicos, se esconde un problema conceptual: el papel de los puertos y el alcance de sus servicios. El modelo español se ha orientado hacia un esquema de *landlord:* la autoridad portuaria como ente regulador de los servicios, cediendo los espacios portuarios a los operadores privados mediante concesiones.

Tal pluralidad de fuentes legales requería una armonización, en atención a las numerosas modificaciones a la Ley 92/97, que se produjo con el texto refundido de la LPMM de 5 de agosto del 2011.[1]

3 Tipología de puertos

3.1 *Puertos marítimos*

La Ley de Puertos del Estado y de la Marina Mercante (LPMM, 1992/2011) define los puertos como el conjunto de espacios terrestres, aguas marinas e instalaciones, situados a la ribera del mar o de las rías, con las condiciones físicas naturales o artificiales y de organización, que posibilitan la realización de operaciones de entrada, salida, atraque, desatraque y reparación de buques, así como las de trasbordo entre buques o de éstos a tierra y a los medios de transporte de mercancías, pasajeros, pesca, así como el almacenamiento temporal de dichas mercancías.

---

[1] BOE 20 de octubre de 2011.

Como vemos, es necesario, como mínimo, lo siguiente:

– Superficie de agua.
– Zona de fondeo, muelles e instalaciones de atraque.
– Espacios para el depósito de mercancías.
– Infraestructuras terrestres que posibiliten un enlace con las diferentes redes de transporte.
– Medios y una organización que permitan efectuar con eficacia, rapidez, economía y seguridad las operaciones portuarias.

3.2 Puertos de interés general

En España, se consideran puertos de interés general aquellos que:

– Desarrollan actividades marítimas internacionales.
– Desarrollan actividades marítimas de especial relevancia nacional.
– Su zona de influencia económica afecta a más de una comunidad autónoma.

Figura 3.1. Vista aérea del puerto de Algeciras, con la terminal de contenedores en primer término.

    – Sirven a industrias de importancia estratégica para la economía nacional.

    – Constituyen elementos esenciales para la seguridad del tráfico marítimo.

En todos los que concurre alguna de estas circunstancias, cabe destacar que son de titularidad estatal.

3.3 *Puertos comerciales*

Son aquellos que por las características de su tráfico reúnen las condiciones técnicas, de seguridad y de control administrativo adecuadas para que en ellos se lleven a cabo actividades comerciales portuarias:

    – Estiba.
    – Desestiba.
    – Carga.
    – Descarga.
    – Trasbordo.
    – Almacenamiento de mercancías.
    – Tráfico de pasajeros que no sea local o de ría.

4 Terminal interior de carga

El crecimiento de las ciudades alrededor de los puertos ha limitado cada vez más los espacios de que éstos disponían para el manejo de las cargas, hecho que ha acarreado problemas de infraestructuras y que ha exigido cada vez más recursos para reducir los efectos de esta carencia. Como ejemplo, las áreas de almacenamiento contiguas a las de atraque presentan considerables restricciones de espacio, movilidad y seguridad.

Asimismo, con la congestión progresiva de sus accesos viales, los puertos afrontan toda suerte de desafíos para mejorar sus servicios sin elevar los costos finales de las mercancías.

Las terminales interiores de carga son una respuesta a las necesidades que plantea el crecimiento del comercio internacional y una alternativa que trata de conseguir las facilidades necesarias para el transporte, los servicios y las actividades relacionadas con el manejo de la carga dentro, en las cercanías y fuera del área metropolitana de las ciudades.

La definición de terminal interior de carga o «puerto seco» que ofrece la Unctad es la siguiente: «Instalación interior de uso común con carácter de autoridad pública, provista de instalaciones fijas que ofrecen servicios para el manejo y almacenamiento temporal de cualquier medio de transporte».

Las terminales interiores de carga son, pues, una proyección de una terminal marítima internacional, una extensión del puerto para ofrecer un mejor servicio al interior del territorio donde se ubica el puerto.

Paralelamente a la construcción de puertos secos, con la creación de las estaciones aduanales interiores surgió un nuevo concepto de retroárea, ya que las nuevas áreas de almacenamiento y tramitación aduanera, al estar estratégicamente ubicadas fuera de los puertos, han conferido velocidad al flujo físico de embarque y desembarque, lo que supone no solo la reducción de costos sino también el incremento del control de la seguridad de las mercancías.

4.1 Gestión de la terminal interior de carga

Una de las consecuencias de construir una terminal interior de carga en una región metropolitana es que esta última se transformará progresivamente en un núcleo de distribución y consolidación de la carga que se recibe, destinada a actividades productivas y de servicios en la propia región o sus alrededores.

Para ello, la terminal interior de carga debe proveer los servicios más fiables, rápidos, de más bajo costo y alta calidad, asociados a la gestión integral de la carga que tenga origen, destino o se desplace por la región donde está ubicada.

Figura 3.2. Vista aérea de la plataforma logística Puerto Seco de Burgos.

La terminal interior de carga debe disponer de los recursos técnicos que permitan manejar grandes volúmenes de carga, y los equipos tecnológicos necesarios para la gestión de la información y la comunicación, permitiendo a los operadores acceder a redes de ámbito nacional e internacional. La gestión de la terminal puede, asimismo, promover los cambios tecnológicos en la operativa del transporte, y agilizar los procedimientos de manejo, consolidación y expedición de la carga.

4.2 Ubicación estratégica

El proyecto de una terminal interior de carga debe estar localizado en un área cercana a la confluencia de grandes vías troncales de comunicación y estar reglamentado como zona industrial.

La ubicación de una terminal interior de carga en las proximidades de una conurbación implica las siguientes ventajas para el proyecto:

- Cercanía a un aeropuerto nacional o internacional.
- Posibilidad de acceso a la línea férrea.
- Facilidad de tránsito de la carga por vía terrestre procedente de las principales carreteras del país.

Por su lado, los beneficios para la conurbación consistirán principalmente en:

- Descongestión de la malla vial y eliminación de sobrecargas en el tráfico.
- Mayor agilidad en la gestión del transporte y en los tráficos de exportación e importación.
- Eficiencia del espacio de la ciudad al suprimir áreas de almacenamiento, estacionamiento de vehículos, etc.
- Concentración del empleo.
- Mayor eficiencia del transporte público.
- Manejo eficiente de combustibles y lubricantes.
- Mayor control de fletes, por la concentración de la oferta y la demanda.

5 Puertos de trasbordo y de enlace

En terminología marítima, se entiende por trasbordo la actividad de descargar las mercancías directamente de un buque a otro, o indirectamente, siendo entonces manipuladas en tierra y vueltas a cargar en otro buque.

En el pasado era habitual el trasbordo de la carga general si se trataba de pequeñas cantidades de mercancías o cuando los servicios directos habían quedado interrumpidos de manera imprevista. Con todo, raramente se trasbordaban grandes cantidades de mercancías de manera sistemática. Podía haber excepciones cuando el objeto del trasbordo era almacenar o incluso elaborar los productos en un punto intermedio de la cadena de suministro o de distribución. Sin embargo, con la aparición de los contenedores y los sistemas de comunicaciones y de control, el trasbordo pasó a ser un aspecto significativo del transporte marítimo.

El transportista de una línea principal puede ofrecer servicios de trasbordo como parte de su servicio para cada caso concreto, a fin de responder a las necesidades de los distintos cargadores y mejorar su propia competitividad. El transporte de carácter irregular que entraña un trasbordo puede ser organizado por transportistas transoceánicos o por operadores de transporte multimodal, encadenando los distintos tramos del viaje.

Las mercancías descargadas de un buque normalmente se almacenan a la espera de la llegada del buque que va a continuar el transporte. Así, el puerto puede tener que atender dos operaciones de manipulación y almacenamiento de la carga, hecho que supone más costos para el transportista.

En la práctica, un puerto que pasa a ser un puerto de enlace respecto a un tráfico puede mantener conexiones directas con otros tráficos, dado que el interés del trasbordo y de los servicios de enlace depende de factores variables. De hecho, un puerto puede ser a la vez puerto de enlace y puerto de trasbordo.

Pueden considerarse puertos de enlace todos aquellos que se ubican en el ámbito de influencia del puerto de trasbordo. Esos puertos pueden ser fluviales e incluso terminales marítimas interiores, y estar ubicados en países vecinos.

El trasbordo es una parte de los servicios de circunnavegación, y puede decirse que el crecimiento del potencial de trasbordo ha permitido que estos servicios sean una alternativa interesante al transporte entre dos puertos, que evitan la prolongación de los tiempos de tránsito.

Cuando el transportista valora la viabilidad de un servicio de trasbordo analiza si hay carga disponible y si existen instalaciones apropiadas y servicios de enlace, lo que incluye la agilización de los requisitos documentales.

En definitiva, el puerto, el armador y el cargador pueden obtener beneficios de los acuerdos para promover el trasbordo de contenedores.

5.1 *El sistema de trasbordo*

La lógica en la que se basa la estrategia del trasbordo es que, en comparación con un servicio directo, la carga puede transportarse de manera más eficaz en ciertas rutas gracias al trasbordo en un puerto intermedio. En comparación con un servicio directo efectuado por un solo armador, en un servicio con trasbordo participan otras partes, como las empresas que explotan los puertos locales y los servicios de enlace, que pueden así aportar su actividad y obtener como resultado un beneficio.

El trasbordo puede efectuarse entre dos viajes oceánicos, tales como Sudamérica-Europa y Europa-África occidental, por ejemplo, pero se lleva a cabo con más frecuencia entre un tramo oceánico y un servicio de enlace más próximo, por ejemplo Europa-Singapur y Singapur-Bangkok.

La justificación es distinta en uno y otro caso, pero siempre supone la búsqueda de mayor eficiencia en los servicios.

Para el armador, el aumento de los costos portuarios debe compensarse mediante unos enlaces marítimos más baratos. A veces hay un doble o triple trasbordo durante el viaje, lo que implica que el ahorro debe ser considerable.

En el caso de dos recorridos de gran distancia, la conexión podría permitir que el transporte se efectuara con carácter regular, cuando de otro modo no hubiera sido posible en condiciones satisfactorias. Por ejemplo, si entre dos puertos, A y B, el tráfico es escaso, no habrá un servicio regular; pero si hay servicios regulares entre A y C y entre B y C, el tráfico entre A y B podría hacerse a través de C. Aunque no es fácil evaluar los beneficios, son opciones que abren oportunidades de mercado para países en desarrollo.

Otra posibilidad es que en el comercio entre A y B exista un gran desequilibrio; entonces, para evitar los viajes de regreso poco rentables, el tráfico en una o en ambas direcciones podría pasar a través de C.

Por otro lado, mediante la concentración de la carga en un número menor de rutas se puede aumentar la eficiencia (por ejemplo, utilizando buques mayores con unos costos de explotación unitarios más bajos) y reducir los costos del viaje. Esos costos se incrementarán con los que se generen en el puerto de trasbordo, incluido el aumento del tiempo de permanencia del buque en el puerto, pero el saldo puede ser suficiente para justificar la inclusión de un servicio de trasbordo.

En las dos situaciones mencionadas anteriormente, el puerto C obtiene un tráfico adicional gracias a sus buenos enlaces marítimos y a su óptima situación geográfica. Por ello, los puertos que ya disponen de unos tráficos regulares significativos tienen muchas más probabilidades de poderse dedicar con provecho al trasbordo, lo que no ocurre con los pequeños puertos que tratan de ampliar su actividad basándose en él.

En el caso de los servicios de enlace, se evitan los servicios directos a todos los puertos de una región, que pueden resultar prohibitivos para los modernos buques transoceánicos. La finalidad de los servicios de enlace es reducir el número de escalas directas en el viaje transoceánico, especialmente cuando se trata de pequeños envíos. Invirtiendo el razonamiento, con un sistema de trasbordo se pueden utilizar buques mayores en las rutas principales. En cada caso, el objetivo es reducir los costos. Ocasionalmente, intervienen otras razones, tales como ofrecer servicios más frecuentes en puertos que no disponen de demasiadas escalas de buques transoceánicos.

En el pasado, los puertos servían a un traspaís claramente definido y había poca competencia entre sí. El objetivo básico de cada puerto era gestionar un tráfico cautivo de la manera más eficaz posible y fomentar el crecimiento en su ámbito de influencia. La tecnología modificó esta situación al hacer posible una eficacia muy superior con un movimiento de mercancías más elevado, fomentando así la concentración del tráfico en un menor número de puertos y restando fuerza a la relación entre el puerto y su traspaís. Un ejemplo patente es el paso a la utilización de contenedores. Entre un punto de atraque de tipo convencional y un muelle de contenedores puede existir una relación de 1 a 5, en cuanto al movimiento de toneladas. Los puertos con mayor movimiento de mercancías han tenido pocos problemas para efectuar esa transición, mientras que otros han de escoger entre ampliar sus instalaciones o aceptar una situación de ineficacia que puede dar lugar a la pérdida de tráficos.

En su evolución, algunos puertos han ganado importancia gracias a la existencia de buenas conexiones terrestres, las cuales han permitido la concentración de cargas y la agilización de los tráficos a través de redes viarias, sin tener que recurrir a servicios de enlace marítimo con otros puertos, particularmente en América del Norte y en la Europa continental.

Por el contrario, en muchas regiones en desarrollo, aunque la concentración de los tráficos en un pequeño número de puertos pueda ofrecer ventajas, las deficiencias en la conectividad terrestre impiden ampliar el ámbito de influencia portuaria e incrementar el volumen global de tráfico.

Una opción para algunos puertos ha sido su transformación en centros de trasbordo. Como cada unidad de carga trasbordada se manipula dos veces, un puerto que obtiene un tráfico de trasbordo apreciable puede llegar a manipular mucha más mercancía que otro equivalente con servicios directos. A su vez, esto permite obtener economías de escala que justifican unos equipamientos de mayor capacidad operativa, un aumento del personal empleado y, como las mercancías trasbordadas pasan normalmente a través de terceros países, unos ingresos en divisas. Evidentemente, esto es conveniente siempre que el puerto pueda atraer la carga adicional necesaria y que se pueda manipular con eficacia.

Si la manipulación de la carga no se lleva a cabo de manera eficaz, se pueden presentar situaciones de congestión con consecuencias negativas para el conjunto del tráfico. En ese caso, el puerto no habrá cumplido su función de facilitar el flujo del comercio exterior del país y acabará por perder el tráfico de trasbordo.

A fin de atraer dicho tráfico, por lo general, un puerto se ve obligado a demostrar de antemano su capacidad para operarlo, y esto solo lo puede hacer dotándose de las instalaciones y la organización necesarias. A menos que una compañía naviera ofrezca al puerto una garantía, el riesgo de la inversión recaerá exclusivamente sobre este último.

Las inversiones portuarias siempre comportan un elemento de riesgo porque el tráfico local puede crecer más lentamente de lo previsto y también puede variar su composición. Normalmente, el riesgo es limitado porque la capacidad adicional será utilizada por el crecimiento ulterior y porque las instalaciones pueden modificarse para manipular un tipo de tráfico diferente. El trasbordo añade una nueva dimensión al riesgo porque es posible que ese tráfico nunca llegue a existir, o que solo aparezca durante un cierto tiempo.

6 Acuerdos internacionales

La creación de servicios de enlace y de puertos de trasbordo requiere unas inversiones y unos cambios que pueden suponer beneficios para los puertos, para los países donde se ubican, para los cargadores y para las compañías navieras. Una política colaborativa entre las diferentes partes es el mejor procedimiento para reducir los riesgos que todo ello implica.

Como no todos los puertos pueden convertirse en centros de trasbordo, se debe seguir algún método que atienda los diferentes intereses que hay en juego para decidir cuáles pueden serlo. En el caso de América Latina, por ejemplo, organismos como el Mercosur y el Pacto Andino, en el Sur, o bien el Caricom para los países de América Central, pueden ejercer una gran responsabilidad en la elección de los puertos de trasbordo y de enlace en las riberas de los océanos Atlántico y Pacífico del continente americano.

Tomada la decisión, los objetivos del puerto en cuestión serán, en primer lugar, obtener fondos suficientes para empezar; en segundo lugar, garantizará un tráfico suficiente para la utilización rentable de las instalaciones; y por último, buscará obtener ingresos adecuados de ese tráfico. Estas tres cuestiones están estrechamente relacionadas y deben tener una solución coherente.

Inicialmente, si una naviera transoceánica tiene suficiente confianza en las perspectivas de un servicio de trasbordo, debería identificar el puerto o los puertos que ha de utilizar para trasbordar la carga y disponerse a planificar con ellos dicha operación. Aunque ello no conlleve una garantía del volumen de carga, un acuerdo de colaboración permitiría a los puertos planificar e invertir, y confiar en llegar a participar en los tráficos que se desarrollen. A partir de ese acuerdo no es difícil convenir una base tarifaria y, posiblemente, que la naviera se comprometa a generar un nivel de ingresos que facilite la construcción de las instalaciones necesarias.

Una posible solución para un puerto es el arriendo de una terminal a un operador portuario, pero los puertos de países en desarrollo a menudo se ven obligados a limitarse a las instalaciones de utilización común. Por ello, un acuerdo más satisfactorio podría garantizar las condiciones de disponibilidad y explotación para una naviera, sin restricciones excesivas para las demás.

TRÁFICO DE CONTENEDORES POR PAÍSES DE AMÉRICA LATINA Y EL CARIBE				
Puerto	*País*	*TEU 2015*	*TEU 2016*	*TEU 2017*
1 Colón (MIT, Evergreen, Panamá Port)	Panamá	3.577.427	3.258.381	3.891.209
2 Santos	Brasil	3.645.448	3.393.593	3.578.192
3 Balboa	Panamá	3.294.113	2.989.860	2.986.617
4 Manzanillo	México	2.541.140	2.578.822	2.830.370
5 Cartagena (inc. S.P.R, El Bosque, Contecar,ZP)	Colombia	2.425.277	2.323.787	2.678.005
6 Callao (inc. DPW/ APM)	Perú	1.900.444	2.054.970	2.250.224
7 Guayaquil	Ecuador	1.704.730	1.814.915	1.871.591
8 Kingston	Jamaica	1.653.272	1.567.442	1.560.000
9 Buenos Aires (incluye Exolgan)	Argentina	1.433.053	1.352.068	1.468.960
10 San Antonio	Chile	1.170.184	1.287.658	1.296.890
11 Caucedo	República Dominicana	826.935	918.542	1.235.801
12 Limón-Moin	Costa Rica	1.108.573	1.177.385	1.199.628
13 San Juan	Puerto Rico	1.223.078	1.270.210	1.199.157
14 Lazaro Cárdenas	México	1.058.747	1.115.452	1.149.079
15 Veracruz	México	931.812	965.294	1.117.304
16 Valparaiso	Chile	902.542	884.030	1.073.734
17 Montevideo	Uruguay	811.297	888.119	939.427
18 Buenaventura (inc. SPR, TCBUEN y ZP)	Colombia	984.057	869.061	920.000
19 Freeport	Bahamas	1.400.000	1.200.000	850.426
20 Navegantes (Portonave)	Brasil	662.590	895.375	811.905

Fuente: Unidad de Servicios de Infraestructura de Cepal, Naciones Unidas, 2017

Tabla 3.1. Movimiento portuario de contenedores en los principales puertos de América Latina y el Caribe.

TRÁFICO DE CONTENEDORES POR PAÍSES DE AMÉRICA LATINA Y EL CARIBE		
País	*Total TEU movilizados (en miles)*	*Participación regional (%)*
Brasil	9.250.788	18,74
Panamá	6.898.246	13,97
México	6.375.338	12,91
Chile	4.407.772	8,93
Colombia	3.956.466	8,01
Perú	2.540.960	5,15
Ecuador	1.990.094	4,03
República Dominicana	1.842.616	3,73
Argentina	1.765.973	3,58
Jamaica	1.560.000	3,16
Costa Rica	1.489.210	3,02
Guatemala	1.389.751	2,81
Puerto Rico	1.199.157	2,43
Uruguay	939.427	1,90
Bahamas	920.652	1,86
Honduras	831.555	1,68
Trinidad y Tobago	414.657	0,84
El Salvador	209.903	0,43
Haití	177.141	0,36
Nicaragua	171.881	0,35
Martinica	160.587	0,33
Surinam	112.318	0,23
Barbados	107.098	0,22
Saint Marteen	98.101	0,20
Curazao	93.921	0,19
Venezuela	82.135	0,17
Guyana	57.663	0,12
Guayana Francesa	57.029	0,12
Belice	44.381	0,09
Paraguay	37.584	0,08
Cuba	33.224	0,07
Aruba	31.689	0,06
Santa Lucía	28.841	0,06
Total América Latina y el Caribe	49.369.662	100,00

Fuente: Estadísticas portuarias Cepal-Comisión Interamericana de Puertos, 2017.

Tabla 3.2. Movimiento portuario de contenedores en países de América Latina y el Caribe en el año 2017.

Aunque son habituales los contratos de servicio u otros acuerdos a corto plazo entre las terminales de trasbordo y sus clientes, se suele excluir en ellos el compromiso a largo plazo, sumamente conveniente para la construcción de instalaciones fijas onerosas. Las grandes compañías navieras, que marcan la pauta en cuanto a los servicios relacionados con el trasbordo, suelen actuar según criterios comerciales, y no tienen interés en alcanzar acuerdos que no ofrezcan la perspectiva de un beneficio comercial directo. Más bien consideran que algunos acuerdos les restan flexibilidad y suponen un obstáculo para su competitividad. Desde ese punto de vista, se arriesgan a comprometerse con nuevos tipos de servicios para los cargadores y luego constatan que el puerto o los servicios de enlace son insuficientes para ser operativos, o que suponen una restricción ante la evolución del mercado. En consecuencia, optan por acceder a los servicios portuarios que necesitan sin contraer ningún compromiso.

El arriendo de terminales que suponga un compromiso a largo plazo se da muy escasamente en países en desarrollo. Esos contratos de arriendo suelen concertarse cuando la posición de los puertos es fuerte y cabe esperar que generen tanto tráfico que la naviera difícilmente pueda prescindir de ellos. De no ser así, las probabilidades de que los transportistas lleguen a un acuerdo con los puertos son escasas, a menos que los propios puertos lleguen a algún acuerdo para evitar la competencia sobre unos mismos tráficos.

Cualquier acuerdo entre puertos de distinta nacionalidad conllevaría, casi forzosamente, acuerdos intergubernamentales que ampliarían las posibilidades de obtener beneficios de la cooperación. Un acuerdo sobre puertos de trasbordo podría estar vinculado a que, por ejemplo, el país que renunciara al mismo adquiriera derechos para establecer un servicio de enlace. De ese modo, también podrían obtenerse garantías en cuanto a precios, servicios y seguridad.

Un gobierno con interés por un determinado tipo de carga puede tener necesidad de obtener garantías en lo relativo a la seguridad de las mercancías de este tipo que se trasbordan en un puerto fuera de su control. Este es otro aspecto que requiere un acuerdo entre los gobiernos para garantizar el éxito de las operaciones de trasbordo.

Así, cabe prever tres tipos de acuerdos, todos ellos complementarios: entre un puerto y una compañía naviera, entre puertos y entre gobiernos.

El primero tendría un objetivo comercial, según el cual cada una de las partes esperaría obtener beneficios gracias a un acuerdo sobre los aspectos financieros, el tráfico y el servicio.

El segundo tendría como objetivo, a través de la cooperación, evitar los despilfarros innecesarios en infraestructuras y repartir los beneficios inmediatos del trasbordo. Podría incluir la selección de un puerto de trasbordo y el control de sus operaciones, con participación en los compromisos financieros y en los beneficios.

El tercero proporcionaría una base estratégica para el fomento de conexiones marítimas más eficaces, merced a la creación de instalaciones de trasbordo regionales y a la participación en su explotación.

7 Costos de manejo de contenedores

La naturaleza confidencial de la estructura de las tarifas cobradas por los puertos y terminales, las cuales dependen de múltiples condiciones, dificultan una sencilla comparación entre cada puerto. Sin embargo, la adopción de algunos parámetros permite estandarizar los resultados y permite examinar algunas cuestiones, como el volumen y el tipo de tráfico, las condiciones de las operaciones portuarias, etc. En las tablas 3.3 y 3.4 se resumen algunos datos de los principales puertos del mundo.

La tabla 3.3 refleja los costos de las operaciones portuarias básicas para la importación y exportación de contenedores, desde el buque hasta el portón de salida de la terminal, o viceversa. Los datos representan el costo-promedio cobrado según los puertos indicados.

Puerto	*Contenedor de 20'*		*Contenedor de 40'*	
	Llenos	*Vacíos*	*Llenos*	*Vacíos*
Hamburgo	161	136	161	136
Bremerhaven*	188	156	188	156
Rotterdam	139	139	139	139
Antwerpen	104	104	104	104
Felixstowe*	128	92	128	92
Lisboa	147	147	147	147
Barcelona	122	110	148	129
Marsella-Fos	145	145	145	145
La Spezia	144	113	144	113
Hong Kong*	194	194	298	298
Kaohsiung*	130	130	180	180
Kobe*	267	239	407	360
Nueva York*	190	190	190	190
Oakland*	146	146	146	146

Valores en €.
Fuente: Operadores de terminal o informes de usuarios (*).

Tabla 3.3. Ejemplos de costos de las operaciones portuarias para la importación y exportación de contenedores.

Puerto	Contenedor de 20'		Contenedor de 40'		Combinación**
	Llenos	Vacíos	Llenos	Vacíos	
Antwerpen	104	104	104	104	104
Felixstowe*	128	92	128	92	121
Barcelona	122	110	148	129	127
La Spezia	144	113	144	113	138
Rotterdam	139	139	139	139	139
Marsella-Fos	145	145	145	145	145
Oakland*	146	146	146	146	146
Kaohsiung*	130	130	180	180	146
Lisboa	147	147	147	147	147
Hamburgo	161	136	161	136	156
Bremerhaven*	188	156	188	156	182
Nueva York*	190	190	190	190	190
Hong Kong*	194	194	298	298	227
Kobe*	267	239	407	360	305

Valores en €.
Fuente: Operadores de terminal o informes de usuarios (*).
Notas: Combinación = 80 % llenos, 20 % vacíos, 68 % de 20' y 32 % de 40'(**).

Tabla 3.4. Ejemplos de costos de las operaciones portuarias para la importación y exportación de contenedores en una combinación de contenedores llenos y vacíos.

La tabla 3.4 registra la misma información de la tabla 3.3, junto con el costo promedio estimado de una combinación de contenedores llenos y vacíos, según las características de tráfico locales. En la tabla, los puertos están dispuestos en orden creciente de costo de dicha combinación.

Las tablas 3.5 y 3.6 muestran en detalle los costos para diferentes tipos de contenedores y están dispuestas en orden decreciente de costo:

— Costo promedio de manejo para operaciones básicas referentes a contenedores llenos.
— Costo promedio total para contenedores llenos.

Puerto/ terminal	Contenedor lleno		Contenedor vacío		Combinación de contenedor	
	Operación básica	Total	Operación básica	Total	Operación básica	Total
Antwerpen	104	108	104	108	104	108
Felixstowe*	128	129	92	93	121	122
Barcelona	130	160	116	143	127	156
La Spezia	144	157	113	123	138	150
Rotterdam	139	151	139	151	139	151
Marsella-Fos	145	168	145	168	145	168
Oakland*	146	184	146	184	146	184
Kaohsiung*	146	160	146	160	146	160
Lisboa	147	170	147	170	147	170
Hamburgo	161	197	136	167	156	191
Bremen*	188	193	156	161	182	187
Nueva York*	190	253	190	253	190	253
Hong Kong*	227	227	227	227	227	227
Kobe*	312	336	302	302	305	329

Valores en €.
Fuente: Operadores de terminal o informes de usuarios (*), 2006.

Tabla 3.5. Ejemplos de costos de las operaciones portuarias para diferentes tipos de contenedores.

– Costo promedio de manejo básico relativo a contenedores vacíos.
– Costo promedio total para contenedores vacíos.
– Costo promedio de manejo para operaciones básicas relativas a una combinación de contenedores llenos y vacíos.
– Costo promedio total para una combinación de contenedores llenos y vacíos.

La tabla 3.5 muestra el costo de manejo de contenedores de importación y exportación en orden decreciente de costos básicos de operación.

La tabla 3.6 identifica otros elementos de costo adicionales, no incluidos en el costo de la operación básica. Los costos principales son el costo promedio de manejo de las tapas de escotilla (costo de manejo simple), y la indicación de inclusión de costo de hora extra en la operación básica (no incluido):

- Costo promedio de permanencia del contenedor en el buque en el puerto.
- Costo promedio de manejo extra en el patio (costo por manejo).
- Costo promedio de pesaje del contenedor (costo/contenedor).
- Costo promedio de permanencia de contenedores en el patio después del período de almacenamiento gratuito, incluido en el costo de operación básica (costo por contenedor/día). Las condiciones especiales relativas a almacenamiento gratuito y otras se explican en las notas de la tabla.

Puerto/terminal	*Escotillas costo/man.*	*Hora extra costo/manejo # = no incluido*	*Stand by costo/hora*	*Lashing # = no incluido*	*Man. extra costo/man.*	*Pesage costo/día cont.*	*Almac. costo/día cont.*	*Contenedor frigorífico costo/día/cont.*	*Trasbordo costo/manejo*	*Transf. local costo/manejo*	*Transf. local con carga/recarga*
Hamburgo	–	#	521	–	34	25	17	49	128	61	123
Bremerhaven*	–	#	–	–	–	–	–	–	–	55	98
Rotterdam	–	#	–	–	29	5	5	20	164	77	150
Antwerpen	–	#	–	–	–	–	–	–	143	60	130
Felixstowe*	–	#	–	–	–	–	–	–	145	62	62
Lisboa	–	#	597	–	21	–	1	–	107	107	201
Barcelona	72	#	–	–	–	–	–	–	152	84	152
Marsella-Fos	–	#	–	–	–	–	–	–	176	70	149
La Spezia	63	#	628	–	19	6	3	31	176	69	126
Hong Kong*	–	#	–	–	–	–	–	–	198	39	84
Kaohsiung	–	–	–	#	17	6	2	18	–	–	–
Kobe*	–	#	–	–	–	–	–	–	–	71	139
Nueva York*	–	#	–	#	–	–	–	–	140	95	190
Oakland*	–	–	1.200	#	33	50	12	44	–	68	121

Fuente: Operadores de terminal o (*) informes de usuarios

Tabla 3.6. Ejemplos de otros elementos de costo adicionales en las operaciones portuarias.

Figura 3.3. Terminal de contenedores en el puerto de Leixões, en la región Norte de Portugal.

- Costo promedio de contenedores refrigerados (costo contenedor/día).
- Costo promedio de trasbordo (costo por manejo de buque a buque).
- Costo promedio para mudanza de posición de contenedores a bordo (costo por manejo).
- Costo promedio de mudanza de contenedores a bordo, incluyendo descarga y recarga (costo por manejo).

8 El servicio regular de contenedores

Los servicios regulares de contenedores requieren unas condiciones mínimas que permitan a la compañía naviera y al puerto ofrecer un servicio con unos parámetros estandarizados:

- Debe existir una relación comercial estable entre dos o más economías nacionales industrializadas.
- El movimiento de mercancías debe ser regular y, si es posible, en cantidades similares en ambas direcciones para un aprovechamiento óptimo del sistema especializado de contenedores, a bordo de buques dedicados a este fin.
- Debe existir un sistema de transporte terrestre desarrollado con facilidad de acceso a los puertos de origen y destino, y desde éstos al expedidor y receptor del contenedor.

9 Terminales especializadas

En la figura 3.4 se muestran las fases por las que puede atravesar una terminal especializada hasta que llegue a considerarse terminal polivalente.

En la figura 3.5 se muestra la tipología de terminales especializadas, en función de las mercancías que se manejan.

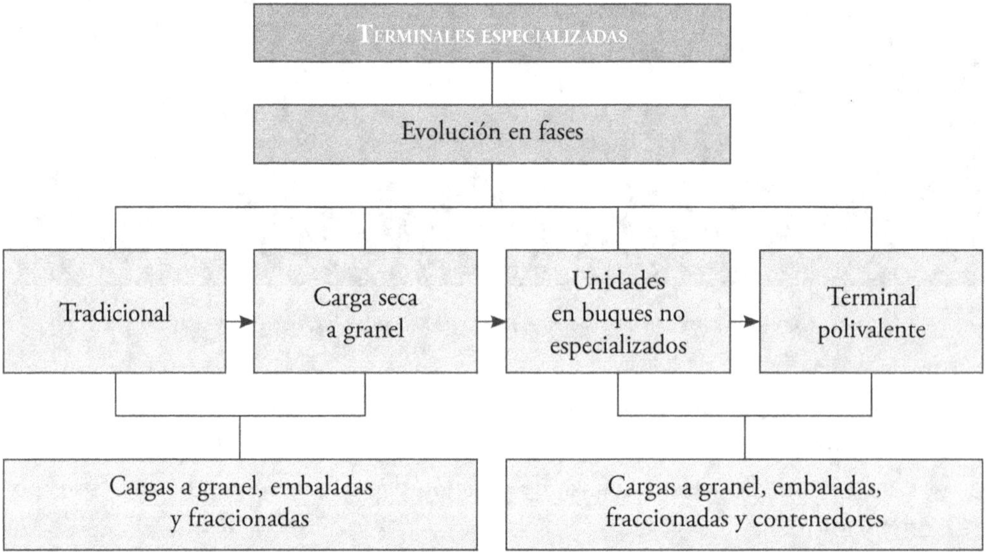

Figura 3.4. Fases del desarrollo de una terminal portuaria polivalente.

Figura 3.5. Clasificación de las terminales portuarias.

Figura 3.6. Terminal de contenedores DP World en el puerto de Tarragona.

10   Diseño funcional de las terminales

Para conseguir los objetivos de eficiencia perseguidos en la operativa de cualquier terminal especializada, deben elaborarse estudios preliminares para determinar todos los aspectos operativos y de gestión, a fin de que el funcionamiento final sea exitoso y tenga una duración suficiente para hacer rentable la instalación, además de que pueda seguir proyectándose con el paso del tiempo. En la tabla 3.7, se reúnen los principales aspectos que hay que considerar.

Entre estos aspectos, por ejemplo, en la cuantificación del bloque de datos requeridos se obtienen resultados tales como los siguientes:

$$\text{Número de atraques} = \frac{\text{Número de atraques por día}}{\text{Número de días por año} \times \text{factor de utilización}}.$$

Datos requeridos	*Resultados obtenibles*
• Naturaleza de la terminal • Distancia a los centros generadores • Características de la flota (eslora media) • Equipos terrestres para carga y descarga • Viabilidad de las ampliaciones • Volúmenes de tráfico anual • Almacenamiento • Intermodalidad • Impacto ambiental	• Configuración geométrica • Distribución de superficies • Tiempos de estancia de buques • Costos de estancias del buque • Número de atraques • Almacenamiento para cada atraque • Número de cuadrillas por buque • Utilización efectiva

Tabla 3.7. Aspectos que hay que considerar en la planificación de una terminal portuaria especializada.

$$\text{Volumen de almacenamiento} = 1{,}2 \times \frac{\text{Capacidad de almacenamiento}}{\text{Densidad del producto.}}.$$

$$\text{Capacidad de almacenamiento} = \frac{\text{volumen}}{\text{de almacenamiento}} \times \frac{\text{días de}}{\text{permanencia}/365.}$$

Por otro lado, la tabla 3.8 presenta los criterios planificadores de los elementos auxiliares.

SUPERFICIE TOTAL NECESARIA	
Específica para los contenedores	*Auxiliares*
Área de explanada	Accesos (carretera y ferrocarril) y aparcamientos
Estación de contenedores	Edificios (oficinas, aduanas, etc.)
Líneas de atraque	Área de mantenimiento y reparación
	Zona de mercancías peligrosas
SUPERFICIE APROXIMADA = $\sum todos + n.^o\ atraques \times \dfrac{30.000 \text{ m}^2}{atraque}$	

*Tabla 3.8. Aspectos auxiliares que hay que considerar en la planificación
de una terminal portuaria especializada.*

Figura 3.7. Elementos que configuran una terminal portuaria especializada en contenedores.

Finalmente, el conjunto de infraestructuras específicas para configurar una terminal especializada de contenedores se muestra en la figura 3.7, donde se observa que todos los elementos que la integran pretenden alcanzar la idoneidad de la terminal, constituyendo cada uno de ellos un departamento de gestión de obligada integración.

11 Terminal de trasbordo rodado

Es interesante hacer referencia a las terminales especializadas de trasbordo rodado, más conocidas por el tipo de buques de manutención horizontal que recibe, los *roll-on/roll-off* o *ro-ro*.

Se trata de buques de una gran eficacia en el transporte marítimo de corta distancia, en los que las cargas rodadas, muchas de las cuales utilizan las cabezas tractoras de los camiones y sus remolques, viajan para seguir posteriormente las rutas de carretera o ferrocarril hasta su destino. Mediante este transporte se evita todo tipo de manipulaciones y se alcanza una extraordinaria rapidez en las operaciones de embarque y desembarque de las unidades.

Cuando los conductores no embarcan en el buque, generalmente quedan a bordo solo las plataformas, para que en destino sean otras tractoras y otros chóferes quienes se hagan cargo de las unidades. Con ello se favorece que los conductores que manejan la carga sean los que conocen el país y que los costos sean más bajos al evitarse los sueldos de los chóferes de origen y el alquiler de las cabezas tractoras durante un mayor número de días.

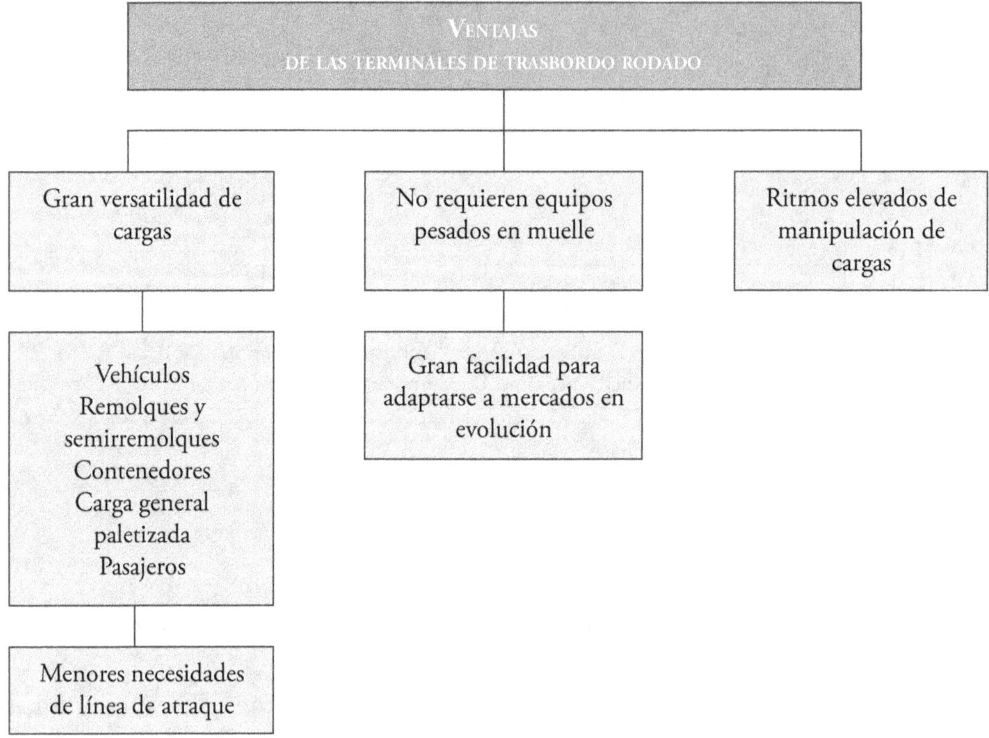

Figura 3.8. Ventajas de las terminales portuarias especializadas en trasbordo rodado.

En la figura 3.8 se resumen algunas de las ventajas de este tipo de transporte.

Las terminales de trasbordo rodado pueden presentar diversas configuraciones en función de la disponibilidad de espacio, la interacción con las comunicaciones por carretera y la eficacia en la movilidad interior del recinto de la instalación portuaria. En la figura 3.9 se muestran algunas de estas configuraciones.

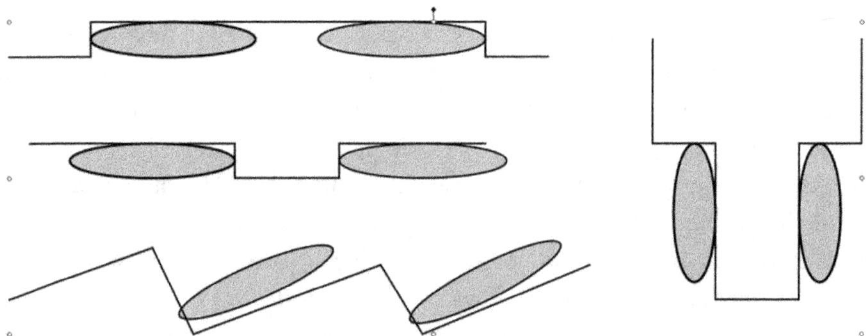

Figura 3.9. Posibles configuraciones de una terminal portuaria de transporte rodado o ro-ro.

Capítulo 4
Equipamientos de la terminal

El equipamiento necesario para el funcionamiento operativo de una terminal de contenedores está constituido por dos grupos de elementos según su finalidad:

a) El movimiento y trasiego de los contenedores en el recinto portuario y la alimentación de los equipos de carga y descarga al y desde el buque.

b) La carga y descarga de contenedores, a tierra desde el buque y desde tierra al buque.

Una gran parte de las características y especificaciones son comunes a ambos grupos, de acuerdo con criterios de eficacia y eficiencia relacionados con los objetivos de operatividad que la terminal requiera por sus dimensiones. Estas variables son cuantificables según el número de movimientos de contenedores y su relación con la frecuencia de atraque de buques en la terminal.

De las características que deben poseer los equipamientos destacan los siguientes aspectos:

– Manejo sencillo que reduzca la probabilidad de errores relacionados con el factor humano de los operadores/conductores. La baja probabilidad está directamente relacionada con un reducido número de averías del contenedor y de daños a la carga transportada.
– Bajos costos de mantenimiento, reparación, respetos (repuestos o piezas de sustitución y reemplazo) y facilidad de obtenerlos en plazos de tiempo muy reducidos.
– Tiempos de parada reducidos.

Figura 4.1. Grúa pórtico de tierra montada sobre raíles.

– Disponibilidad de alternativas en la selección del equipo requerido para cubrir las necesidades de la terminal. Dichas alternativas se deben orientar hacia la no existencia de una gran disparidad de procedencias, marcas y modelos que hagan inoperante la planificación ordenada y programada del uso de cada uno de los equipos.

1 Equipos para el movimiento interior

El equipamiento de la terminal para el movimiento y trasiego de contenedores está formado por unidades con aplicaciones distintas, según el dimensionado de la propia explanada, las necesidades y los servicios establecidos en la terminal: especialización, frecuencia y densidad de las operaciones, etc.

En cualquier caso, el equipamiento debe garantizar la operatividad de la terminal en sus más elevadas cotas de funcionalidad, para lo que se deben haber establecido los procedimientos y controles de calidad adecuados, así como la idónea cualificación del personal sobre la base de programas formativos que incluyan el uso de simuladores con todos los equipos disponibles en la terminal.

2 Manipulación del contenedor en tierra

El proceso que habitualmente sigue un contenedor en tierra con los medios utilizados en la carga, descarga y manipulación es el que se describe en los apartados siguientes.

2.1 *Medios mecánicos*

- **Grúa pórtico de tierra**
  Tipo de grúa cuya estructura metálica se desliza sobre ruedas (véanse las figuras 4.1 a 4.3) o sobre raíles, que abarca en su puente una gran superficie de almacenamiento. Efectúa los movimientos de traslación y elevación y sus

Figura 4.2. *Grúa pórtico de tierra provista de 16 ruedas neumáticas.*

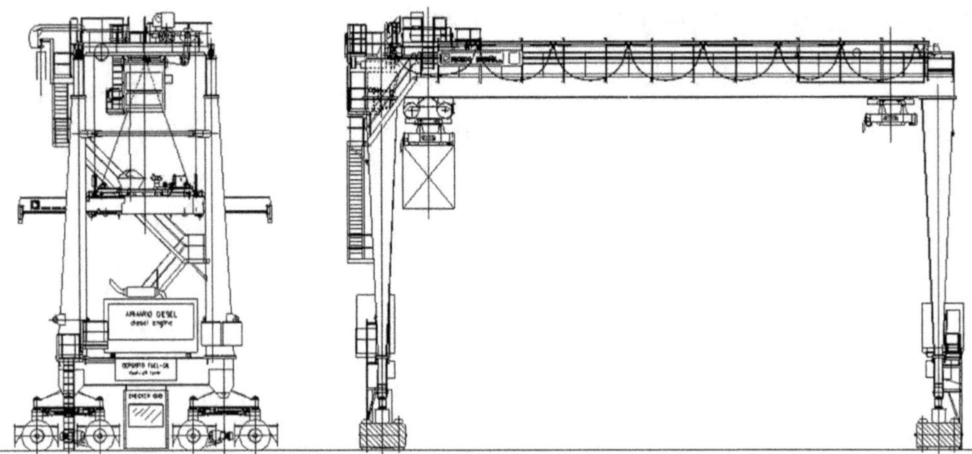

Figura 4.3. Esquema frontal y lateral de una grúa pórtico de tierra que se desliza sobre 16 ruedas neumáticas.

extremos quedan sobre zonas de maniobra. Está equipada con un torsor telescópico *(spreader)* para contenedores de 20′, 40′ y 45′. No produce averías en los contenedores al manipularlos y puede apilar hasta cinco contenedores. Este tipo de grúa ofrece la ventaja de que evita una gran mayoría de las remociones en la terminal al poder segregar la pila por pozos. Es decir, asignar uno o más pozos de la pila a una determinada segregación por peso, destino y tipología de contenedor. Por el contrario, tiene el inconveniente de trabajar longitudinalmente en un determinado bloque del patio, por lo que se debe preparar muy bien la segregación del patio para evitar continuos cambios de bloque de la grúa, lo que ocasionaría pérdidas de tiempo y una baja optimización de su empleo.

- **Carretilla pórtico elevadora-apiladora** *(straddle carrier)*
  Los tractores de patio o carretillas pórtico son grúas que permiten apilar contenedores hasta cinco alturas (véase la figura 4.4).

- **Apilador frontal con bastidor de anclaje** *(spreader)*
  Tipo de apilador muy útil en aquellas terminales que carecen de gran espacio sobrante, puesto que pueden apilar en grandes bloques, si bien tiene el inconveniente de que hay que programar muy bien la estiba con objeto de evitar grandes remociones al cargar el buque. Pueden apilar en alto hasta siete contenedores (véanse las figuras 4.5 y 4.6). Al contrario que las grúas pórtico de tierra, poseen una gran versatilidad al poderse desplazar ágilmente por toda la terminal. A menudo es utilizado como maquinaria auxiliar en las operativas de buque.

Figura 4.4. Carretilla pórtico elevadora-apiladora, tipo straddle carrier, *efectuando la carga-descarga de camiones en la terminal de contenedores TCB del puerto de Barcelona.*

Figura 4.5. Carretilla apiladora de contenedores equipada con bastidor, tipo reachstacker.

Figura 4.6. Carretilla apiladora manipulando un contenedor en el patio de contenedores.

Figura 4.7. Carretilla elevadora de gran tonelaje, con capacidad para elevar contenedores con sus horquillas.

- **Carretilla elevadora**
  Es uno de los elementos de manutención más conocido. El contenedor se eleva
  por su base mediante las uñas de la carretilla. Las carretillas pueden estar provistas
  de uñas para insertar en la parte inferior del contenedor o de un bastidor para
  tomarlo por su parte superior o lateral (véase la figura 4.7).

2.2 *Accesorios de elevación*

Cada vez son más los clientes que solicitan a la terminal la manipulación de contenedores sobredimensionados o OOG *(out of gage)*. Esto es, contenedores que por el tamaño
de la mercancía que transportan no pueden ser manipulados normalmente utilizando
el bastidor de las carretillas de tierra o con el de las grúas pórtico.

Hay varios tipos de contenedor sobredimensionado según el lugar por donde sobre-
salga la mercancía y cada uno de ellos exigirá una manipulación diferente acorde a las
características del contenedor.

Por orden de frecuencia de manipulación, existen contenedores donde la carga sobresale por la parte superior *(over height)*, contenedores en los que la carga sobresale
por los laterales *(over width)* y contenedores en los que lo hace por la parte delantera y
trasera *(over length)*. También es habitual la manipulación de unidades con más de una
sobremedida de las anteriormente citadas.

La manera más habitual de manipular este tipo de contenedor es mediante dos
dispositivos distintos:

- **Araña *(over height frame* o OHF)***
  Como su propio nombre indica se trata de un dispositivo que salva la distancia
  entre el bastidor de anclaje de la grúa o la carretilla y el contenedor. Se utiliza en
  contenedores que sobresalen por la parte superior, independientemente de si la
  unidad también tiene sobremedida por los laterales o por la parte frontal o trasera
  del contenedor. Este dispositivo, según su diseño, puede manipular unidades que
  sobresalgan hasta una altura máxima de 2 m y un peso de hasta 40 t. Para alturas
  o pesos superiores es necesario el uso de eslingas.

  De cara a la optimización de la operativa se trata de un medio que supera en
  agilidad y seguridad a las eslingas. Por este motivo, siempre que es posible se prio-
  riza su uso frente al de las eslingas.

- **Eslingas**
  Las eslingas utilizadas en este tipo de manipulación son cables de acero. Un cable
  de acero es un conjunto trenzado de alambres de acero que forman un cuerpo
  único como elemento de trabajo.

Existen varios y diferentes tipos de eslingas según el izado que se deba realizar. Es importante conocer previamente el peso y la sobremedida del contenedor, así como la posición final de estiba a bordo del buque. La posición de estiba debe estar en un lugar accesible en la bodega o, en la cubierta, en una altura no superior a la segunda.

Las eslingas más habituales son de 4, 6 y 8 m, con una carga de rotura que oscila entre 8 y 14 t. Así, un contenedor de 30 t se debería izar con cuatro eslingas que sumasen una carga de rotura superior a dicho peso. En caso de izadas más especiales, ya sea por la sobremedida o por el elevado peso del contenedor, existen eslingas más largas y resistentes.

Cada eslinga va unida al bastidor de anclaje por un grillete con una carga de rotura igual o superior al de la eslinga. Por el extremo libre que va a enganchar el contenedor se utilizan habitualmente ganchos verticales o laterales.

Los ganchos verticales se utilizan para izadas en bodega, ya que las guías de bodega impiden la colocación o retirada de los ganchos laterales.

2.3 *Estancia del contenedor en la terminal*

Una vez llenado el contenedor y retornado a la terminal, los medios de descarga del camión o ferrocarril son las máquinas descritas anteriormente.

Al entrar en una terminal, bien por tierra o por mar, se efectúa una inspección de averías sobre el contenedor, con el fin de exonerar a la terminal de la responsabilidad de posibles averías que el contenedor pudiera tener.

Cuando los contenedores disponen de toda su documentación en regla pasan a la zona de almacenamiento, donde se deben apilar de la siguiente manera:

– Los contenedores vacíos por operador de cada línea.
– Los contenedores llenos y de importación, por bloques según el manifiesto, con objeto de que a la hora de su entrega no sea necesario remover contenedores.
– Los de exportación por líneas, puertos de destino y peso.

Cabe destacar, que cada terminal tiene su propia estrategia de campa de contenedores, acorde con los volúmenes manipulados y según el tipo de tráfico. Por norma general, una terminal con mucho tráfico de importación-exportación tendrá una estrategia más sencilla que otra con una mayoría de tráfico de trasbordo. Por ejemplo, es muy distinto descargar un buque completo con tráfico de importación que tener que segregar una descarga de trasbordo para otros buques con distintos destinos, pesos, tipos de contenedor, etc.

Concepto	Montacargas frontal	Carretilla pórtico	Pórtico sobre rieles
Peso (toneladas)	35	35	32
Ocupación (m²/TEU)	13,92	16,94	13,92
Costo área/TEU (€/mes)	5,57	6,78	2,09
Espesor del pavimento (con un contenedor de 31 t)	12.450 kg/rueda, precisa 25 cm de hormigón armado	5.400 kg/rueda, precisa 19 cm de hormigón armado	20.000 kg/rueda, no necesita. El patio con *blockets*, hormigón asfáltico y vigas de apoyo solo para contenedores

Tabla 4.1. Características de equipos habituales en una terminal portuaria.

2.4 Comparación de equipos

En la tabla 4.1, pueden compararse diversos aspectos de la ingeniería portuaria entre tres de los equipos más utilizados en una terminal de contenedores.

En la tabla 4.2, los aspectos objeto de comparación se muestran teniendo en cuenta las características operacionales.

Características	Chasis	Carretilla pórtico	Carretilla	Pórtico
Optimización	Escasa 173 TEU/ha	Adecuada 413 TEU/ha	Buena 590 TEU/ha	Excelente 802 TEU/ha
Costos aplicaciones	Muy bajos	Elevados	Medio/alto	Medios
Costos equipo	9.000 €	700.000 €	400.000 €	1.500.000 €
Número operadores	Bajo	Bajo	Medio	Medio/alto
Mantenimiento	Bajo	Alto	Medio	Bajo
Reclamaciones	Escasas	Muchas	Escasas	Escasas
Ventajas	Accesibilidad	Versatilidad	Bajo mantenimiento	Buen control
Desventajas	Mucho espacio	Reclamaciones	Selección pobre	Alto costo

Tabla 4.2. Características operacionales de equipos de una terminal portuaria.

3 Equipamientos para carga y descarga de buques

Los equipos de carga y descarga de contenedores en los buques constituyen los recursos más significativos de la terminal, ya que hacen posible una determinada frecuencia operativa que permite optimizar el tiempo de atraque del buque. La fluidez de las entradas y salidas de buques de la terminal depende de la sincronización en los patios de contenedores y los movimientos interiores. Son los equipos más costosos del sistema logístico de una terminal y se espera de ellos la mayor eficacia y, muy especialmente, la máxima seguridad.

La operación de carga del contenedor en el buque se lleva a cabo mediante grúas pórtico buque-tierra, equipadas con un sofisticado bastidor de anclaje que desnivela su horizontalidad hasta conseguir la misma inclinación que el asiento del buque. Algunos bastidores pueden tomar dos contenedores de 20' a la vez (modo *twin-lift*) y girar 90°, y están dotados de aletas en sus extremos que facilitan su encuadre sobre el contenedor.

La grúa está dotada de una pluma abatible, con el objeto de que al finalizar el trabajo se pueda recoger sin interceptar el tráfico del puerto.

En la tabla 4.3 se muestran las características operacionales más significativas de los diferentes tipos de grúas pórtico para contenedores buque-tierra.

En las figuras 4.9 y 4.10 se observan los diferentes tipos de grúas pórtico que facilitan el movimiento de contenedores desde la zona de patio, zona de aporte por plataforma y ferrocarril, hasta el propio buque.

Características	*Panamax*	*Postpanamax*	*Super postpanamax*
Peso	510 t	790 t	825 t
Capacidad de carga	32,5 t	40/45 t	
Máximo alcance exterior	35,17 m	45 m	50,30 m
Recorrido total carro	59,68 m	85,48 m	92,78 m
Ancho de vía	15,24 m	30,48 m	
Velocidad elevación en vacío	72 m/min	130 m/min	
Velocidad elevación cargado	30 m/min	52 m/min	70 m/min
Velocidad carro cargado	124 m/min	150 m/min	175 m/min
Distancia entre patas	15,16 m	16,9 m	18,28 m

Tabla 4.3. Características operacionales de las grúas pórtico
para contenedores buque-tierra.

Figura 4.8. Tractor-remolque trasladando un contenedor en una terminal tras ser cargado mediante una grúa pórtico móvil sobre neumáticos o RTG (siglas de rubber tyred gantry crane).

Figura 4.9. Grúa pórtico para contenedores buque-tierra tipo feeder *en el muelle de una terminal del grupo ECT en los Países Bajos.*

a) Grúa *feeder,* para 10 contenedores de manga

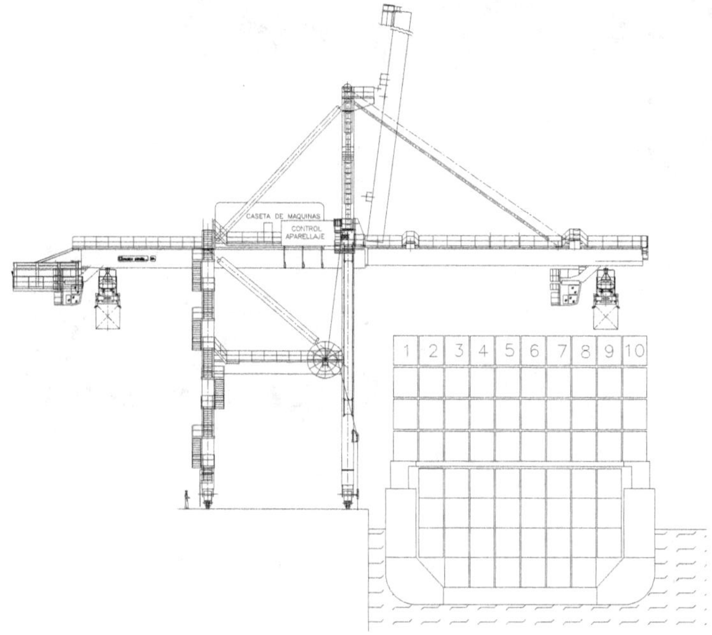

b) Grúa *panamax,* para 13 contenedores de manga

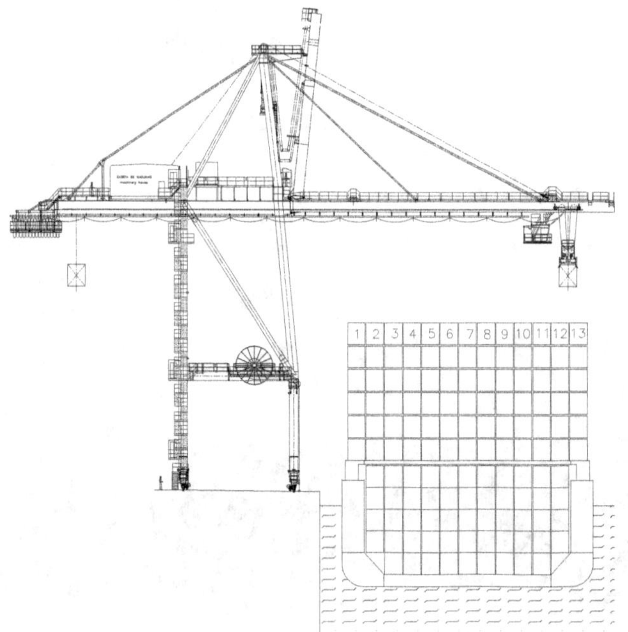

c) Grúa *postpanamax,* para 18 contenedores de manga

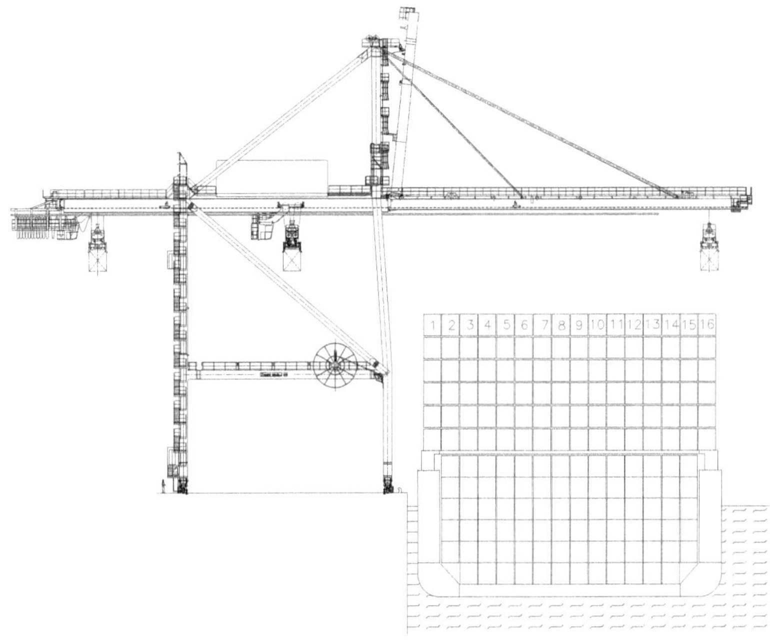

d) Grúa *super postpanamax,* para 22 contenedores de manga

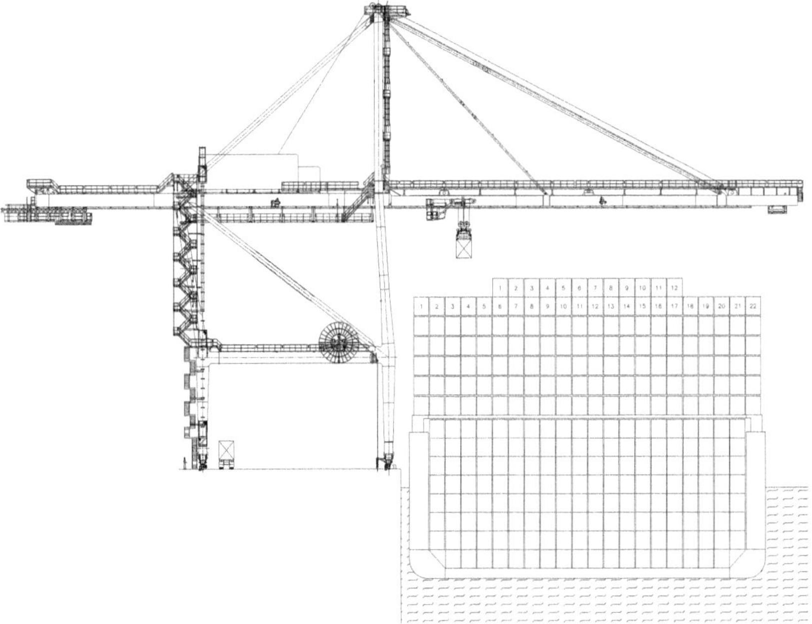

Figura 4.8. Esquema de grúas pórtico para la carga-descarga de contenedores buque-tierra.

Tipo de grúa	Alcance de contenedores de manga
Feeder	10
Panamax	13
Postpanamax	18
Super postpanamax	22

Tabla 4.4. Alcance en filas de contenedores según el tipo de grúa pórtico utilizado en las operaciones buque-tierra.

3.1 Tipología de grúas pórtico

Las grúas pórtico se clasifican según el alcance en filas *(rows)* de la pluma de la grúa sobre el buque (véase la tabla 4.4). Actualmente existen las *feeder, panamax, postpanamax* y *super postpanamax*. Su denominación hace referencia al canal de Panamá y al tamaño de los buques que pueden navegar por él. Es decir, un buque panamax es aquel cuyo diseño y fabricación está ajustado a las dimensiones de las esclusas del mencionado canal, aportando la máxima capacidad de carga.

3.2 Contenedor de derrames (oil spill container)

Salvo casos excepcionales, la terminal no es conocedora de la naturaleza de las mercancías que se transportan en los contenedores. Sin embargo, en la terminal se advierte con relativa frecuencia que el contenido de un contenedor se ha derramado en su interior. Ello puede ser debido a una deficiente consolidación de la mercancía, a que esta se ha desplazado durante el viaje por los continuos vaivenes del buque o a causa de haber recibido golpes durante su manipulación.

En caso de pérdidas por derrame, es necesario el uso de un contenedor especialmente diseñado para la prevención de vertidos al muelle o al mar, el contenedor de derrames.

Este dispositivo móvil, con capacidad para albergar contenedores de 20′ y 40′, es manipulado mediante una cabeza tractora y trasladado hasta el lugar donde se encuentra el contenedor con pérdidas. Una vez allí, un apilador frontal o una grúa pórtico pueden situar el contenedor sobre este dispositivo.

El contenedor con pérdidas debe permanecer sobre el dispositivo hasta que la terminal reciba instrucciones del operador acerca de cómo proceder con el contenedor y la mercancía.

*Figura 4.11. Imagen de un contenedor de mercancías de 40' depositado
sobre un contenedor de derrames.*

4   Terminales automatizadas y semiautomatizadas

Los costos en mano de obra, el incremento de la competencia en la industria portuaria y el hecho de que el tráfico contenerizado implique la estandarización en los sistemas de manipulación de cargas (con la consecuente aparición de procesos estandarizados y sistemas asistidos por tecnologías de la información), han dado como resultado la automatización de las terminales de contenedores. A su vez, estas terminales se han ido equipando progresivamente con maquinaria más sofisticada y con mayor capacidad productiva.

La automatización de las terminales se ha centrado principalmente en el sistema de transferencia horizontal y el sistema de apilamiento en el patio de contenedores.

Las terminales se describen típicamente como totalmente automatizadas si tanto la transferencia horizontal entre el muelle y el patio, como el sistema de apilamiento del patio están automatizados.

Si solo se automatiza el sistema de apilamiento de patio, mientras que la transferencia horizontal permanece con equipo operado manualmente, se define una terminal como semiautomatizada.

Sin embargo, lejos de ser un proceso terminado, las nuevas automatizaciones tienen también dentro de su ámbito la operación de carga y descarga de buques, así como otras automatizaciones de operaciones auxiliares a la terminal, como las terminales ferroviarias o los servicios de amarre de los buques, por ejemplo.

Desde 1984, cuando se empezó a automatizar la terminal de Europe Container Terminals (ECT), en Rotterdam, numerosas terminales han apostado por sistemas automatizados en mayor o menor grado. En 2012 había 33 terminales automatizadas, distribuidas en países con mano de obra con un costo elevado (Australia o EEUU) o más competitivos (Corea o Singapur). Este hecho también ha sucedido, además de en Rotterdam, en otros puertos del entorno europeo, como Amberes, Hamburgo, Londres, Algeciras o Barcelona.

Hasta marzo de 2018, el número de terminales automatizadas ha crecido hasta las 44 repartidas por todo el mundo, siendo 30 de ellas semiautomatizadas y 14 completamente automatizadas. Hay que tener muy en cuenta que la tendencia sigue al alza, con nuevos proyectos de automatización. Ejemplos de los nuevos desarrollos son:

- VICT: Victoria, AU. ICTSI.
- LBCT: Long Beach, US. CY TUNG.
- RWG: Rotterdam, NL. DP World en *joint venture* con diferentes navieras.
- APMT Maasvlakte II. Rotterdam, NL. APMT.
- APMT Tangermed II. Tanger, Mo. APMT.
- SY. Shanghai, CN. SIPG.

Puede apreciarse que la automatización no es un proceso focalizado en países con la mano de obra más cara, sino que se ha extendido a los grandes centros de carga del mundo.

Sin embargo, aunque los principales nodos *(hubs)* y puertos de carga local *(gateways)* optan por la automatización, en términos absolutos aún queda un largo camino para que esta se convierta en un hecho común, ya que el 97 % de las terminales de contenedores utilizan todavía maquinaria convencional, siendo solamente el 2 % y el 1% para terminales semiautomatizadas y automatizadas respectivamente.

Una terminal automatizada precisa de una inversión de capital *(capital expenditures o capex)*[1] más o menos elevada, con el objetivo de conseguir un alto retorno de la inver-

---

[1] El acrónimo *capex* se deriva de la expresión «gastos de capital» y, por lo tanto, se aplica a los gastos e inversiones asociados con bienes físicos. En otras palabras, son todos los bienes comprados por la empresa. Opex, por otro lado, significa «gasto operativo», y se aplica al costo relacionado con las operaciones y los servicios.

Figura 4.12. Terminal de Europe Container Terminals (ECT) en Rotterdam.

sión mediante una reducción de los costos operativos *(opex)* a medio o largo plazo. El nivel de inversión vendrá determinado por el grado de automatización de la terminal portuaria y por el estado inicial (inversión «desde cero», *greenfield,* u opción de cambio sobre una terminal ya existente). Por otro lado, el ahorro en costos operativos dependerá, además del tipo de terminal, básicamente del costo de la mano de obra y de la tipología de los tráficos.

4.1 *Ventajas y debilidades de una terminal automatizada*

De forma muy general, y dependiendo de los condicionantes derivados del lugar de implantación, las terminales automatizadas se caracterizan por:

- **Debilidades**

  – Una fuerte inversión, que en muchos casos puede limitar la viabilidad del proyecto al no proporcionar el retorno esperado por el inversionista o por la capacidad financiera del inversor. Se debe tener en cuenta que el equipamiento de patio y el trasporte horizontal debe ser agregado en grandes cantidades y de inicio, en lugar de efectuarse de manera gradual como en una terminal convencional.

– Posibilidad de conflicto social. La migración de trabajo convencional hacia el automatizado puede topar con una difícil negociación con los agentes sociales, dado que disminuye mucho la demanda de mano de obra, y ello tiene fuerte impacto social. La negociación final de las condiciones de trabajo de la terminal automatizada puede dificultar el alcance total de la reducción de personal que ofrece la automatización, determinando si la automatización tiene sentido o no.

– Criticidad de la falta de redundancia operativa. La avería en una grúa apiladora de contenedores que funcione de manera automatizada (con carácter general, grúa ASC, siglas de *automatic stacking cranes)* influye en la operatividad del bloque de contenedores, ya que las grúas ASC no pueden cambiar su posición de un bloque a otro, posibilidad que sí ocurre con las grúas pórtico sobre neumáticos o RTG.

– Las terminales automatizadas carecen de flexibilidad. Su diseño físico es difícil de modificar una vez decidido y, normalmente, las decisiones que deben tomarse en la etapa de diseño requieren prever las necesidades de la terminal en el largo recorrido. Sin embargo, tanto la actividad de la terminal como las necesidades de sus clientes pueden cambiar de manera significativa durante el tiempo de concesión de la terminal.

– Si los niveles de actividad caen temporalmente, una terminal manual es más capaz de economizar y adaptarse a las nuevas circunstancias, ya que el personal adscrito a la terminal puede ser reubicado o, en su caso, aplicarse medidas de empleo.

– Los procesos llevados a cabo por una terminal no son necesariamente estables y homogéneos. Estos pueden ser volátiles y cambiar con el tiempo. Se debe tener muy en cuenta que la automatización requiere y busca un alto grado de repetición y predictibilidad.

– La automatización no necesariamente supone una manipulación más rápida y mayores niveles de servicio.

– Los proyectos de automatización tienen un mayor riesgo y son más difíciles de implementar, mientras que las terminales manuales están sobradamente probadas y contrastadas.[2]

---

[2] Ver Drewry (2014). *Container Terminal Capacity and Performance Benchmarks* (Inf. Téc.). London: Shipping Consultants Drewry.

- **Fortalezas**

  - Mayor predictibilidad y consistencia de las operaciones.
  - Potencial ahorro de costos operativos, por menor costo de mano obra, al sustituir el *opex* por el *capex*. El objetivo es disminuir el costo operativo en su conjunto, así como evitar la incertidumbre que el trabajo manual puede ocasionar (por ejemplo, los incrementos salariales debido a la inflación, los problemas derivados de las negociaciones con los agentes sociales y la posibilidad de disputas y huelgas).
  - Incremento de la seguridad e higiene en el trabajo, debido a la no presencia humana en las áreas de operaciones.
  - Menor tiempo de inactividad debido a la influencia de factores externos (por ejemplo, fuertes vientos).
  - Incremento de las jornadas de trabajo, debido a que las máquinas pueden funcionar de manera permanente, sin necesidad de cambio de turno de personal.
  - Mayor eficiencia energética (más equipos eléctricos y menos equipos de combustión), siendo una opción potencialmente más ecológica.
  - Menor costo de mantenimiento, derivado de una reducción de los equipos de combustión y una menor probabilidad de accidente.
  - Mayor precisión y prevención del error humano, debido a que se elimina el factor humano, reduciendo la variabilidad en el proceso.
  - Reducción de daños en equipos y cargas.
  - Disminución del factor de pico (los movimientos de reordenación del patio de contenedores tienen un costo muy bajo y se puede trabajar a alta capacidad sin incidir en la estructura horaria: costos de nocturnidad, festividades, etc.).
  - Mayor densidad de contenedores. Los bloques pueden ser de 8 hasta 11 contenedores de ancho (e incluso más, ya que las grúas ASC se adaptan a las características de la terminal). También se apila a más altura promedio (5 y 6 alturas), debido al casi nulo costo de la remoción de patio.

4.2 *Maquinaria vinculada con la automatización*

Las siglas ASC se refieren a cualquier tipo de grúa apiladora de contenedores que funcione de manera automatizada.[3] Estas grúas normalmente son del tipo pórtico

---

[3] Para facilitar la lectura de este apartado, el desarrollo de las siglas con las que se identifica habitualmente la maquinaria empleada en terminales automatizadas se resume en la tabla 4.5.

Maquinaria empleada en terminales automatizadas		
Grúa pórtico para operaciones buque-tierra	STS	*Ship to shore gantry crane*
Grúa pórtico sobre raíles	RMG	*Rail mounted gantry crane*
Grúa apiladora automatizada	ASC	*Automated stacking crane*
Vehículo de transferencia interna	ITV	*Internal transfer vehicle*
Vehículo de guiado automático	AGV	*Automated guided vehicle*
Vehículo de transferencia automático	ALV	*Automated lifting vehicle*
Grúa pórtico sobre neumáticos	RTG	*Rubber tyred gantry crane*
Grúa pórtico sobre raíles automatizada	ARMG	*Automated rail mounted gantry*
Grúa pórtico sobre raíles de carga lateral	C-ARMG	*Cantilever automated rail mounted gantry)*
Tractor-remolque de terminal	TT	*Terminal tractor trailer*
Vehículo de transferencia autoguiado con plataforma elevadora	L-AGV	*Lifting AGV*

Tabla 4.5. Identificación de la maquinaria que se emplea en terminales de contenedores automatizadas.

sobre raíles ARMG o C-ARMG, esta última de carga lateral. La diferencia entre ambas reside, básicamente, en que las primeras cargan y descargaran los camiones y los vehículos de transferencia interna (TT, AGV, L-AGV o ALV) única y exclusivamente en las cabezas de las calles *(hooks),* mientras que las C-ARMG lo hacen en el costado de las pilas de contenedores. La necesidad de un tipo u otro de maquinaria viene determinado por la tipología del tráfico y la disposición de las pilas a lo largo del patio de operaciones.

AGV, L-AGV y ALV son las siglas con que se identifican los distintos vehículos de transferencia desde la pila de contenedores a pie de buque (o entre distintos bloques).

Las nuevas tendencias en la búsqueda de soluciones que minoren las inversiones en obra civil para terminales de nueva construcción *(greenfield),* así como para posibilitar la automatización de terminales manuales ya existentes (*brownfield*), avanzan en la automatización de las grúas pórtico sobre neumáticos o RTG. Aunque existe un ejemplo muy particular en Japón para el trabajo con RTG automáticas (Tobishima), en funcionamiento desde hace muchos años, por razones de prevención, la automatización está limitada al trasbordo, evitando la interacción con los camiones de la calle para las cargas de importación o exportación. Sin embargo, las soluciones de A-RTG, buscan cómo automatizar todos los tipos de tráfico de la terminal (trasbordo e importación/exportación).

En particular, la grúa pórtico automatizada *(automatic stacking crane* o ASC) es un tipo de grúa cuya estructura metálica se desliza sobre raíles, que abarca hasta diez filas de contenedores en transversal, 5 + 1 de altura y una longitud acorde con el espacio disponible en la terminal. Estas grúas están dispuestas en parejas en diferentes módulos de contenedores. La primera grúa sirve la operativa del buque, la segunda sirve la operativa de tierra (camiones internos de la terminal y camiones externos). Cada grúa está equipada con tecnología de escaneo en los bastidores de anclaje *(spreaders),* que le permite manipular los contenedores sin necesidad de que una persona controle presencialmente la operación.

Los principales beneficios de esta tipología de grúa son la optimización del espacio y la reducción de mano de obra, aunque un reducido porcentaje de los movimientos debe ser completado manualmente desde una mesa de control remoto.

4.3 Tipología de terminales automatizadas

Las terminales automatizadas se pueden diferenciar según su grado de automatización, su distribución física y el tipo de maquinaria utilizada.

Los diferentes tipos de terminales, total o parcialmente automatizadas, son las que se detallas a continuación.

4.3.1 Terminales semiautomatizadas

La diferenciación básica entre las terminales totalmente automatizadas de las semiautomatizadas reside en el proceso de transferencia desde las pilas del patio de contenedores hacia el cantil del muelle o viceversa.

Mientras que las terminales totalmente automatizadas disponen de vehículos autoguiados para la transferencia de contenedores desde las pilas *(stacks)* hasta el cantil de muelle *(appron area)* o viceversa, las terminales semiautomatizadas continúan usando tractores-remolque (TT) o carretillas pórtico manuales *(straddle carriers)* para dicho trayecto. Ejemplos de terminales parcialmente automatizadas son las situadas en los puertos españoles de Barcelona y Algeciras, por ejemplo, aunque ambas podrían convertirse en automatizadas completamente mediante la implantación de sistemas de control en las carretillas pórtico.

Figura 4.13. Detalle de la operación de carga de un camión por una grúa pórtico automatizada (ASC).
Se debe verificar que nadie se encuentra en la cabina del camión durante la carga.

4.3.2 Terminales totalmente automatizadas

Son aquellas en las que la transferencia desde la pila de contenedores hasta el costado del buque (a pie de grúa) se realiza mediante vehículos autoguiados (AGV, L-AGV o ALV). Una excepción de esta norma sería la terminal de Brisbane (Australia), que está provista de carretillas pórtico automatizadas *(auto-straddlecarriers)*, por lo que los medios mecánicos de apilado y transferencia funcionan ambos de manera autoguiada. Ejemplos de terminales totalmente automatizadas en Europa son ECT, en Rotterdam (Holanda), y HHLA, en Hamburgo (Alemania) (véanse las figuras 4.12 y 4.20).

Una nueva categoría en terminales totalmente automatizadas es el caso de aquellas en que el proceso de descarga/carga del buque está también automatizado (grúas STS automáticas). Es el caso de la terminal RGW y la de APMT Maasvlakte II, ambas en Rotterdam, o la terminal de APMT en Tánger. Estas experiencias han tenido un difícil arranque en cuanto a las producciones de muelle, y aunque no funcionan de forma automática al 100 %, sino en control remoto, cada vez se está mejorando la consistencia operativa y la fiabilidad de los equipos de muelle automáticos (grúas STS).

Figura 4.14. Grúa apiladora automatizada (ASC) en el puerto de Amberes (Bélgica).

4.3.3 Elementos diferenciales entre terminales

- Inversión en *equipos de transporte horizontal.* Mientras que el costo de un tractor-remolque de terminal puede ser de 100.000 €, los precios de cada elemento de transporte autoguiado son mucho más elevados (AGV, 0,5 M€, L-AGV: 0,6 M€; y ALV: 0,75 M€). Además, son necesarios más vehículos de transferencia, dado que la velocidad de transporte es mucho menor en los vehículos automáticos.

- Inversión en *sistemas informáticos e infraestructuras de autoguiado y control de tráfico* (transpondedores,[4] DGPS *[differential global positioning system]* o radar). Además de la inversión, el diseño de las reglas de tráfico y seguridad de los vehículos autoguiados y la resolución de incidencias, son los principales inconvenientes de la terminal automatizada, y tienen un impacto significativo en la capacidad productiva de la misma.

---

[4] El transpondedor es un dispositivo interconectado en serie que se utiliza en sistemas de localización, navegación o posicionamiento.

- Por otro lado, el *ahorro en costos de personal* más relevante se produce en el uso de los vehículos de transferencia interna, ya que normalmente cada uno de estos equipos de trabajo (excluyendo las labores de trincado y el manejo de las grúas RTG o ASC) ocupan entre 9 y 12 personas, de las cuales entre 4 y 6 se dedican a la conducción de los vehículos.[5] En las terminales semiautomatizadas, la reducción de personal solo se produce en la sustitución de manipuladores de grúas pórtico RTG (relación 1:1 o 1:1.25), por el controlador de grúas apiladoras automatizadas, realizando el último tramo de carga/descarga en vehículos convencionales por motivos de seguridad, en proporciones que oscilan de 1:3 a 1:8.

4.4 *Vehículos en terminales totalmente automatizadas*

El AGV es el primer tipo de vehículo de transferencia interna autoguiado que prestó servicio en las terminales de contenedores (véase la figura 4.15). Consiste en una plataforma no articulada con capacidad de carga de 1×20′, 2×20′, 1×40′ y 1×45′. Excepcionalmente, también pueden cargar 1×30′ en diseños especiales. Su velocidad de transporte oscila entre 3 y 6 m/s, básicamente por razones de seguridad. No dispone de ninguna otra funcionalidad que el transporte de contenedores y su uso representa el principal cuello de botella de las operaciones en una terminal.

Dada su baja velocidad y la enorme cantidad de reglas de tráfico necesarias para poder gestionar el sistema de manera segura, se pueden producir retrasos si no hay un vehículo AGV disponible a pie de buque en la descarga de un contenedor, o en la transferencia desde la pila de contenedores en la cabeza de la calle. De la misma manera, el AGV queda atrapado con un contenedor encima hasta que no es liberado por la grúa STS en la operación de carga al buque, o por la grúa apiladora si hay que apilar el contenedor en el patio, recibido desde una descarga o en una remoción entre calles.

Es lo que se conoce como operación completamente acoplada. La cola de trabajos de la grúa apiladora depende completamente de la disponibilidad de vehículos autoguiados en las cabezas de las calles, mientras que el rendimiento de éstos depende enteramente de la eficiencia de la grúa ASC en una cabeza de calle y de la grúa STS en

---

[5] Mención aparte merecen las terminales equipadas con carretillas pórtico, desde las de manejo manual a las automatizadas, por tratarse de casos aislados que previsiblemente no tendrán continuidad.

Figura 4.15. Vehículo de guiado automático (AGV) operando en el puerto de Hamburgo (Alemania).

el otro extremo. A su vez, el rendimiento de esta última depende de la disponibilidad de vehículos AGV.

Por tanto, cualquier alteración en el ritmo de trabajo en cualquiera de los sistemas, influye directamente en los otros sistemas, ya que no existe espacio de amortiguación para absorber los picos. Una posible solución a este problema es la creación de una reserva de vehículos AGV (es decir, vehículos que actúan como amortiguadores del flujo irregular de trabajo en cualquiera de los dos otros sistemas, STS o ASC). Esto supone una solución costosa, dado que requiere una inversión adicional para poder gestionar momentos puntuales.

Como alternativa a esta problemática se han desarrollado dos tecnologías, conocidas como L-AGV y ALV, para gestionar, respectivamente, las operaciones parcialmente desacopladas y las totalmente desacopladas. A este respecto, en las tablas 4.6 y 4.7, puede verse un estudio comparativo.

Un vehículo L-AGV (véase la figura 4.16) es una evolución del tipo AGV (véase la figura 4.17), pero con una funcionalidad añadida, consistente en la capacidad de izar la plataforma que acarrea los contenedores. Este izado permite depositarlos en estructuras metálicas situadas en las cabezas de las calles, con la finalidad de liberar el vehículo sin necesidad de que exista operación coordinada con la grúa apiladora. Es

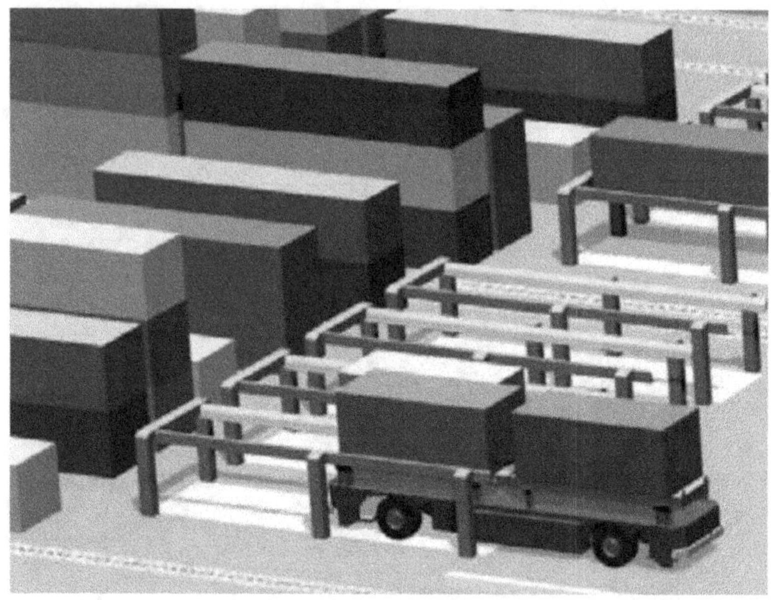

Figura 4.16. Representación de un vehículo de guiado automático tipo L-AGV.

Figura 4.17. Carretilla pórtico elevadora-apiladora, tipo straddle carrier, *automatizada*
(automated lifting vehicle *o ALV*).

ESTUDIO COMPARATIVO ENTRE AGV Y L-AGV	
Pros	*Contras*
– *Capex* – Costo operativo – Proceso desacoplado en WSTP (para los L-AGV) – Limitación de peso de 60 toneladas en modo *twinlift diesel electric* – Sistema de navegación sobradamente probado – Sistema de gestión de tráfico sobradamente probado – Capacidad de hacer movimientos de cangrejo	– Proceso acoplado en áreas de transferencia (para AGV) y proceso acoplado en STS (para L-AGV) – No se puede almacenar extensivamente en WSTP – Se necesita espacio en el *apron* para posicionar las unidades en espera – Flexibilidad limitada en STS – Enrutamiento inflexible debido al sistema de navegación del transpondedor – Tamaño de flota alto – Gran cantidad de situaciones de congestión – Elevada relación STS / AGV (1/6) – Manejo difícil de excepciones

Tabla 4.6. Estudio comparativo de los vehículos de guiado automático (AGV) y los vehículos de transferencia autoguiado con plataforma elevadora (L-AGV).

PROS Y CONTRAS DE ALV	
Pros	*Contras*
– Proceso desacoplado completo en las áreas de transferencia – No se necesita espacio en el *apron* para posicionar las unidades en espera – Puntos de transferencia flexibles en STS – Se puede almacenar extensivamente en los WSTP – Se puede operar manualmente y automatizar más tarde – Diesel eléctrico – Sistema flexible de gestión de tráfico – Tamaño de la flota reducido – Menos situaciones de congestión – Baja relación STS/ASH (1/2,5 – 1/3)	– *Capex* – Costo operativo – Limitación de peso de 50 toneladas – Manejo difícil de excepciones

Tabla 4.7. Estudio comparativo de los vehículos de transferencia automáticos o ALV.

decir, la estructura donde se apoya el contenedor actúa de amortiguador del posible flujo irregular de trabajo. Sin embargo, a pie de la grúa STS, el vehículo L-AGV actúa como un vehículo de guiado automático tradicional, y debe esperar a que la grúa le descargue el contenedor para quedar listo para la siguiente orden de trabajo.

También se ha desarrollado una tecnología de automatización de carretillas pórtico que permite al vehículo portear, cargarse y autodescargarse el contenedor, tanto en los espacios de cabeza de calle de la grúa ASC como a pie de la grúa STS. Por tanto, los tres ciclos operativos quedan totalmente desacoplados, por lo que las ineficiencias de uno afectan mínimamente en el resto.

4.5 Otros elementos de la terminal

4.5.1 Mesa de control remoto

Aunque no se trata de un medio mecánico, las mesas de control remoto están directamente conectadas con las grúas pórtico automatizadas. Cada terminal dispone de un número de mesas de control acorde con el número de grúas. A modo indicativo, una terminal con diez módulos (veinte grúas automatizadas) dispondrá de dos mesas de control remoto. Habitualmente, entre un 10 y un 15 % de los trabajos no pueden ser completados por las grúas automatizadas. Esto puede ser debido a varios motivos, como fallos mecánicos o en los escáneres, o suciedad acumulada en los mismos. En estos casos, el sistema de control de la terminal conectará automáticamente la grúa con la mesa de control remoto para completar los movimientos.

4.5.2 Cassettes

Los *cassettes* son unas estructuras metálicas que se utilizan para el transporte interno de contenedores en la terminal (véase la figura 4.18). Están operados por camiones internos mediante un sistema de *translifter* acoplado a la cabeza tractora. El *translifter* consiste en un dispositivo hidráulico operado remotamente desde el camión, que se desliza debajo del cassette y lo eleva para su transporte. Si bien su uso está extendido en terminales portuarias en Estados Unidos, algunas terminales europeas los utilizan por sus ventajas operativas.

La principal ventaja de los *cassettes* es que no es necesario que el camión se espere a ser cargado o descargado. De este modo, el camión no tiene demoras al estar siempre en tránsito completando movimientos para la operativa.

Figura 4.18. Detalle de un camión dejando un cassette *en el almacén para la descarga del contenedor.*

4.6   Disposición paralela o perpendicular al cantil

En las operaciones en el patio de contenedores, mientras que las grúas pórtico sobre raíles de carga lateral (C-ARMG) provienen del concepto tradicional de la carga sobre vehículo convencional en el costado de la pila, las grúas ASC funcionan con la carga/descarga de los vehículos (tanto camiones como vehículos de transferencia interna) en las cabezas de bloque. La grúa C-ARMG se ha utilizado en terminales semiautomatizadas y con disposición paralela al muelle, aunque también se emplea en terminales totalmente automatizadas. La disposición perpendicular al cantil del muelle es debida a los siguientes factores:

- Una proporción elevada de tráfico local (no trasbordo) implica que el volumen de trabajo de las grúas ASC se distribuya de manera uniforme en trabajos de carga o descarga del buque o de recepción o entrega de contenedores (es decir, la interfaz terrestre y la marítima demandan la misma carga de trabajo). Por este motivo, tiene sentido disponer los bloques perpendiculares al cantil del muelle, y atender la demanda de tráfico marítimo desde la parte más próxima a la zona de maniobra, y los camiones externos desde la zona más próxima a la puerta.

Figura 4.19. Terminal de DP World en el Puerto de Londres.

Figura 4.20. Terminal automatizada de HHLA en Hamburgo (Alemania),
diseñada con una disposición de las calles de contenedores perpendiculares al cantil del muelle.

- En las terminales totalmente automatizadas se consigue que los camiones no automatizados no interfieran la operación de los vehículos autoguiados.

- Se disminuye la distancia de tránsito de los vehículos autoguiados, ya que la entrega desde la pila hasta dichos vehículos se hace desde la zona más próxima al muelle (y cabe recordar que son vehículos que trabajan a velocidad más reducida que los de manejo manual).

Sin embargo, en las terminales con las calles dispuestas de manera perpendicular al muelle que tienen un elevado número de trasbordos, las cabezas de las calles de contenedores más apartadas del cantil del muelle se desaprovechan para la operación más demandada (operación marítima), por lo que es más recomendable la disposición en paralelo al cantil. De hecho, el cuello de botella que supone un número limitado de cabezas de la calle se resuelve en muchos casos con la carga lateral, utilizando grúas pórtico sobre raíles automatizados de carga lateral.

Figura 4.21. Terminal automatizada de Busan (Corea), equipada con grúas pórtico sobre raíles de carga lateral (C-ARMG) y diseñada con una disposición de las calles de contenedores paralela al cantil del muelle.

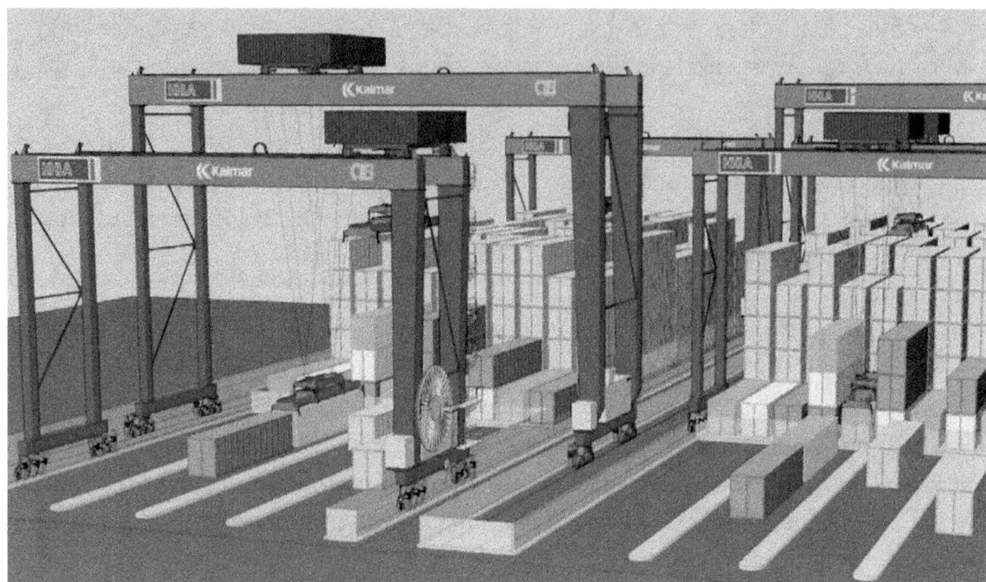

Figura 4.22. Representación de grúas apiladoras automatizadas equipadas con un sistema de grúas pórtico sobre raíles de tamaños distintos (cross over).

La utilización de grúas de carga lateral permite mayor densidad de maquinaria por bloque, ya que la opción de grúas pórtico sobre raíles (con enganche en las cabezas de bloque) implica la división de las cargas de trabajo en el bloque para dos máquinas, sin posibilidad de solapamiento y con el potencial problema en caso de avería de una de ellas.

Este hecho fue solventado en la terminal automatizada de HHLA, en Hamburgo, mediante el uso de la tecnología *cross over*, debido a que las grúas pórtico sobre raíles son de tamaños distintos y la mayor de ellas puede circular por encima de la menor o menores (con un máximo de una mayor y dos menores), aunque ello implica una mayor inversión en obra civil (doble sistema de raíles) y de equipos (dos tipos de equipos con una grúa ASC con estructura sobredimensionada para poder sobrepasar el gálibo de las grúas menores). No obstante, esta solución no permite disponer de más de tres unidades en cada bloque, ya que elevaría los costos de inversión y la maquinaria que se utilizara tendría un tamaño desproporcionado.

4.7 Sistema operativo, sistemas de guiado y de control de tráfico

El sistema operativo de la terminal o TOS es una parte clave de la logística portuaria y tiene como objetivo principal el controlar el movimiento y el almacenamiento de la

Figura 4.23. Terminal de contenedores del puerto de Brisbane (Australia) equipada con carretillas pórtico tipo straddle carrier, *guiadas con radar de precisión centimétrica.*

carga dentro de una terminal de contenedores. Proporciona un conjunto de procedimientos computarizados que permiten hacer un mejor uso de los activos, entendiéndose como la mano de obra y los equipamientos, para planificar la carga de trabajo y administrar de manera eficiente y efectiva la instalación. Por otra parte, permite la obtención de información actualizada en tiempo real, con lo que se consigue una toma de decisiones más precisa y rentable.

La automatización de las operaciones debería garantizar un rendimiento ejemplar y un modo de operación estable. Sin embargo, la elevada complejidad de la gestión diaria de la terminal plantea las mismas altas expectativas y demandas sobre el control del equipo automatizado. Esta tarea recae tanto sobre el TOS como sobre el *equipment control system* (ECS), un *software* de control basado en algoritmos heurísticos que desempeña un papel crucial en la automatización de terminales, ya que debe garantizar que el equipamiento pueda usarse a la máxima expresión de su potencial operacional. El ECS, proporciona a las empresas operadoras portuarias un sistema de gestión avanzado de la flota de sus vehículos automatizados y autoguiados, tales como AGV, *lift*-AGV, ALV, ASC y A-STS. Su misión es integrarse con el sistema operativo de la terminal y traducir las instrucciones de trabajo de este en planes óptimos de trabajo, incluyendo el enrutamiento de los vehículos, logrando los siguientes objetivos:

- Ejecución eficiente de las órdenes de trabajo.
- Rutas rápidas y sin situaciones de bloqueo.
- Rutas libres de colisiones.
- Uso eficiente del equipamiento, asegurando su longevidad.
- Minimización de los tiempos de inactividad y averías.

Los sistemas de guiado están basados en la utilización de transpondedores enterrados en el pavimento, sistemas de radar con balizas en la terminal y la tecnología GPS, obteniendo una localización muy certera, con precisiones de menos de 3 cm y de menos de 1 cm, respectivamente.

4.8 Otros procesos automatizados: subsistemas susceptibles de automatización

Considerando la terminal de contenedores como un sistema configurado por diversos subsistemas, los procesos de automatización no se ciñen de manera exclusiva al sistema principal de la terminal (proceso de carga/descarga de buques). Como hemos comentado, existen procesos y subsistemas de la terminal que se han automatizado, ya sea en terminales denominadas automáticas e incluso en aquellas que tradicionalmente se han considerado manuales. En la industria de las terminales se denomina en inglés *automation for non-automated terminals*. Entre estos sistemas y procesos cabe destacar:

- **Sistema de puertas o *gates***
  Se han automatizado los siguientes procesos del sistema de aceptación de contenedores a través de las puertas (recepción y entrega vía camión):

  - Identificación de contenedores (lectura de matrícula), tipo ISO y tamaño. Inclusive, en algunos casos, la lectura de precintos electrónicos *(e-seals)*.
  - Identificación de camiones: matrícula de camión y transportista.
  - Identificación de etiquetajes y marcas: ante todo, y casi de manera exclusiva, las etiquetas IMO de mercancías peligrosas.
  - Pesaje (incluyendo el taraje).
  - Contrastación con la información recibida por parte de *PC system* o de las ordenes de la naviera.

- Revisión de daños (tanto toma de fotografías para tener un registro «forense» en caso de reparación, como avisos de forma proactiva).
- Gestión de incidencias.

Es uno de los subsistemas de las terminales que se han implantado con mayor grado de automatización, confiriendo gran fiabilidad a uno de los procesos más críticos del tráfico marítimo: la transferencia de la carga entre la terminal y la empresa embarcadora o receptora. Cabe añadir a las bondades descritas que también elimina el factor humano en un sistema altamente peligroso en lo que se refiere a la prevención de riesgos laborales, ya que la interacción persona- camión supone un riesgo altísimo. Por el contrario, la eliminación de la intervención humana de forma total, implica que el poco o nulo éxito de los precintos electrónicos implique que la verificación de los precintos a la exportación no sea posible, lo que supone un reto en cuestiones de seguridad (en alusión al concepto *security* inglés).

Figura 4.24. Puertas de acceso a una terminal de contenedores.

- **Sistema de reconocimiento en la descarga y carga de buques**

  Si el apartado anterior hacía referencia a lo delicado que es el momento de la transferencia de la custodia de la mercancía en el sistema de puertas, mucho más crítico y difícil se hace en un sistema mucho más estresado y con factor de pico como es la descarga y carga de buques. El problema del reconocimiento adecuado de las numeraciones de los contenedores, su estado de daños, el correcto etiquetado, la posición, etc., en el momento de transferencia entre la terminal y el buque conlleva un alto costo en mano de obra para certificar que la carga se reciba o expida por vía marítima en condiciones adecuadas *(tally)*. La implantación de cámaras en las grúas STS (véase la figura 4.25), con sistemas OCR muy precisos, han conseguido hacer que la intervención manual en este proceso pueda eliminarse o reducirse a la gestión de incidencias. La fiabilidad en las lecturas es superior al 97 % y el almacenaje de imágenes protege a las terminales de potenciales reclamaciones por daños en los contenedores. Además, de forma combinada entre varias terminales, ofrece una herramienta muy útil a las navieras para buscar la trazabilidad en los dalos de los contenedores y responsabilizar a quien sea causante real de un daño.

- **Estación automática para la colocación/extracción de pestillos de anclaje o *Automated pin-station***

  Con mayor o menor fortuna, se prodigan estaciones automáticas donde se colocan los pestillos de anclaje o conos *(twist-locks* en inglés) en las esquinas de los conte-

Figura 4.25. Sistema de cámaras de reconocimiento en una grúa pórtico STS.

Figura 4.26. Estación de colocación automática de conos (twistlooks) *en las esquinas de los contenedores.*

nedores, aunque la gestión de este tipo de unidades es más compleja por el hecho de tener que gestionar los *stocks* de conos de cada barco. Es una de las operaciones con mano de obra más intensiva y con una potencialidad de mayor ahorro de costos y de accidentes.

- **Monitoreo automático de contenedores frigoríficos**
  La lectura de temperaturas, los ajustes y las alarmas de los contenedores refrigerados ha sido una tarea manual que conllevado la necesidad de mano de obra y, sobre todo, farragosos procesos de lectura durante tres o cuatro veces al día. La evolución de los equipos frigoríficos ha conseguido que las terminales (y los buques, durante la estancia del contenedor a bordo) puedan acceder a todos los datos de registro del contenedor sin necesidad de ir físicamente a comprobarlos, sino con la transmisión de datos a través del cable de suministro eléctrico. La evolución ha ido un paso más allá y los equipos también están dotados de un sistema transmisión GSM de los datos, por lo que la monitorización puede hacerse de modo

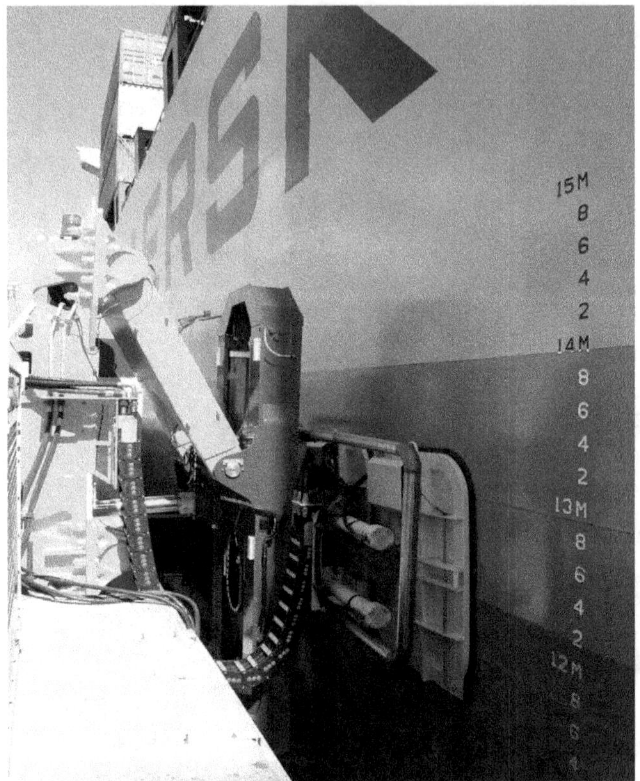

Figura 4.27. Amarre automático por vacío.

remoto directamente por quien opere el contenedor, sin necesidad de contratar los servicios de la terminal. Esto afecta de manera directa a las relaciones contractuales y a los servicios ofrecidos por la terminal, con impacto en la cuenta de explotación de la misma.

- **Sistema automático de amarre**

  Mediante sistemas de vacío u otros sistemas de adherencia del casco del buque al muelle, se evita el uso de amarradores profesionales, servicio que en muchos lugares ofrece directamente la terminal (véase la figura 4.27).

5 La operativa en las terminales de contenedores

La estrategia de los agentes implicados en la explotación de los contenedores se desarrolla en torno a la idea de que los buques deben estar navegando en todo momento. Así, la estancia en una terminal es percibida como una pérdida de tiempo en la que el buque y los contenedores que transporta no aportan ningún rendimiento económico. Es por esto que una buena forma de atraer a una naviera hacia una determinada terminal es mediante unas estadísticas de rendimiento que ofrezcan rentabilidad económica.

Las estadísticas de rendimiento o indicadores clave de productividad, también se conocen como KPI *(key performance indicator)*. Las terminales de contenedores llevan habitualmente un control de sus estadísticas, ya que se trata de un recurso valiosísimo en la evaluación de su rendimiento. Incluso se crean nuevos indicadores para medir partes específicas de la operativa con los que luego se puedan implementar mejoras en los procesos.

Habitualmente, los indicadores que interesan más a las navieras son los movimientos por atraque a la hora *(berth moves per hour* o BMPH) y la media de tiempo en servir a un camión (carga o descarga) *(truck turnaround time* o TTT). Ambos pueden ser indicativos de una terminal bien organizada y con una operativa fluida.

5.1 Movimientos por atraque a la hora o BMPH

Es el total de movimientos en la operativa de un buque concreto dividido por el total de horas que está atracado. Una terminal con un indicador alto, por ejemplo de 90, será más atractiva al significar que las operativas de buque se completaran en menor tiempo. Por el contrario, un indicador bajo sugiere que una terminal no rinde a nivel óptimo.

$$BMPH = \frac{Total\ de\ movimientos\ (carga\ +\ descarga + remociones)}{Horas\ de\ atraque}$$

Los movimientos por atraque a la hora están relacionados con el número de grúas o manos portuarias destinadas a trabajar un buque y con las productividades individuales de cada grúa. A modo de ejemplo, un buque trabajado por cuatro manos portuarias de principio a fin, con una productividad media de 22,5 mph (movimientos por hora) produciría un indicador BMPH de 90. Asimismo, el mismo buque trabajado por tres manos portuarias con el mismo rendimiento por grúa produciría un BMPH de 67,5.

La realidad, como veremos a continuación, es muy distinta a este ejemplo, ya que cada grúa tendrá una productividad distinta dependiendo de las bahías donde trabaje y del programa de trabajo. En general, una grúa que trabaje en descarga alcanzara una productividad mayor que una grúa trabajando en carga.

Cabe destacar que la mayoría de las terminales disponen de grúas con bastidor de anclaje *(spreader)* con capacidad para cargar en modo *twin lift* (dos contenedores de 20' en una misma izada). Por tanto, en las bahías con gran cantidad de contenedores de 20' cabe esperar mayores productividades, ya que la grúa deberá realizar la mitad de izadas para cargar el mismo número de contenedores que una grúa cargando contenedores de 40'. Hay muchos otros factores que pueden mermar la productividad, como pueden ser las averías de grúa, o las de la maquinaria de campa que maneje contenedores con destino a la grúa.

5.2 Con cuántas grúas se atiende un buque

Son varios los factores que determinan el número de grúas. En primer lugar nos hemos de remitir al *service level agreement* (SLA). Se trata de un contrato que vincula a la naviera y la terminal y en el que se acuerdan entre otros aspectos, el número mínimo de grúas que la terminal destinara para atender los buques del servicio en cuestión.

Otros puntos importantes del SLA son la ventana de atraque y los movimientos por escala de buque. En estos, la naviera se compromete hacer arribar el buque en un día de la semana y en una franja horaria determinada. El número de movimientos hace referencia al límite mínimo y máximo de movimientos por escala. Ambos puntos muy importantes para la organización de los recursos y la operativa en la terminal.

Una vez se conozca el número mínimo de grúas según el SLA, se ha de atender la localización física de los contenedores a descargar y dónde se deben cargar. Normalmente, donde se hayan descargado primero. Esta es una tarea que corresponde al departamento planificador de la naviera *(central planner)*, que debe reservar y asignar los espacios del buque de manera que la terminal pueda trabajar con el número de grúas acordado en el SLA.

En la figura 4.28 se puede ver una operativa planificada para tres grúas. Este documento se conoce como distribución de grúas o *crane split.* Cabe destacar, y esto es común en la mayoría de las terminales que trabajan con grúas pórtico, que dos grúas no podrán trabajar en bahías continúas. Al contrario, es necesaria una separación de una bahía de 40' entre dos grúas. En esta figura, la grúa que trabaja las bahías de proa no podrá trabajar en la bahía 13/15 al mismo tiempo que la grúa central trabaja en la bahía 17/19.

Una planificación deficiente, en la que gran cantidad de los movimientos se encontrasen en las bahías centrales del buque haría imposible el trabajo de las tres grúas al mismo tiempo. En este sentido es común que las terminales soliciten cambios en la planificación con el fin de mejorar las posibilidades de mantener un número determinado de grúas trabajando en todo momento.

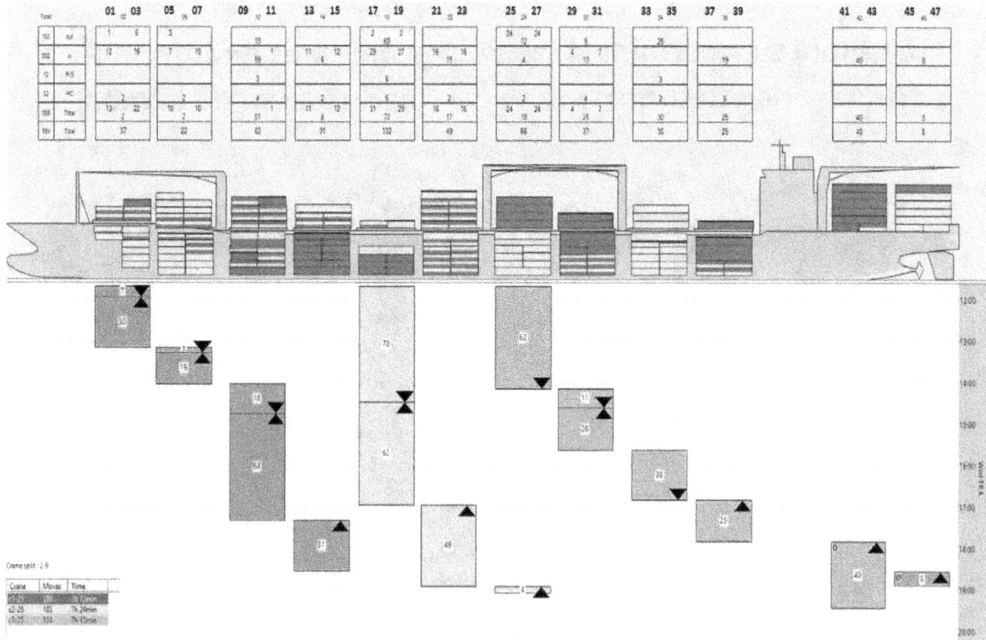

Figura 4.28. Gráfico que elabora el departamento planificador de la naviera
para la distribución de las grúas que han de atender a un buque.

5.3 La media de tiempo en servir a un camión

La media de tiempo que un camión externo tarda en ser servido en la terminal es un indicador que también se conoce por las siglas TTT *(truck turnaround time)*. El tiempo se calcula desde que el camión accede a las instalaciones hasta que sale por puerta. Todos los camiones se incluyen en el cálculo sin importar cuantos contenedores transportan. Algunos tan solo recogen un contenedor de importación mientras que otros llevaran dos contenedores de 20' de exportación y recogerán dos contenedores de 20' de importación.

Este indicador no incluye el tiempo de espera fuera de la terminal. Este es un factor importante, ya que en muchas terminales se organizan largas colas de espera para acceder a las instalaciones, especialmente en franjas horarias concretas. Normalmente, la mayor afluencia se produce a primeras horas de la mañana, de 05:00 a 09:00, y por la tarde, de 15:00 a 19:00 (según los horarios de puerta de cada terminal).

Esta afluencia de camiones puede congestionar las carreteras colindantes de la terminal y tener un impacto negativo en la comunidad portuaria. Por otro lado, la terminal no tiene interés en sobrepasar un cierto número de camiones, ya que la congestión y los retrasos en la operativa de campa, también pueden impactar negativamente en la operativa del buque.

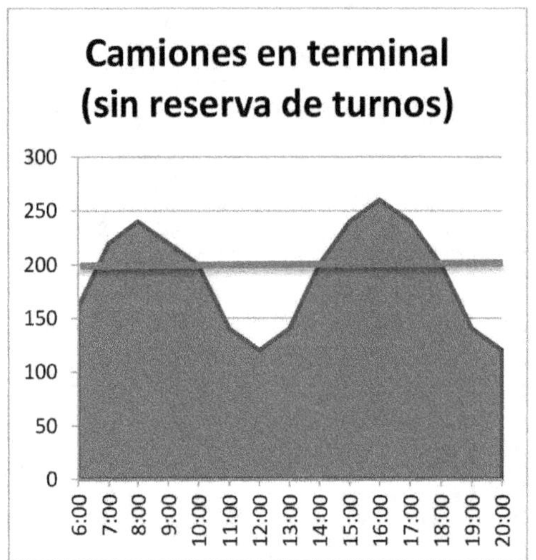

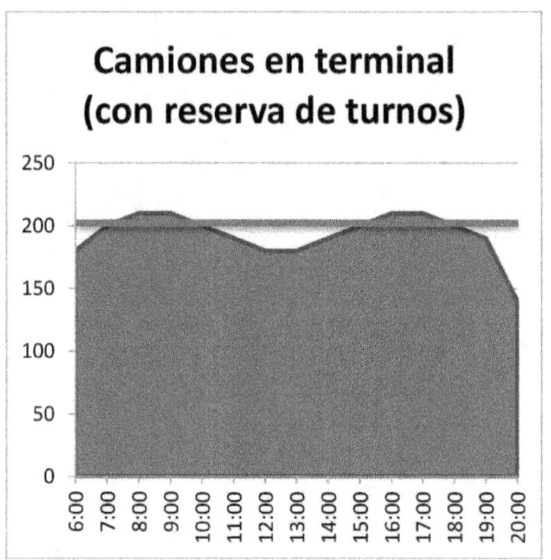

Figura 4.29. Incidencia de la reserva de turnos para la carga de los camiones en la operativa de una terminal.

Por este motivo, las terminales optan por un sistema de reserva de turnos *(vehicle booking system* o VBS), donde cada hora de puerta tiene asignada un número máximo de turnos. Cada empresa transportista que quiera acceder a la terminal debe registrarse en el sistema para poder reservar su turno. Una vez se alcanza el límite horario las compañías transportistas deben optar por un horario distinto. Los turnos se deben reservar con antelación, ya que si no se corre el riesgo de no tener acceso a la terminal.

Este sistema evita largas colas a la entrada de la terminal y un acceso más organizado, a la vez que permite una mejor organización de la operativa interna. Al conocer con antelación los contenedores que se han de entregar, la terminal puede efectuar las remociones necesarias para desenterrar y preparar para entrega los contenedores de importación, o bien se pueden destinar más recursos si por ejemplo se espera una gran recepción de vacíos en un hora concreta.

5.4 *Los cuellos de botella en la operativa*

En toda operativa se producen imprevistos o situaciones no bien anticipadas que terminan una demora de las operaciones. Hay una infinidad de eventualidades que pueden retrasar la operativa del buque o de la terminal.

En el caso de la operativa del buque, se puede producir retrasos, entre otros motivos, por:

- Demora de la tripulación en desconectar los contenedores frigoríficos de descarga.
- Demora de las manos de trinca en destrincar las cubiertas de descarga.
- Congestión en la campa por deficiencias en la gestión.
- Errores humanos de la mano portuaria o de la planificación de la terminal, tales como cargar contenedores en lugares equivocados.
- Mal tiempo que imposibilite o dificulte el trabajo, como pueden ser días de mucho viento.

Todas ellas son situaciones que pararan la grúa o disminuirán el ritmo de carga o descarga.

Como hemos visto con anterioridad, está en el interés de la terminal mantener unas productividades elevadas y sostenidas en el tiempo que le permitan atraer nuevas actividades y navieras. Es por esto que uno de los principales cometidos de los equipos que dirigen la operativa de la terminal es avanzarse y atajar cualquier tipo de demora.

Pero más allá de las distintas eventualidades que se puedan dar, toda operativa siempre tendrá un cuello de botella. Esto es, un factor determinante que limitara la productividad de la grúa. La terminal puede disponer de las grúas más modernas y equipadas con las últimas tecnologías, pero si no le llegan contenedores desde la campa con fluidez no podrá rendir de manera óptima.

Por esto es determinante que la terminal tenga una campa bien gestionada, con una estrategia de planificación bien definida que dé fluidez a las operaciones. Por otro lado, la mano portuaria ha de contar con recursos suficientes para mantener un buen rendimiento. Una grúa con un solo camión para transportar contenedores desde la campa a buen seguro no podrá realizar un buen rendimiento. Por último, es igualmente importante contar con equipos de gruistas experimentados.

Capítulo 5
El buque portacontenedores y su equipamiento

1 Tipos de buque para el transporte de contenedores

Para el transporte de contenedores, el tipo de buque utilizado es el llamado «portacontenedores puro» o «celular», que se caracteriza por disponer de bodegas celulares, o sea, sin entrepuentes y con guías verticales para facilitar la estiba de los contenedores. En este tipo de buques, los contenedores siempre se cargan y descargan en sentido vertical, tanto en bodegas como sobre cubierta.

Otros tipos de buques portacontenedores son los denominados *pull-on/pull-off*, en los que se emplean carretillas elevadoras de gran potencia para la carga y descarga de los contenedores; y los *lift-on/lift-off*, en los que las operaciones se efectúan mediante grúas.

El contenedor parte de una idea muy lógica y eficaz: una caja de metal grande donde se estiban las mercancías unitariamente para luego ser transportadas de manera protegida. Esta idea ha anulado completamente el tipo de tráfico y la cultura de la mercancía general que había existido tradicionalmente. Para ello ha habido una evolución en el diseño de los buques de carga general tipo tres torres hacia los actuales portacontenedores de múltiples bodegas con grandes cubiertas, hasta llegar al extremo de los buques sin tapas de bodega *(open top)*.

Afirmar que estos buques son los más específicos que hay sería falsear la verdad, ya que si bien cargan contenedores de manera exclusiva, ofrecen varias posibilidades con una misma estructura de buque. Actualmente, se diferencian los tipos de buque portacontenedores según su tamaño y su capacidad para transportar una determinada cantidad de TEU. A su vez, el tamaño y la capacidad es lo que los califica como «aptos» para unas rutas u otras (véase la tabla 5.1).

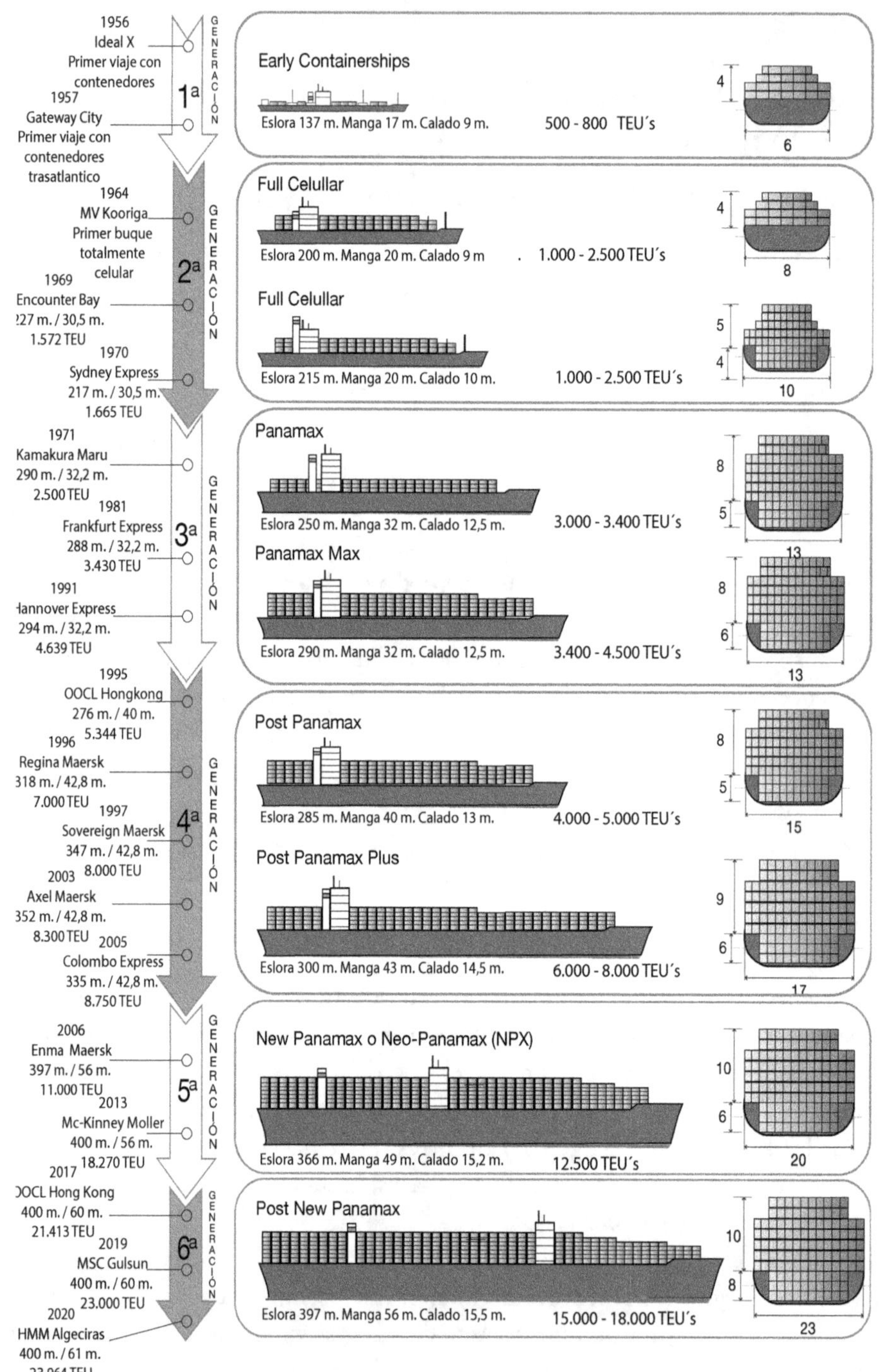

Tabla 5.1. Evolución en las características de los buques portacontenedores (fuente: Rafael Cabal Alvarez, 2022).

Las limitaciones de tamaño de estos buques están dadas por los pasos geográficos estratégicos por los cuales tendrán que navegar:

- *Panamax*: 5.000 TEU; eslora 320 m; manga 33,5 m; calado 12,5 m. 12.000 TEU tras la ampliación del canal finalizada en su totalidad el 2014.
- *Suezmax:* 14.000 TEU; desplazamiento de 137.000 tonelaje de peso muerto (TPM) *(dead-weight tonnage* o DWT); eslora 400 m; manga 50 m; calado aproximado 15 m.
- *Malacamax:* 22.000 TEU; desplazamiento de 300.000 TPM; eslora 470 m; manga 60 m; calado aproximado 16 m (cálculo teórico).
- *Cuarta generación, "postpanamax":* la denominación "postpanamax" se emplea para designar a los buques cuya manga es mayor que 32,31 m y, por lo tanto, no podían utilizar el canal de Panamá. A partir de 1988 se comenzaron a construir buques con mangas de 40 m y un calado de 13 m, que aumentaron su capacidad hasta los 5.000 TEU, repartidos en quince filas y catorce alturas, seis en bodega y ocho en cubierta.

  En esta generación debemos distinguir dos tipos de buques con dimensiones diferentes: el anteriormente descrito y el "postpanamax plus", también denominados VLCS (siglas de *very large container ship),* con capacidad hasta los 8.000 TEU. Sus principales dimensiones son: una eslora de 300 m, una manga de 43 m y un calado de 14,5 m, distribuyendo la carga en diecisiete filas y seis alturas en bodega y nueve sobre cubierta.

  En 1996 el grupo AP Möller puso en servicio el *Regina Maersk,* un buque portacontenedores tipo VLCS de la clase K de Maersk Line, que estableció nuevos estándares, con una capacidad de carga de más de 6.000 TEU. Las dimensiones del buque son: eslora total (LOA) 318,2 m, manga de 42,8 m, con diecisiete filas de contenedores en cubierta y un calado de 14 m. Botado dos años más tarde, el *Sovereign Maersk,* con 29 m adicionales de largo, aumentó la capacidad hasta los 6.600 TEU.

- *Quinta generación, "new panamax "o "neopanamax":* a partir de 2014 se comenzaron a diseñar buques que pudieran transitar por las nuevas esclusas del canal de Panamá, inauguradas en 2016. Las dimensiones de estos buques son: esloras de 366 m (22 *bays),* mangas de 49 m (19 filas), y calados que pueden llegar hasta los 15,2 m. La capacidad va desde los 10.000 a los 14.500 TEU, repartidos en veinte filas y dieciséis alturas, seis bajo cubierta y diez sobre cubierta. A los buques con mangas superiores a los 49 m, se les denomina ULCS, acrónimo de *"ultra large container ship",* cuya capacidad de transporte supera los 14.500 TEU.

— *Sexta generación, "post new panamax":* la clase triple E, perteneciente al grupo AP Möller Maersk, es la considerada por sus dimensiones como el inicio de esta generación, con esloras de 400 m, mangas en torno a los 60 m y calado que pueden alcanzar los 14,5 m. Son medidas que sobrepasan las dimensiones de las nuevas esclusas del canal de Panamá, pero a su vez son aptas para el paso por el canal de Suez, por lo que son barcos que cubren las líneas de Oriente a Europa, entre Europa y Estados Unidos, o que por el Pacífico conectan Asia con la parte oeste de América.

El incremento del número de contenedores transportados por este tipo de buques no ha cesado de crecer; ejemplos de ello son: el *CSCL Globe* y el *MSC Oscar,* puestos en servicio en 2015, con más de 19.000 TEU; el *OOCL Hong Kong,* que entró en servicio en 2017, con 21.413 TEU; en el 2019, la compañía MSC puso en funcionamiento el *MSC Gülsün,* capaz de transportar 23.756 TEU y, posteriormente, un portacontenedores con mayor capacidad, el *HMM Algeciras,* que con 400 m de eslora, 61 m de manga y un calado de 14,4 m, al completo puede cargar 23.964 TEU, primero de otros siete barcos encargados al astillero de Okpo de Daewoo Shipbuildingen, en Corea del Sur.

Dadas las limitaciones operativas de los grandes buques de cuarta, quinta y sexta generación, que solo pueden operar en veinte puertos comerciales del mundo, no parece que la longitud (eslora) de estos buques pueda crecer mucho más de los 400 m. Por el contrario, si resulta probable que crecen a lo ancho, aumentando su manga unos o dos metros.

En cuanto al tipo de rutas que realizan los diferentes tipos de buques portacontenedores, se pueden clasificar en:

- **Buque transoceánico**

  Son los de mayor tamaño, llegando a una capacidad de 24.000 TEU. Para que su explotación resulte beneficiosa hay que minimizar las escalas, efectuando solo dos o tres en una circunvalación transoceánica. Aproximadamente, ha de descargar el 50-60 % de su carga para que una escala resulte rentable.

- **Buque oceánico**

  Realiza tráficos de media y larga distancia sin llegar a las circunvalaciones. Los portacontenedores con capacidades entre 4.000 y 8.000 TEU se consideran adecuados para este tipo de rutas, aunque a menudo este tipo de buques también se utilizan en rutas transoceánicas.

*Figura 5.1. Estiba de contenedores en la cubierta de un buque
en la terminal TCB del puerto de Barcelona.*

- **Buque alimentador o *feeder***

   El término inglés *feeder* significa literalmente «alimentador». Este tipo de buque «alimenta» los puertos concentradores o *hub* donde escalan buques transoceánicos y oceánicos. Solo los buques más pequeños pueden conectar los grandes puertos con los de menor tamaño de su área de influencia económica, que no poseen las infraestructuras y los equipamientos necesarios para dar cabida a los buques transoceánicos. Estos buques transportan desde unos pocos centenares hasta los 3.000-4.000 TEU.

Otra variedad de portacontenedor son las barcazas de tipo *sea-bee*, mediante las que se transportan cargas unitizadas y que pueden albergar en su interior contenedores, que se cargan y descargan por medio de elevadores hidráulicos, generalmente de un peso entre 300 y 500 toneladas.

*Figura 5.2. El buque transoceánico MSC Bari, con una capacidad de 14.000 TEU,
en el puerto de Barcelona.*

Figura 5.3. Buque oceánico ZIM Virginia, con capacidad para 5.000 TEU.

Figura 5.4. Buque portacontenedores Meera, de tipo feeder,
en el puerto de Bilbao.

La tabla 5.2 resume las características esenciales de un buque portacontenedores. En los apartados siguientes se detallan las de los diferentes tipos de buque, según la tipología de su carga.

- **Buque celular *lo-lo***
  En los buques tipo *lift-on/lift-off, lo-lo* o *full container,* el trasbordo de la carga se lleva a cabo por elevación. Está especializado en transportar contenedores de manera exclusiva.

- **Buque multipropósito**
  Pueden transportar multiplicidad de tipos de carga, por ejemplo, carga general suelta, carga paletizada, automóviles, graneles líquidos, carrocerías o contenedores.

  Generalmente, están equipados con grúas de gran capacidad y escotillas de grandes dimensiones que, en la mayoría de los casos, ocupan casi todo el ancho de la cubierta.

<table>
<tr><td colspan="1" align="center">CARACTERÍSTICAS DE UN BUQUE PORTACONTENEDORES</td></tr>
<tr><td>

– Dispone de una gran cubierta principal
– No tiene arboladura
– Las bodegas están configuradas por mamparos, dispuestos en forma transversal y longitudinal
– Las bodegas se subdividen en secciones o celdas, provistas de un sistema de carriles verticales que permiten almacenar contenedores de 20 y 40 pies
– La localización de un contenedor se lleva a cabo mediante la división de la celda en columnas y filas
– Los contenedores se estiban en sentido longitudinal, de proa a popa
– No tiene entrepuente
– El casco del buque dispone de doble fondo
– El carburante y el agua dulce utilizados en el barco se almacenan en tanques situados en espacios donde no se estiban contenedores

</td></tr>
</table>

Tabla 5.2. Características comunes de los buques portacontenedores.

La longitud y la anchura de las escotillas son múltiplos enteros del contenedor, con pequeñas holguras que sirven para facilitar la operación de carga y descarga, y para asegurar la autosujeción de los contenedores en el interior de la bodega. Para ello se utiliza, cuando es necesario, la aplicación *bridge fitting* (véase en este mismo capítulo, el apartado 3, Equipamiento del buque).

Las tapas de las escotillas y brazolas están reforzadas para soportar el peso de varias camadas de contenedores.

Algunos buques multipropósito disponen de rampas o puertas laterales destinadas al embarque y desembarque de cargas rodadas (carrocerías, camiones, automóviles, etc.).

Generalmente, disponen de tanques laterales donde pueden transportar granel líquido o lastre segregado, utilizado para controlar la estabilidad del buque.

- **Buque de carga rodada** *(ro-ro)*
  Los buques especializados tipo *roll-on/roll-off* o *ro-ro* están preparados para cargar y descargar los contenedores de manera horizontal, preferentemente rodada, sobre plataformas o tráileres que procedan del transporte por carretera para su recepción o expedición en la terminal portuaria. Las operaciones de embarque y desembarque se efectúan mediante cabezas tractoras y, por consiguiente, no se precisan grúas ni otros elementos auxiliares.

  Estos buques necesitan equipamientos específicos para el trincado de las unidades sobre la cubierta de estiba. Dicha cubierta también está preparada con elementos fijos para la recepción de las trincas.

* **Buque LASH**

  LASH es un acrónimo de la expresión *lighter aboard ship*. Se trata de un tipo de buque portabarcazas especializado en el transporte marítimo de mercancías, óptimo cuando se puede asociar a un puerto servido por amplias hidrovías interiores. También puede ser adecuado en el caso de instalaciones anticuadas, con muelles y mano de obra abundante.

  Las barcazas son movidas por pórticos rodantes y superpuestos en la bodega y cubierta del buque-madre. Al llegar al lugar de fondeo, el buque portabarcazas no necesita atraque, pone las barcazas a flote y recibe las que están previamente listas para el embarque. De esta manera presenta una alta rotatividad, disminución de los tiempos de escala y, con ello, de los costos.

Figura 5.5. Operación de estiba en un buque portacontenedores.

2 Convenios y códigos aplicables

2.1 Convenios básicos y de carácter general

2.1.1 El Convenio SOLAS

La Convención Internacional para la Seguridad de la Vida Humana en el Mar, o Convenio SOLAS (siglas de *International Convention on Safety of Life at Sea*) es el tratado más importante de todos los acuerdos internacionales sobre seguridad de los buques mercantes.

Aunque su primera versión data de 1914, en respuesta a la catástrofe del *Titanic,* está en vigor la elaborada en 1974. El objetivo principal del Convenio SOLAS es establecer normas mínimas relativas a la construcción, el equipo y la utilización de los buques, compatibles con su seguridad.

Hasta las últimas enmiendas, el buque portacontenedores se considera a efectos de todos los convenios existentes un buque de carga estándar, sin ninguna particularidad que haga necesario un reglamento específico. Solamente hay reglas de interpretación adjuntas a códigos ya vigentes (por ejemplo, la resolución MSC/Circ. 608 sobre cómo calcular el arqueo).

- **Estabilidad por avería**

  En este apartado, el Convenio SOLAS indica que los buques portacontenedores sin tapas de bodega tienen las mismas prescripciones que un buque general con tapas de escotilla. Un aspecto destacable de este tipo de buques es que las bodegas no están cerradas herméticamente, así que los sistemas contra incendios automáticos (CO_2) no pueden ser utilizados, con lo que hay que utilizar sistemas alternativos para contener el fuego, como los aspersores, ya que tampoco hay mamparos que separen las bodegas.

- **Estabilidad sin avería**

  El análisis que se ha de realizar sobre la aplicación de normas de seguridad en cuanto a la estabilidad para buques portacontenedores ha de partir de la normativa específica de la OMI, siendo básico el Code on intact stability for all types of ships covered by IMO instrument, aprobado en la resolución A.749 (18) de este organismo. Este código fue traducido al castellano como «Código de estabilidad sin avería para todos los buques recogidos por los instrumentos de la OMI».

  La función del mencionado código es recomendar criterios de estabilidad y otras medidas que garanticen la seguridad operacional de los buques, a fin de reducir al mínimo los riesgos para los mismos, el personal de a bordo y el medio ambiente.

Para los portacontenedores se definen los criterios de estabilidad sin avería por:

- El área bajo la curva de brazos adrizantes (curva de brazos GZ) no será inferior a 0,009/C m.rad hasta un ángulo de escora θ = 30º ni inferior a 0,016/C m.rad hasta un ángulo de escora θ = 40º, o hasta el ángulo de inundación θ_f si este es inferior a 40º.
- El área bajo la curva de brazos adrizantes (curva de brazos GZ) entre los ángulos de escora de 30º y 40º o entre 30º y θ_f, si este ángulo es inferior a 40º, no será inferior a 0,006/C m.rad.
- El brazo adrizante GZ será como mínimo de 0,033/C m a un ángulo de escora igual o superior a 30º.
- El brazo adrizante máximo será como mínimo de 0,042/C m.
- El área total bajo la curva de brazos adrizantes (curva de brazos GZ) hasta el ángulo de inundación θ_f no será inferior a 0,029/C m.rad.

En los criterios anteriores, el factor de forma C se calculará utilizando la fórmula siguiente (véase, además, la figura 5.6a):

$$C = \frac{d \cdot D'}{B_m{}^2} \cdot \sqrt{\frac{d}{KG}} \cdot \left(\frac{C_B}{C_W}\right)^2 \cdot \sqrt{\frac{100}{L}}$$

donde:

d =   calado medio, en metros.

$$D' = D + h \cdot \frac{2b - B_D}{B_D} \cdot \frac{2\Sigma l_H}{L}$$, como se define en la figura 5.6.

D =   puntal de trazado del buque, en metros.

B =   manga de trazado del buque, en metros.

KG =   altura del centro de gravedad sobre quilla, en metros. No se empleará un valor de la altura KG inferior a d.

C_B =   coeficiente de bloque.

C_W =   coeficiente del plano transversal (véase la figura 5.6b) de flotación.

Asimismo el propio código recomienda la utilización de computadoras de carga y estabilidad para determinar el asiento y la estabilidad del buque en diferentes condiciones operacionales.

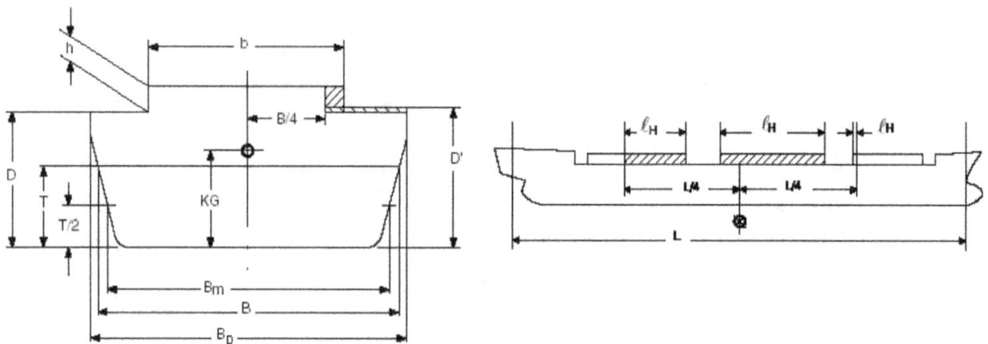

Figura 5.6a. Esquema de las dimensiones y los parámetros de los buques portacontenedores.

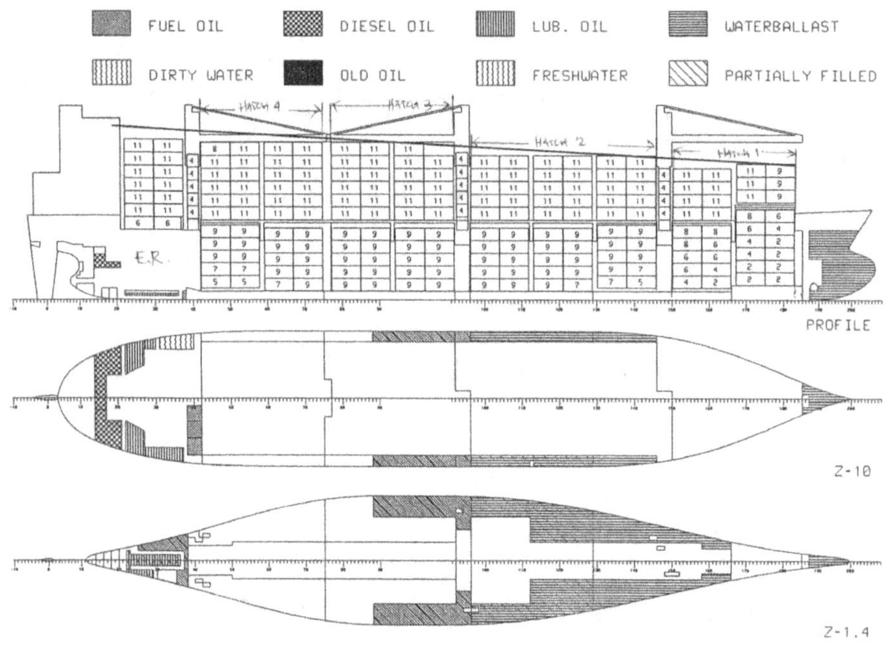

Figura 5.6b. Ejemplo de plano transversal de un buque portacontenedores sin tapas de bodega (open top).

Para los buques sin tapas de bodega se pide que estén a flote bajo cualquier circunstancia de inundación en la bodega (manteniendo una relativa estabilidad positiva en caso de 100 % de inundación), así como una máxima reducción del fenómeno de las superficies libres de las aguas embarcadas.

Las regulaciones de la OMI requieren que la ratio de agua embarcada no sea superior a la superficie abierta por 400 mm/hora en las pruebas de canales de experiencia. También hay una gran regulación en la capacidad de la maquinaria que debe evacuar el agua embarcada.

En cuanto a las definiciones, el código se rige por las empleadas en el mismo. En el caso de que no estén recogidas en él, se acoge a las definiciones que se recogen en el Convenio SOLAS 1974. A título de ejemplo, destacaremos las definiciones siguientes:

- *Buque portacontenedores:* buque dedicado principalmente al transporte de contenedores marítimos.

- *Francobordo:* distancia entre la línea de carga asignada y la cubierta de francobordo.

A efectos de la aplicación de los capítulos I y II del anexo I del Convenio de Líneas de Carga, de 1966, a los buques portacontenedores sin tapas de escotilla, la «cubierta de francobordo» es la que estipula este Convenio, suponiendo que en las brazolas de las escotillas de carga hay instaladas tapas de escotilla.

Se ha de tener en cuenta que el código al cual se hace referencia enumera específicamente esta normativa para los portacontenedores, pero sin referirse a ninguna clase de buque en particular sino a todos. Da las pautas generales para una estabilidad segura y la normativa que debe cumplirse en lo referente a la descripción general del buque, que deberá recogerse en el cuaderno de estabilidad, así como los planos transversales de la disposición general del buque, en que deben figurar los compartimentos estancos, los cierres, los respiraderos, el ángulo de inundación descendente, el lastre permanente, la carga de cubierta permitida y los diagramas de francobordo.

También especifica la obligación de todos los buques de disponer de las curvas o tablas hidrostáticas y de las curvas cruzadas de estabilidad, calculadas con asiento libre para la gama prevista de desplazamientos y asientos de servicio en condiciones operacionales normales. Debe disponerse del plano transversal o tablas de capacidades en que figuren la capacidad y el centro de gravedad de cada uno de los espacios de carga.

2.2 Normativa internacional, convenios específicos o puntuales

2.2.1 Normativa de la OMI

- **Resolución A.708 (17), Visibilidad desde el puente de navegación**
  En respuesta a la problemática derivada de la morfología propia de los buques portacontenedores, la IMO ha desarrollado, mediante esta Resolución, aprobada el 6 de noviembre de 1991, una guía para estandarizar las condiciones mínimas de visibilidad desde el puente de navegación, que en muchos casos resulta restringida debido a la altura de la cubertada. No es necesario profundizar en la importancia respecto la seguridad de la navegación que juega una adecuada visibilidad desde el puente de navegación.

— Aplicación

La guía es aplicable a los buques construidos después del 2 de enero de 1992 donde se mantenga constantemente personal de guardia en el puente de navegación. Se insta a los constructores y diseñadores de buques a utilizar la presente guía en el proceso de diseño de las naves.

En el caso de buques de diseño especial que no puedan cumplir con esta guía, se considerarán disposiciones que proporcionen un nivel de visibilidad tan próximo al establecido por la guía como sea posible.

— Campo de visión

La visión de la superficie del mar desde el puente de navegación no debe encontrarse oculta más de dos esloras, o 500 m, en función de cuál sea menor, a proa del buque, y 10º a cada banda, sea cual sea el calado, trimado del buque, y la carga de la cubierta.

Los sectores ciegos causados por la carga, los elementos de carga-descarga y otras obstrucciones no deben impedir la visión desde el puente de navegación en un arco mayor a 10º cada uno. El sector ciego total no debe exceder de 20º. Los sectores de visibilidad entre cada sector ciego no deben ser inferiores a 5º.

El campo de visión horizontal desde el puente de navegación debe extenderse en un arco superior a 22,5º hacia popa a ambos costados del buque.

Desde cada alerón del puente de navegación, el campo de visión deberá extenderse en un arco de al menos 45º desde la amura opuesta hasta la proa y desde esta en un arco de 180º hacia popa.

Desde el puesto de gobierno principal, el campo de visión deberá extenderse 60º a cada banda.

El costado del buque deberá ser visible desde el alerón.

— Ventanas

La estructura entre las ventanas del puente de navegación deberá ser tan reducida como sea posible, y no se instalará inmediatamente enfrente de cualquier puesto de trabajo.

Para evitar la reflexión, las ventanas del puente de navegación deberán estar inclinadas respecto del plano transversal superior en un ángulo no inferior a 10º y no superior a 25º.

Deberá disponerse de una visión clara desde al menos dos ventanas del puente de navegación. Dependiendo de la configuración de este, podrá disponerse de un número mayor de ventanas con una visión clara, sea cual sea la condición meteorológica.

2.2.2 Código IMDG

El Código Marítimo Internacional de Mercancías Peligrosas o Código IMDG *(International Maritime Dangerous Goods)*, se publicó en 1965 en el seno de la OMI. Este código regula el transporte de mercancías peligrosas y previene la contaminación en el mar. El Código IMDG agrupa las mercancías peligrosas en: explosivos, gases, líquidos inflamables, sólidos y otras sustancias inflamables, sustancias oxidantes y peróxidos orgánicos, sustancias tóxicas e infecciosas, materiales radiactivos, sustancias corrosivas y sustancias peligrosas varias.

El Código IMDG realiza un tratamiento específico de los buques portacontenedores que transportan los conocidos como «contenedores IMO», que son aquellos que contienen algún tipo de mercancía peligrosa, y que deben ser segregados para evitar riesgos por incompatibilidades entre mercancías.

El Código IMDG, en su punto 1.2.1 aporta las siguientes definiciones:

- *Buque celular.* Buque en el que los contenedores se cargan bajo cubierta dentro de fosos especialmente proyectados en los que quedan permanentemente estibados durante el transporte por mar. Los contenedores que se cargan en cubierta en estos buques van apilados y sujetados mediante dispositivos especiales.

- *Contenedor.* Elemento del equipo de transporte de carácter permanente y suficientemente resistente para poder ser utilizado repetidas veces. Está proyectado especialmente para facilitar el transporte de mercancías por uno o varios modos de transporte, sin manipulación intermedia de la carga y para que se pueda sujetar o manipular fácilmente, para lo cual está dotado de los adecuados accesorios, y aprobado de conformidad con lo dispuesto en el Convenio Internacional sobre la Seguridad de los Contenedores (Convention for Safe Containers o CSC), adoptado en 1972 por acuerdo de la OMI y las Naciones Unidas, enmendado. El término «contenedor» no incluye ni vehículos ni embalajes o envases. No obstante, sí incluye los contenedores transportados sobre chasis. Por lo que respecta a los contenedores para el transporte de material radiactivo, véase el apartado 2.7.2.

Además, el Código IMDG establece, mediante una serie de gráficas y cuadros las normas de segregación de los «contenedores IMO». Siempre diferenciando entre los portacontenedores convencionales –con bodegas y cubiertas– y los portacontenedores sin tapas de bodega –sin bodega propiamente dicha y con una única cubertada que empieza en el mismo plano transversal de la bodega del buque–, que para cumplir de manera más adecuada con el Código IMDG se diseñan con una o dos bodegas en la proa del buque.

Las tablas 5.3 y 5.4 presentan los dos cuadros de segregación establecidos por el Código IMDG para buques portacontenedores.

Segregación exigida	Vertical Cerrado/cerrado	Vertical Cerrado/abierto	Vertical Abierto/abierto	Sentido	Horizontal Cerrado/cerrado En cubierta	Horizontal Cerrado/cerrado Bajo cubierta	Horizontal Cerrado/abierto En cubierta	Horizontal Cerrado/abierto Bajo cubierta	Horizontal Abierto/abierto En cubierta	Horizontal Abierto/abierto Bajo cubierta
«A distancia de» -1	Permitido uno encima de otro	Permitido abierto sobre cerrado Si no igual que para «abierto/abierto»	Prohibido en la misma línea vertical a menos que estén segregados por una cubierta	**Longitudinal**	No hay restricción	No hay restricción	No hay restricción	No hay restricción	Un espacio para contenedor	Un espacio para contenedor o un mamparo
				Transversal	No hay restricción	No hay restricción	No hay restricción	No hay restricción	Un espacio para contenedor	Un espacio para contenedor
«Separado de» -2	Prohibido en la misma línea vertical a menos que estén segregados por una cubierta	Igual que para «abierto/abierto»		**Longitudinal**	Un espacio para contenedor	Un espacio para contenedor o un mamparo	Un espacio para contenedor	Un espacio para contenedor o un mamparo	Un espacio para contenedor	Un mamparo
				Transversal	Un espacio para contenedor	Un espacio para contenedor	Un espacio para contenedor	Dos espacios para contenedor	Dos espacios para contenedor	Un mamparo
«Separado por todo un compartimento o toda una bodega de» -3				**Longitudinal**	Un espacio para contenedor	Un mamparo	Un espacio para contenedor	Un mamparo	Dos espacios para contenedor	Dos mamparos
				Transversal	Dos espacios para contenedor	Un mamparo	Dos espacios para contenedor	Un mamparo	Tres espacios para contenedor	Dos mamparos
«Separado longitudinalmente por todo un compartimento intermedio o toda una bodega intermedia de» -4	Prohibido			**Longitudinal**	Distancia de 24 m por lo menos en sentido horizontal	Un mamparo y distancia de 24 m por lo menos en sentido horizontal	Distancia de 24 m por lo menos en sentido horizontal	Dos mamparos	Distancia de 24 m por lo menos en sentido horizontal	Dos mamparos
				Transversal	Prohibido	Prohibido	Prohibido	Prohibido	Prohibido	Prohibido

Tabla 5.3. Segregación de contenedores a bordo de buques portacontenedores.[1]

---

[1] OMI, Código IMDG: *Código Internacional de Mercancías Peligrosas,* volumen 1, edición 2006.

Segregación exigida	Vertical			Sentido	Horizontal					
	Cerrado/ cerrado	Cerrado/ abierto	Abierto/ abierto		Cerrado/cerrado		Cerrado/abierto		Abierto/abierto	
					En cubierta	Bajo cubierta	En cubierta	Bajo cubierta	En cubierta	Bajo cubierta
«a distancia de» **-1**	Permitido uno encima de otro	Permitido abierto sobre cerrado / Si no igual que para «abierto/ abierto»	Prohibido en la misma línea vertical a menos que estén segregados por una cubierta	**En sentido longitudinal**	No hay restricción	No hay restricción	No hay restricción	No hay restricción	Un espacio para contenedor	Un espacio para contenedor o un mamparo
				En sentido transversal	No hay restricción	No hay restricción	No hay restricción	No hay restricción	Un espacio para contenedor	Un espacio para contenedor
«separado de» **-2**	Prohibido en la misma línea vertical a menos que estén segregados por una cubierta	Igual que para «abierto/ abierto»		**En sentido longitudinal**	Un espacio para contenedor	Un espacio para contenedor o un mamparo	Un espacio para contenedor	Un espacio para contenedor o un mamparo	Un espacio para contenedor	Un mamparo
				En sentido transversal	Un espacio para contenedor	Un espacio para contenedor	Un espacio para contenedor	Dos espacios para contenedor	Dos espacios para contenedor	Un mamparo
«separado por todo un compartimento o toda una bodega de» **-3**				**En sentido longitudinal**	Un espacio para contenedor	Un mamparo	Un espacio para contenedor	Un mamparo	Dos espacios para contenedor	Dos mamparos
				En sentido transversal	Dos espacios para contenedor	Un mamparo	Dos espacios para contenedor	Un mamparo	Tres espacios para contenedor	Dos mamparos
«separado longitudinalmente por todo un compartimento intermedio o toda una bodega intermedia de» **-4**	Prohibido			**En sentido longitudinal**	Distancia de 24 metros por lo menos en sentido horizontal	Un mamparo y distancia de 24 metros por lo menos en sentido horizontal	Distancia de 24 metros por lo menos en sentido horizontal	Dos mamparos	Distancia de 24 metros por lo menos en sentido horizontal	Dos mamparos
				En sentido transversal	Prohibido	Prohibido	Prohibido	Prohibido	Prohibido	Prohibido

Tabla 5.4. *Segregación de unidades de transporte a bordo de buques portacontenedores sin tapas de escotilla.*

3 Normativa no gubernamental: las Class

Con el fin de ofrecer una visión general de la normativa establecida por las sociedades de clasificación en materia de construcción y seguridad marítima en lo referente a buques portacontenedores, cabe destacar, dentro de las *Rules for Building and Classing Steel Vessels* (última publicación en 2008), de la sociedad ABS (American Bureau of Shipping), su capítulo 5, «Vessels Intented to Carry Containers (130m to 450m in length)». Esta empresa también ha desarrollado normativa para buques portacontenedores con esloras inferiores a 130 m.

Este capítulo recoge los requisitos técnicos especialmente aplicables a los buques portacontenedores que pretendan ser clasificados por ABS. Su estructura y contenido es la siguiente:

Sección 1. Introducción.
Sección 2. Consideraciones de diseño y requisitos generales.
Sección 3. Criterio de carga.
Sección 4. Criterio inicial de escantillonado.[2]
Sección 5. Comprobación global de resistencia.
Sección 6. Estructura del casco por encima de 0,4L desde la mitad de la eslora.
Sección 7. Protección de la carga.
Apéndice 1. Guía para la comprobación de fatiga de los portacontendores.
Apéndice 2. Cálculo de los esfuerzos críticos por flexión.
Apéndice 3. Definición de las propiedades torsionales de las cuadernas del casco.

Del mencionado contenido del capítulo 5, cabe destacar los siguientes apartados:

- **Sección 1. Introducción**
  Los buques diseñados y construidos conforme los requisitos de este capítulo deberán tener una vida útil estimada no inferior a veinte años. Deberán indicarse aquellos casos en que el diseñador pretenda otorgar una vida útil estimada del buque por encima de los veinte años.

  - *5/1.3.1 Eslora y proporciones*
    Los requisitos de este capítulo serán de aplicación a los buques portacontenedores de esloras comprendidas entre los 130 y los 450 m (427-1476 ft).

---

[2] Escantillonado: grosor de las piezas de la estructura de un buque, en particular el espesor de las planchas que lo forman.

- **Sección 3. Criterio de carga**
  - *5/3.3 Cargas estáticas*

    Para el cálculo de las cargas estáticas locales deberán tenerse en cuenta los supuestos de carga de la figura 5.7. En ellos se contemplan diferentes condiciones de carga del buque en función del peso de los contenedores (pesados o ligeros), la sección del buque en que se carga (proa, centro o popa) y la sección del buque que se lastra (proa, centro o popa).

  - *5/3.5.5.2 Cargas debidas a los contenedores*

    Para el diseño y la evaluación de la estructura del casco, deberán considerarse las siguientes cargas debido a los contenedores cargados, en cuanto a peso estático:

    - Fuerzas dinámicas debidas al cabeceo y balance del buque.
    - Fuerzas internas debido a la aceleración.

    Para dicho diseño y evaluación, todos los contenedores se considerarán estibados en bloque en la bodega y sobre la cubierta. Todos los contenedores en la bodega se considerarán estibados y sujetos mediante las guías de las celdas.

    Las cargas debidas a la estiba de los contenedores sobre la cubierta deberán aplicarse a las brazolas de las escotillas, o las estructuras de soporte que corresponda.

  - *5/3.7.3 Cargas locales para el diseño de las estructuras de soporte*

    En la determinación del escantillonado requerido para las principales estructuras de soporte, como las vagras, varengas, bulárcamas, etc., las cargas nominales inducidas por las presiones externas, los tanques de lastre y la distribución de la carga deberán considerarse en la peor condición. En general, se tendrán en cuenta dos supuestos para la determinación de los efectos de los componentes de las cargas dinámicas:

    - Máxima carga interna o presión para una bodega completamente cargada, cuando la bodega adyacente esté vacía y con mínima presión exterior.
    - Bodega de carga vacía con las bodegas adyacentes a proa y popa completamente cargadas y máxima presión externa.

  - *5/3.11.1 Presiones por impacto sobre fondo*

    Para los buques portacontenedores se tendrán en cuenta las cargas por impacto sobre el fondo del buque en las situaciones de navegación en lastre con

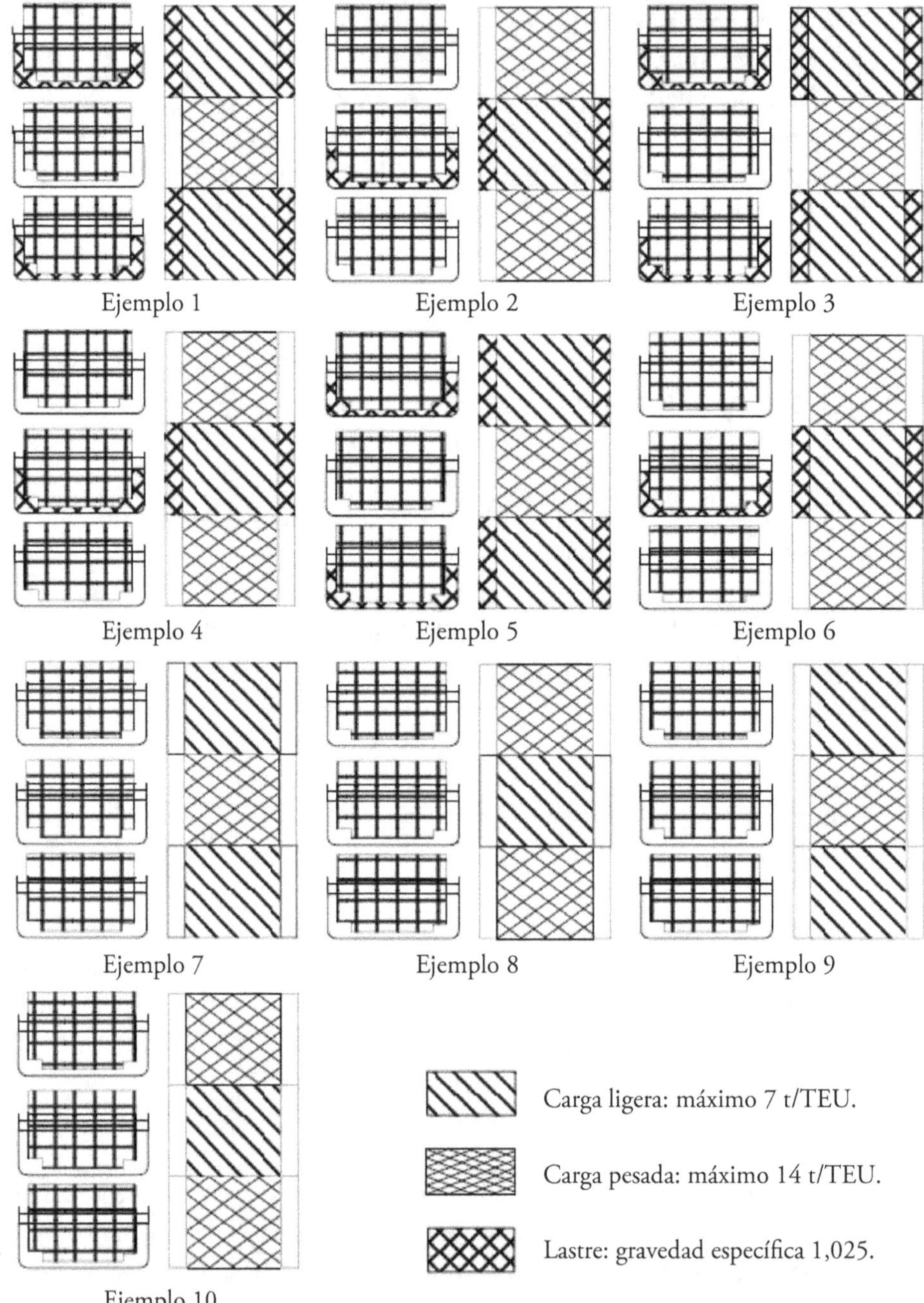

Fuente: ABS (American Bureau of Shipping, *Rules for Building and Classing Steel Vessels,* capítulo 5, «Vessels Intented to Carry Containers (130m to 450m in length)», p. 657, publicado en el web www.eagle.org/rules.html (julio de 2008).

Figura 5.7. Condiciones de carga del buque según el peso de los contenedores, la sección del buque en que se carga y la que se lastra.

temporal, para garantizar la resistencia de la plancha en la zona situada más allá de 0.4L (desde la mitad de la eslora) hacia la proa, así como los refuerzos asociados.

— *5/3.13.1 Vibraciones*
Además de las vibraciones sobre el casco debidas a los impactos del fondo y la región de proa, se examinarán las vibraciones producidas por el sistema de propulsión y las olas generadas sobre la estructura del casco.

— *5/3.13.3 Cargas por hielos*
Para los buques dedicados a prestar servicios especiales, como la navegación en zonas especialmente frías, se deberá tener en cuenta la acción de las cargas generadas por el hielo sobre la resistencia de la estructura del buque. Los límites para las cargas debidas al hielo deberán ser analizados por el diseñador del buque.

— *5/3.13.5 Cargas accidentales*
En el diseño de los principales elementos de soporte del costado y el fondo de la estructura del casco, han de considerarse los efectos de posibles cargas accidentales sobre los sistemas de refuerzos.

Para ello se aplicarán las magnitudes nominales de las cargas accidentales tenidas en cuenta para los casos de colisión o varada, tal como constan en la *Guide for Assessing Hull-Girder Residual Strength* de ABS, así como las presiones en condición de inundación sobre los mamparos estancos.

- **Sección 4. Criterio inicial de escantillonado**
  — *5/4.1.7 Evaluación de los refuerzos agrupados*
  Cuando varios elementos en un mismo grupo sean considerados como iguales, el módulo requerido para la sección que forman se tomará como la media del escantillonado requerido individualmente para cada uno de ellos.

  El módulo de la sección requerido para un grupo no será en ningún caso inferior al 90 % del mayor módulo requerido individualmente para alguno de los refuerzos del grupo. Los refuerzos de igual escantillonado dispuestos del mismo modo en un área concreta podrán considerarse un grupo.

  — *5/4.11 Doble fondo*
  Las vagras y elementos estructurales longitudinales del fondo del buque deberán proporcionar suficiente resistencia para soportar las cargas debidas a la puesta del buque en dique seco.

– *5/4.19 Tapas de escotilla y brazolas*
Las brazolas de las escotillas deberán satisfacer los siguientes requisitos:

- El grosor neto de la plancha de la brazola no será inferior a 10 mm (0,4 pulgadas).
- Se dispondrán refuerzos horizontales en las brazolas.
- Se dispondrán refuerzos verticales a intervalos máximos de 3 m (10 ft).
- Cuando las brazolas dispongan de elementos que retengan las tapas de escotilla y limiten su movimiento horizontal, la estructura de la brazola y la cubierta deberá tener resistencia suficiente para soportar los esfuerzos debidos a los elementos de retención.

– *5/4.25.1 Mamparos estancos transversales*
En condición de servicio, con cargas dinámicas y desplazamiento relativo debido a la torsión, el mínimo escantillonado de los elementos estructurales horizontales y verticales de los mamparos estancos podrá determinarse mediante los procedimientos de análisis global de resistencia establecida por este documento. En ningún caso los escantillonados se tomarán por debajo del 85 % del valor obtenido mediante su cálculo, en condiciones de servicio, mediante el procedimiento por ecuaciones que se establece en el documento.

- **Sección 5. Comprobación global de resistencia**
  – *5/5.1.5 Componentes de los esfuerzos*
  El esfuerzo total en la plancha de los refuerzos de las vagras y varengas del casco, se diferenciarán en tres categorías:

  - *Primarios:* los esfuerzos primarios serán resultado de los esfuerzos flexores. Se podrán determinar mediante la «teoría de la viga» empleando los momentos verticales y horizontales de flexión debidos al oleaje.
  - *Secundarios:* los esfuerzos secundarios serán aquellos inducidos por la flexión de los paneles reforzados entre los mamparos longitudinales y transversales debido a fuerzas locales.
  - *Terciarios:* los esfuerzos terciarios serán aquellos resultantes de esfuerzos flectores locales de la plancha entre los refuerzos.

  – *5/5.3.1 Generalidades*
  Para prevenir el fallo estructural debido a la fatiga del material, los esfuerzos calculados sobre la estructura del casco deberán estar dentro de los límites establecidos para cada una de las combinaciones de carga.

– *5/5.7 Fatiga*

La resistencia a la fatiga de las juntas soldadas y los detalles en las zonas de grandes esfuerzos deberán ser analizadas especialmente cuando se utilice acero de alta resistencia.

– *5/5.9 Cálculo de la respuesta estructural*

- 5/5.9.3 Modelos en 3D de elementos finitos
  Para determinar la distribución de carga en la estructura se requerirá un análisis simplificado tridimensional (3D), empleando elementos finitos que representen las tres bodegas de carga dentro de los 0.4L hasta la mitad de la eslora.
- 5/5.9.5 Modelos en 2D de elementos finitos
  Para determinar la distribución de los esfuerzos en las principales estructuras de soporte, particularmente en las intersecciones de dos o más elementos estructurales, se requerirá un modelo en dos dimensiones.

- **Sección 6. Estructura del casco por encima de 0.4L desde la mitad de la eslora**
  – *5/6.1.1 Generalidades*
  Para establecer los escantillonados de diseño, los valores nominales de corrosión para los elementos estructurales ubicados en espacios que no sean las bodegas de carga deberán ser:

  1) 1,5 mm (0.06 *in.*) para la plancha del costado del buque.
  2) 1,0 mm (0.04 *in.*) para la plancha del fondo del buque.
  3) 1,5 mm (0.06 *in.*) en los espacios para tanques y dobles fondos.
  4) 1,0 mm (0.04 *in.*) en espacios secos y cubiertas.

  – *5/6.1.3 Estructura dentro de los espacios de carga*
  El grosor de los elementos estructurales longitudinales en los espacios de carga, desde 0.4L, desde el centro de la eslora, deberá reducirse gradualmente hasta 0.1L desde la proa y la popa, de forma que el módulo de la sección cumpla con los requisitos impuestos en estas reglas.

- **Sección 7. Protección de la carga**
  – *5/7.3.1*
  Los espacios de carga para buques de 2.000 GT o mayores, deberán estar provistos de un sistema fijo de extinción de incendios provocados por gas.

— *5/7.5 Contenedores refrigerados*
Cuando se transporten contenedores refrigerados independientes, deberá te-
nerse en cuenta la carga eléctrica que requieren los contenedores mediante los
generadores de reserva.

- **Apéndice 1. Guía para la comprobación de fatiga de los portacontenedores**
  — *Ap.1/7.3.1 Componentes de las cargas inducidas por el oleaje*
  Los componentes fluctuantes que deban considerarse serán aquellos debidos a
  la acción del oleaje. Se dividen en los siguientes grupos:

    - Momentos inducidos sobre los elementos estructurales longitudinales del
      casco (vertical, horizontal y torsional).
    - Presiones hidrodinámicas externas.
    - Carga internas de líquidos debidas al movimiento del buque.

  Este apéndice también desarrolla los aspectos relativos a la determinación,
  mediante análisis con elementos finitos, de las concentraciones de esfuerzos.

- **Apéndice 2. Cálculo de los esfuerzos críticos por flexión**
  — *Ap.2/1 Generalidades*
  Los esfuerzos críticos por flexión de varios elementos estructurales se pueden
  determinar mediante las disposiciones de este apéndice o prácticas de diseño reconocidas. Se considerarán los esfuerzos críticos por flexión obtenidos
  mediante datos experimentales o estudios analíticos, aportándose la suficiente
  información de soporte para su revisión.

  — *Ap.2/2 Refuerzos y proporciones*
  Para garantizar la resistencia a la flexión y al pandeo de las uniones de los
  elementos y paneles estructurales, los elementos de soporte de los paneles de
  plancha longitudinales deberán cumplir con los requisitos respecto los refuerzos
  y sus proporciones en las áreas de alta concentración de esfuerzos.
  También se establecen los métodos de cálculo matemático y las ecuaciones
  empleadas para la obtención de los esfuerzos por compresión axial de los elementos estructurales longitudinales del casco y la cubierta, así como los esfuerzos flectores que les afectan.

- **Apéndice 3. Definición de las propiedades torsionales de las cuadernas del casco**
  — *Ap.3/1 Generalidades*
  Las propiedades torsionales de las cuadernas del casco se calcularán mediante la
  teoría de la viga. El apéndice define las propiedades torsionales de las cuadernas

empleadas en la normativa. Las propiedades torsionales de cada diseño deberán ser calculadas mediante procedimientos informáticos.

4 La estiba

Los contenedores se estiban a bordo de los buques de acuerdo con el plan de estiba que la empresa estibadora recibe antes de la llegada del buque al puerto. Este plan confeccionado a bordo con la aprobación del capitán del buque se basa en cuatro factores.

4.1 El plan de estiba y el sistema Baroti

El plan de estiba *(bay plan,* en inglés) se refiere a los contenedores que se deben embarcar o desembarcar y dispone de tantos apartados como números de celdas tenga el buque. Cada apartado del plan de estiba dispondrá de un subapartado para cada contenedor *(slot)* con la información siguiente:

1. Puerto de descarga.
2. Puerto de embarque.
4. Prefijo y número del contenedor.
5. Código del operador o de la línea marítima.
6. Condiciones del contenedor: lleno *(full)* o vacío *(empty).*
7. Peso bruto del contenedor, en toneladas.
8. Baroti *(bay-row-tier* o localización del contenedor estibado).
9. Observaciones.

Para configurar el plan de estiba de un buque portacontenedores se utiliza un sistema de nomenclatura internacional, el Baroti, formado por tres coordenadas, mediante las cuales es posible definir la posición de un contenedor en la nave.

- **Celdas *(bays)***
  Las bodegas del buque portacontenedores están divididas en celdas *(bays,* en inglés), en el sentido de proa a popa, con dimensiones exactas para acomodar contenedores de 20′ (6 m) de longitud, en cuyo caso reciben numeración impar, o para recibir contenedores de 40′ (12 m), que reciben numeración par. Por ejemplo, las celdas 17 y 19 destinadas a contenedores de 20′ se pueden transformar en una sola para acomodar un contenedor de 40′ y recibiría la denominación de celda 18. La cantidad de celdas dependerá de la eslora de la nave.

- **Filas** *(row)*

  Las celdas están formadas por células-guía construidas con vigas de acero, dispuestas en el interior de la bodega y divididas en el sentido babor-estribor por dichas células, las cuales forman las filas *(row)*.

  Las filas son cortes longitudinales imaginarios en el buque. Se definen por dos dígitos numéricos, y se toma como punto de referencia el plano de crujía, es decir, el espacio entre la popa y la proa en medio de la cubierta del buque.

  La fila central, que pasa por el plano diametral del buque, toma la numeración «00», siendo de ahí hacia estribor la numeración impar, en orden creciente y, hacia babor par, también en orden creciente, desde el centro hacia el costado.

- **Camadas** *(tier)*

  Es el corte horizontal imaginario de un buque portacontenedores. Se define por dos dígitos numéricos, cada uno correspondiente a una altura de un contenedor.

  Del plan de la bodega hacia la cubierta los contenedores se estiban en camadas o tongadas *(tier),* que en los buques de porte medio son generalmente de cinco o seis alturas de contenedores. La estiba se lleva a cabo partiendo del piso de la bodega, iniciando con 02, 04, 06, 08 y 10, y así sucesivamente siempre con numeración par.

Así, la posición del contenedor viene dada por los tres elementos: celda, fila y camada. Como ejemplo, podemos citar un contenedor embarcado en un buque tipo *itapage,* en la posición 110006. Esto significa que el contenedor tiene una dimensión de 20 pies de longitud y que está estibado en la celda once (11), en la fila central (00) y en la tercera altura, contando desde el piso de la bodega (06).

Con respecto a la cubierta, es completamente despejada y resistente al peso de la cubertada, y se utiliza la misma sistemática identificativa y localizadora, con la excepción de la fila, que pasa a ser contada a partir del 82, en la primera altura de contenedor estibada en la cubierta, en general, encima de la tapa de escotilla, siguiendo la numeración 84, 86, y así de manera sucesiva. Habitualmente, todos los buques portacontenedores adoptan este sistema.

4.2 *Secuencia del puerto de escala para la carga de contenedores*

En primer lugar, se tiene en cuenta la naturaleza de las mercancías acondicionadas en los contenedores, separándolos de acuerdo con las incompatibilidades existentes. Los contenedores con carga peligrosa se deben estibar preferentemente en la cubierta exterior, han de ser fácilmente localizables y contar con un acceso practicable.

Las operaciones de amarre pretenden conseguir la máxima estabilidad del buque, y buscan obtener una altura de metacentro GM, de aproximadamente el 5 % de la manga del buque, que la práctica marinera considera como idónea.

Los contenedores son izados desde el muelle hacia el buque mediante las grúas tipo *portainer* de las terminales o los equipos del propio buque, y son estibados a bordo en las celdas previamente determinadas.

Las posiciones de los contenedores deben ser debidamente anotadas para la confección definitiva del plano de carga.

Durante la operación de carga o descarga de los contenedores, se deben tener en cuenta las diferencias que haya entre el calado de proa y el de popa y las escoras, pues pueden darse circunstancias que deriven en averías en el contenedor, en la celda-guía, o en ambos, debido al desalineamiento existente entre la celda-guía y la vertical de izamiento o arriamiento del contenedor.

Los buques tipo *lo-lo,* para evitar problemas de esa naturaleza, disponen de tanques de lastre separados, que mediante potentes bombas son lastrados o deslastrados con rapidez, de acuerdo con la necesidad de la operación de carga o descarga.

4.3 Plano de carga

Los buques lo-lo exigen la elaboración de planos de carga diferentes de los que se precisan en los buques convencionales o multipropósito.

Los planos de carga muestran la localización del contenedor en su celda, fila y camada, y permiten la rápida localización del mismo, lo que resulta especialmente adecuado

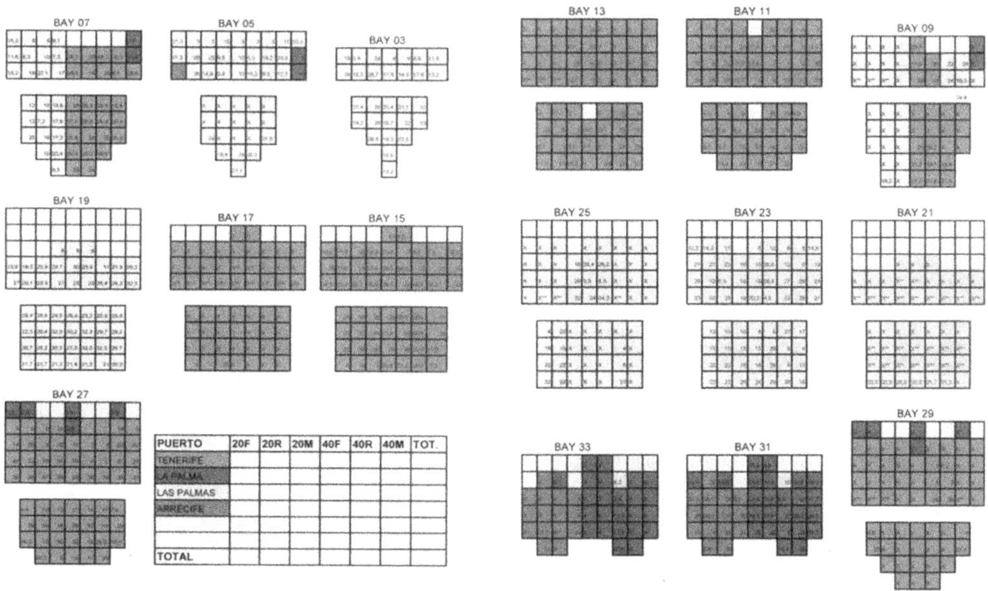

Figura 5.8. Ejemplos de planos de carga.

cuando por interés comercial se necesita efectuar movimientos no previstos de la carga, pudiendo calcular con anticipación los costos de esa operación.

Con la lectura de los planos de carga, la compañía armadora conocerá inmediatamente todas las implicaciones que representa atender una solicitud efectuada por terceros para llevar a cabo cambios sobre un contenedor en el puerto de desembarque.

El plano de carga se ha de enviar con la debida antelación al agente local en el puerto de descarga, con el fin de facilitar la preparación de las acciones necesarias para agilizar y optimizar la operación de descarga y las formalidades portuarias y aduaneras u otras.

4.4 Descarga

La descarga del contenedor, del mismo modo que la carga, se efectúa en la terminal de contenedores del puerto o en el área del puerto destinada a ello, conforme a la modalidad del transporte que vaya a acoger el contenedor descargado. La desestiba previa a la descarga consiste en la retirada de los contenedores acondicionados en el interior del buque, lo que es técnicamente bastante más sencillo que la operación de estiba.

Antes de iniciar la operación de descarga es necesario disponer de la lista de chequeo *(packing list),* en la que se resumen las mercancías acondicionadas en el contenedor, con el fin de decidir sobre la necesidad o no de utilizar un montacargas. Después, se debe verificar si el precinto de seguridad está intacto o si hay indicios de violación o rotura.

En caso de que se constate cualquier irregularidad, o si estando el precinto en perfectas condiciones su numeración no coincide con la existente en la documentación, se debe comunicar inmediatamente el hecho a las autoridades portuarias y a los representantes de la compañía de seguros para que asistan a la operación de descarga.

El plano de carga del buque lo-lo viene acompañado del *master bay plan,* el cual contiene, además de la localización exacta del contenedor, la numeración, sigla, tipo, peso, puerto de embarque y destino.

5 Equipamiento del buque

5.1 Trincado y fijación

Son las operaciones que se llevan a cabo para sujetar firmemente la carga o el elemento que la contiene, de manera que soporte todos los movimientos bruscos del buque durante el transporte por mar, en especial cuando el buque sufre los movimientos de balance y cabeceo, minimizando los efectos de desplazamiento.

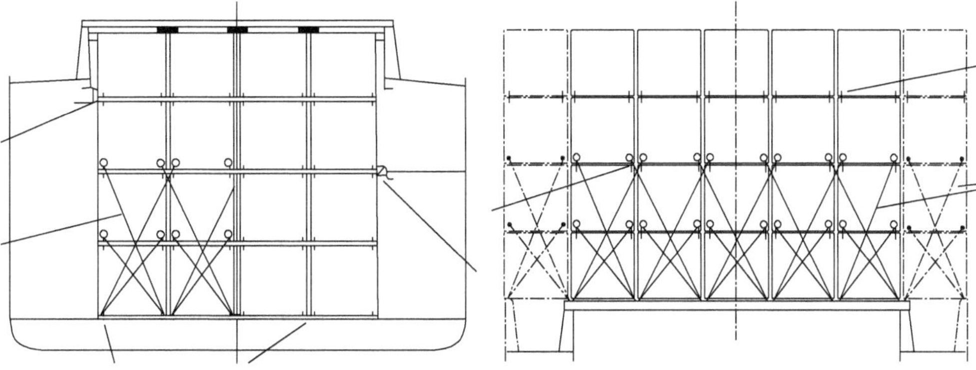

Figura 5.9. Esquema del trincado
en bodega, bajo cubierta.

Figura 5.10. Esquema del trincado
de contenedores sobre la cubierta.

En los buques lo-lo, la carga, es decir, los contenedores estibados en el interior de las bodegas, no necesitan sujeción, pues las celdas-guía ya están construidas con la finalidad de fijar los contenedores de un modo firme y seguro que dispensa de cualquier otro tipo de sujeción.

Pero estos buques también transportan gran parte de su carga en la cubierta. Ahí sí que es imprescindible una sujeción y fijación rigurosas y estrictas, efectuadas por personal experimentado y aplicando la mejor técnica, con el fin de evitar averías por deslizamiento o vuelco y otros serios problemas durante el viaje.

5.2 Procedimientos y manuales de carga y trincaje

Estos procedimientos vienen dados por los siguientes códigos:

- Código de prácticas de seguridad para la estiba y sujeción de la carga en la Res. OMI A.714 (17).
- Código de Prácticas de Seguridad para el Trincaje y la Estiba de la Carga (CSS).
- Convenio SOLAS, capítulos 6 y 7.

En estos códigos se hace referencia al manual de sujeción de la carga de la nave, el cual en la práctica suele estar incluido en el Código Internacional de Gestión de la Seguridad o ISM (International Safety Management Code). El objetivo es definir todos los aspectos relevantes del procedimiento de carga y trincaje y la forma más apropiada de llevarlos a cabo. Se trata de una regulación que crea la propia compañía naviera, de acuerdo con las características técnicas de cada buque y con el asesoramiento del personal de a bordo (capitanes y primeros oficiales), donde se establece cómo se realizará la carga y el trincaje. El manual de sujeción de la carga puede ser distinto en buques de la misma naviera, que por razones de ruta considere que un buque debe tener más trincaje que otro con una ruta diferente.

Es responsabilidad del capitán asegurarse que en todo momento las unidades de carga sean estibadas y trincadas de un modo eficaz, teniendo en cuenta las condiciones reinantes y los principios generales descritos en el mencionado manual.

El manual de sujeción de la carga permanecerá siempre a bordo del buque y será revisado y actualizado periódicamente. Si fuera necesario reemplazar piezas del trincaje deberán sustituirse con otras del mismo tipo y calidad que las especificadas en el manual. Un cambio por elementos diferentes obligaría a modificar el manual con el consentimiento de la administración del pabellón.

La experiencia demuestra que la falta de conocimiento en el trincaje y el uso incorrecto de sus elementos son causas que contribuyen al corrimiento de la carga. También influye el poco conocimiento de las cualidades marineras del buque, especialmente la cuantificación de los momentos de los movimientos de balance en altura.

El Código de prácticas de seguridad para la estiba y sujeción de la carga (Res. OMI A.714(17), contiene recomendaciones sobre prácticas de seguridad para la estiba y sujeción de las cargas que se lleven a bordo de los buques (que no sean cargas sólidas o líquidas a granel ni madera estibada en cubierta), y en particular para las cargas cuya estiba y sujeción hayan creado algún tipo de dificultad en la práctica.

5.2.1 Definiciones del tipo de carga

El manual de trincaje y estiba de la carga debe recoger las definiciones de los tipos de carga y elementos que se ajustan a la operatividad de cada buque, por ejemplo:

- **Unidades de carga**
  Comprende los vehículos (automóviles, semirremolques, etc.), vagones de tren, contenedores, remolques de trasbordo de cisternas o tanques, contenedores intermedios (IBC) y, en general, unidades de transporte y otras mercancías que se transportan en pequeñas partidas, por ejemplo bobinas de acero, locomotoras, etc. También se consideran unidades de carga el equipo de carga o cualquier otra parte del mismo transportado en el buque, pero que no está fijado permanentemente al buque.

- **Dispositivos o equipos para el trincaje de la carga**
  Mecanismos fijos, móviles o portátiles, usados para asegurar y soportar las unidades de carga.

- **Carga de sujeción máxima (MSL, *maximum shear load*)**

  Capacidad de carga o resistencia admisible de un dispositivo utilizado para trincar las unidades de carga. La carga de trabajo segura (SWL, *safe working load*) puede ser sustituida por la anterior, a efectos de trincaje, siempre que el valor de la SWL sea igual o mayor que la carga de sujeción máxima.

- **Carga estandarizada**

  Carga para la cual el buque está arranchado con un sistema de trincaje aprobado y basado en determinados tipos de unidades de carga.

- **Carga semiestandarizada**

  Carga para la cual el buque está provisto de un sistema de trincaje capaz de adaptarse a una variedad limitada de unidades de carga tales como automóviles, remolques, etc.

- **Carga no estandarizada**

  Carga que requiere preparativos y medios de estiba y trincaje individuales.

5.2.2 Informaciones

Debe establecerse un sistema de información que determine los objetivos del manual de trincaje y estiba de la carga, entre ellos:

- Las recomendaciones recogidas en el manual no han de excluir los principios de la buena práctica marinera, ni reemplazar la experiencia y práctica en la estiba y el trincaje.

- La información y los requisitos expuestos han de ser compatibles con los requisitos del «manual de trincado y estabilidad del buque», del certificado internacional de líneas de carga (establecido en 1966) y con las disposiciones del Código Marítimo Internacional de Mercancías Peligrosas (IMDG), cuando sea aplicable.

- El manual ha de especificar los dispositivos para el trincaje existentes a bordo y su correcta aplicación a las unidades de carga, basándose en las aceleraciones transversales, verticales y longitudinales que se pueden presentar, y las fuerzas correspondientes.

- Es indispensable para la seguridad del buque y la protección de la carga y la tripulación que el trincaje se lleve a cabo correctamente y que se utilicen solo los accesorios y puntos apropiados.

- Los dispositivos de trincaje que sean mencionados en el manual deben ser aplicados, adaptados y adecuados a la cantidad, al tipo de embalaje y a las propiedades físicas de la carga que hay que transportar. Cuando se introduzcan nuevos tipos de dispositivo de trincaje, el manual debe ser revisado de acuerdo con ellos.

- Debe haber suficientes dispositivos de trincaje de respeto a bordo del buque.

- El manual ha de contener información actualizada sobre la resistencia de los diversos tipos de dispositivos de trincaje, así como instrucciones específicas para el uso y mantenimiento de cada uno de ellos. Deben reemplazarse los equipos deteriorados o dañados que puedan haber mermado en su calidad.

- También es importante que los oficiales de cubierta estén al corriente de las magnitudes y direcciones de las fuerzas resultantes, así como de la correcta aplicación y las limitaciones de los equipos de trincaje de la carga. La tripulación u otras personas empleadas en el buque deben ser instruidas en la correcta aplicación y el uso de los dispositivos disponibles a bordo del buque.

5.2.3 Formación y entrenamiento

Es de suma importancia desarrollar programas de capacitación con los que se optimice el uso del material de trincaje.

Un ejemplo de los temas que deben tratarse en tales programas son:

- Aplicación de trincas de tráileres en ángulos correctos.
- Aplicación de gatos, calzos y caballetes.
- Trincaje de mercancías con centros de gravedad elevados.
- Estiba de remolques de trasbordo directamente sobre la cubierta, garantizando un alto coeficiente de fricción, usando madera o evitando el contacto directo de acero con acero.

El oficial de guardia en el puente, maniobrando adecuadamente, puede evitar movimientos extremos del buque por efecto de la mar. El oficial responsable puede hacer que éstos no sobrepasen unos límites razonables mediante un cuidadoso plan de estiba. Es muy importante, pues, que todos los oficiales estén al corriente de cómo los diferentes parámetros se ven afectados por los movimientos del buque en la mar.

5.2.4   Libro de registros

En el libro de registros se deben anotar todas las disposiciones aceptadas para trincar cargas poco comunes o especiales, como las piezas muy pesadas o voluminosas, las cargas paletizadas, los contenedores, etc.

Se efectuarán las anotaciones que contengan información del tipo y alcance de los dispositivos empleados, los materiales utilizados en las trincas, incluyendo dimensiones, la evaluación de fuerzas (con cálculos, si es necesario), y el certificado de trincaje de la unidad de carga (si es necesario o está disponible).

Se deberá hacer una anotación en el cuaderno de bitácora sobre los dispositivos de trincaje que se han utilizado. Esta anotación incluirá una cita, que indique que se remite a la documentación de la carga y al libro de registros para una información más detallada sobre el particular.

Se considerarán en todo momento los procedimientos ya establecidos en el Código ISM de que disponga el buque para las diversas actividades recogidas en el manual.

5.2.5   Dispositivos de trincaje

El manual de trincaje y estiba de la carga debe indicar la resistencia de las cubiertas, así como el número, el emplazamiento, el tipo y la carga máxima de sujeción de los dispositivos fijos disponibles a bordo, de acuerdo con las indicaciones de la circular MSC/745.

En los planos de la cuaderna maestra de los buques se especifican las cargas previstas para un buque determinado, cuya información podría consistir en lo siguiente:

- Cubierta principal (garaje), destinada a:

  - Carga concentrada de 18 t/eje sencillo.
  - Carga concentrada de 25 t/eje doble.
  - Carga uniforme de 10 t/m^2 (desde popa hasta cuaderna XX).
  - Carga uniforme de 3 t/m^2 (desde cuaderna XX hasta proa).

- Cubierta entrepuente, que soporta las siguientes cargas:

  - Vehículos automóviles cuyo peso máximo sea de 2 t.
  - Carga uniforme de 500 kg/m^2.

Dispositivos fijos de sujeción			
Denominación	*Material*	*Carga de rotura*	*MSL*
Grecas	Acero	12	6
Salvarruedas	Acero	12	6
Patas de elefante	Acero	20	9

Tabla 5.5. Dispositivos fijos de trincaje en las cubiertas de un buque.

Dispositivos portátiles de sujeción			
Denominación	*Material*	*Carga de rotura*	*MSL*
Cadenas (13 mm)	Acero de alta aleación	20	9
Cadenas (20 mm)	Acero de alta aleación	20	9
Ganchos	Acero galvanizado	15-20	7,5-10
Tensor de cadena	Acero forjado	10-20	5-10
Calzos	Goma, hierro, madera	Varios	Varios
Caballetes	Plancha de acero	90	45
Grilletes	Varios	Varios	Varios

Tabla 5.6. Dispositivos portátiles de trincaje en las cubiertas de un buque.

5.3 Puntos de sujeción sobre la cubierta y los dispositivos móviles

Las cubiertas del buque destinadas a la estiba de unidades de carga rodada están dotadas de dispositivos fijos de trincaje. En la tabla 5.5 se describen estos dispositivos con sus cargas máximas de sujeción. La situación de tales puntos de sujeción debe ser mostrada en plano y para todas las cubiertas de carga, y cumplirán como mínimo con los siguientes requisitos:

- La distancia entre dispositivos fijos de trincaje en sentido longitudinal no debe exceder de 3,60 m.
- La separación transversal entre los dispositivos fijos de trincaje no debe ser inferior a 2,65 m ni superior a 3 m.
- La resistencia mínima sin deformación permanente de cada dispositivo fijo de trincaje tiene que ser de 120 kN.
- La resistencia de la cubierta en la zona de unión con los dispositivos fijos ha de ser superior a la de éstos (MSL cubierta > MSL dispositivo fijo).

Para los dispositivos portátiles de sujeción (véase la tabla 5.6) se debe especificar el tipo y las características, en especial, que satisfacen lo siguiente:

- Las trincas son de cadena de acero de alta aleación. Su resistencia sin deformación permanente es superior a 120 kN.
- Las trincas están proyectadas y se fijan de manera que es posible retrincar si se aflojan.
- Las trincas están acopladas a los puntos de sujeción por medio de ganchos, de modo que no pueden desprenderse de la abertura de dichos puntos si se aflojan durante el viaje.

5.4 Programa de mantenimiento

5.4.1 Inspecciones visuales rutinarias

Al efectuarse el destrincado en cada viaje, los marineros o el personal que lleve a cabo esta tarea, especialmente el contramaestre del buque y su primer oficial, deben revisar el estado de los dispositivos móviles de trincaje que han sido empleados, segregando todos aquellos que presenten daños (rotura, semirrotura, desgaste, deformación de ganchos, etc.).

Cuando los dispositivos que se inspeccionen sean cadenas, hay que prestar especial atención a los puntos de unión de las patas de elefante, los ganchos o las guarniciones de enganche con las cadenas, así como a los pasadores de acero en los grilletes de unión de las patas de elefante o las guarniciones de amarre con la cadena, que deben ser sustituidos en cuanto se observe la menor deformación o deficiencia, siempre de acuerdo con los criterios de aceptación o rechazo.

También se debe prestar atención a la elongación que puedan adquirir los eslabones de las cadenas y a las deformaciones de los tensores de cadena, debidas al uso y la fatiga del material.

Los caballetes se deben revisar después de cada uso, y se prestará especial atención al estado de las defensas de madera y de las ruedas que permiten su desplazamiento, así como a sus resortes o muelles.

En las trincas de banda textil, se observará con atención la ausencia de cortes en la banda, el estado de las costuras de unión con las guarniciones de enganche y los elementos tensores.

Asimismo, se ha de comprobar el estado de las guarniciones metálicas y los dispositivos tensores, el forrado de los mismos y la ausencia de aristas vivas que puedan dañar el material textil.

Los dispositivos fijos de trincaje, tales como las anillas de amarre y los fundamentos sobre cubierta, deben mantenerse limpios de suciedades, sin desgastes ni deformaciones y arranchados para su utilización.

Todo el material en estado defectuoso, de acuerdo con los criterios de aceptación y rechazo, ha de ser retirado del servicio para su reparación o baja definitiva.

5.4.2 Reconocimientos periódicos

Independientemente de las inspecciones y revisiones visuales que hemos descrito, cada seis meses se debe efectuar una inspección exhaustiva de los dispositivos de trincaje, durante la cual se atenderá especialmente a los desgastes, las deformaciones y las fatigas de los materiales que componen los dispositivos, con medición de las elongaciones.

Se aplicarán los criterios de aceptación o rechazo y se identificarán los materiales no aptos. Todas las operaciones de mantenimiento e inspección de los dispositivos de trincaje, incluidas las altas y bajas del mismo, han de ser anotadas en el libro de registros.

Como criterios de aceptación o rechazo, deben considerarse los siguientes:

- Las patas de elefante, los ganchos o las guarniciones de enganche no deben presentar fisuras, grietas o deformaciones.
- Los pasadores de acero de los grilletes de unión deben sustituirse en cuanto se observe la menor deformación o deficiencia.
- Un desgaste de los eslabones de cadena superior al 5 % y una elongación que supere el 5 % es causa de rechazo, y, en la misma medida, las de los tensores de cadena debido al uso y la fatiga del material.
- La deformación en abertura del pico de los ganchos superior al 15 % de la nominal, o un desgaste en espesor del ojo del gancho superior al 15 %, son motivo de rechazo.
- Las defensas de madera de los caballetes deben rebasar claramente su soporte de acero.
- Las bajas en el equipo producidas por rechazo deben anotarse en el libro de registros, y el material rechazado se ha de identificar como no válido mediante pintura roja.
- Los dispositivos de trincaje defectuosos que admitan reparación se deben retirar e identificar mediante pintura verde y sustituirse por otros de iguales características, haciendo la oportuna anotación en el libro de registros.

6 Equipos de trincaje y sujeción

La tecnología ha incorporado numerosos equipos a la técnica empleada para la sujeción y fijación de carga en los buques portacontenedores.

En las páginas siguientes se detallan las características de los principales equipos existentes, mediante representaciones gráficas y esquemas obtenidos de catálogos industriales.

En todas estas representaciones, se puede observar la situación y el uso de cada elemento en el contenedor, así como su relación con otros de la estiba o tongada, o bien con los elementos estructurales del buque, ya sean las cubiertas o las tapas de escotilla.

Su aplicación determina y posibilita la división en bloques de los equipamientos empleados para el trincaje de los contenedores:

- Elementos de fijación entre los contenedores.
- Elementos para fijar los contenedores sobre las cubiertas.
- Elementos fijados a la cubierta para el servicio de trincado.
- Elementos para fijar los contenedores a superficies estructurales laterales.
- Elementos tensores, cables y varios.
- Elementos para tráileres en buques ro-ro.

6.1   Elementos de fijación entre los contenedores

- **Conos** *(twistlock)*
  Dispositivo con medidas-padrón, de aleación de acero, que sirve para fijar los pies del contenedor en la cubierta o a otro contenedor sobre el cual esté estibado (véanse las figuras 5.11 a 5.14).

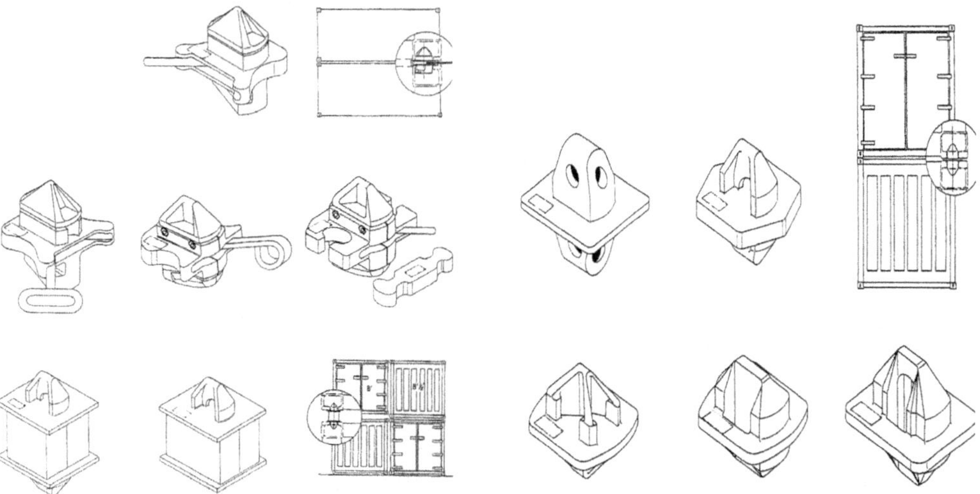

Figura 5.11. Modelos de conos intermedios o twistlock.   *Figura 5.12. Conos intermedios simples.*

Figura 5.13. Conos para fundamento bañera, con pie girado y pernos de bloqueo.

Figura 5.14. Conos intermedios dobles y con bloqueo.

- **Tensores puente** *(bridge fitting)*
  Pieza de aleación de acero usada en la parte superior de los contenedores para la fijación transversal de los mismos, es decir, de unos contenedores a los otros (véase la figura 5.15).

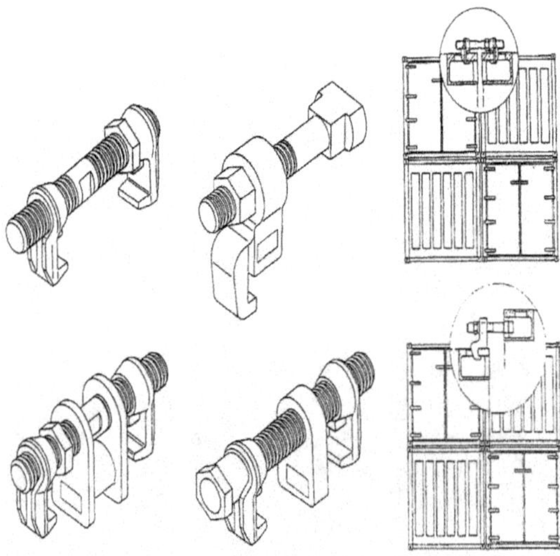

Figura 5.15. Tensores puente.

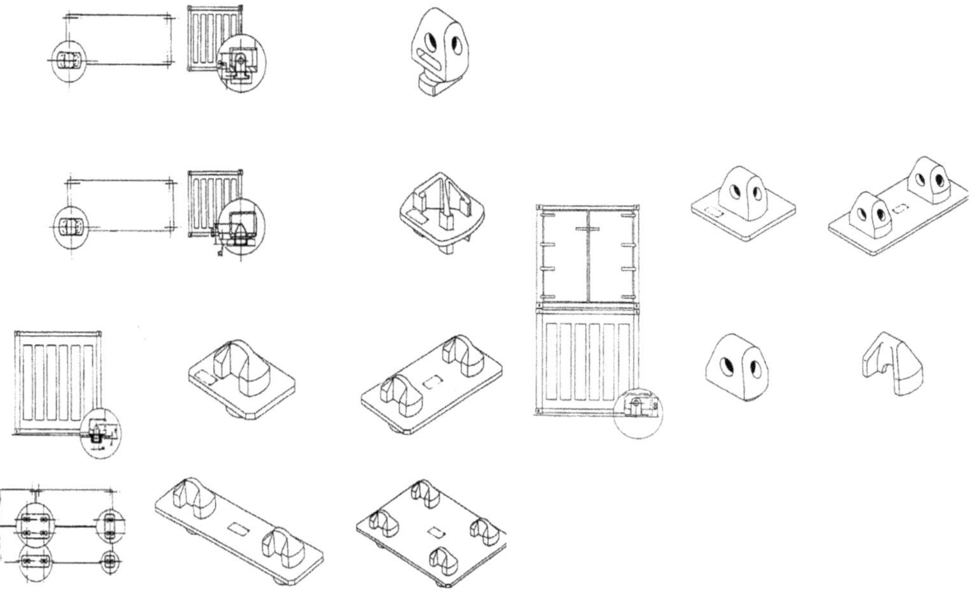

Figura 5.16. Conos de estiba, para fundamentos circulares y soldables.

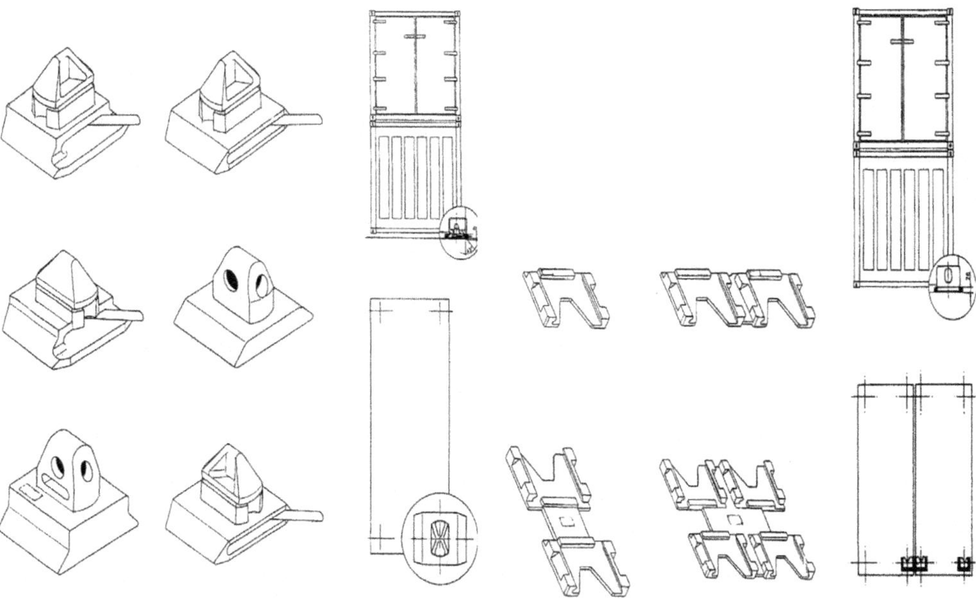

Figura 5.17. Conos y fundamentos de cola de milano.

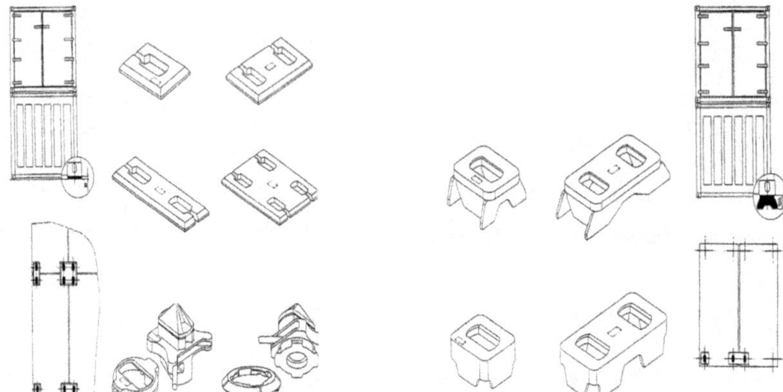

Figura 5.18. Modelos de fundamentos de estiba.

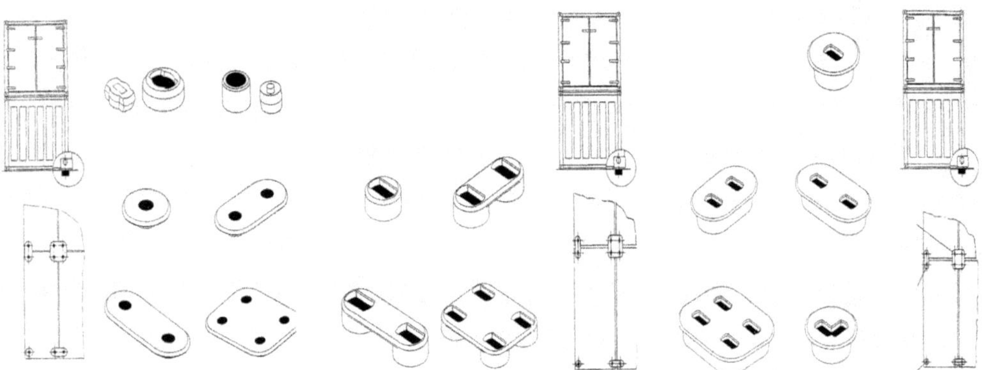

Figura 5.19. Fundamentos enrasados para doble fondo, tapas de escotilla y cubiertas.

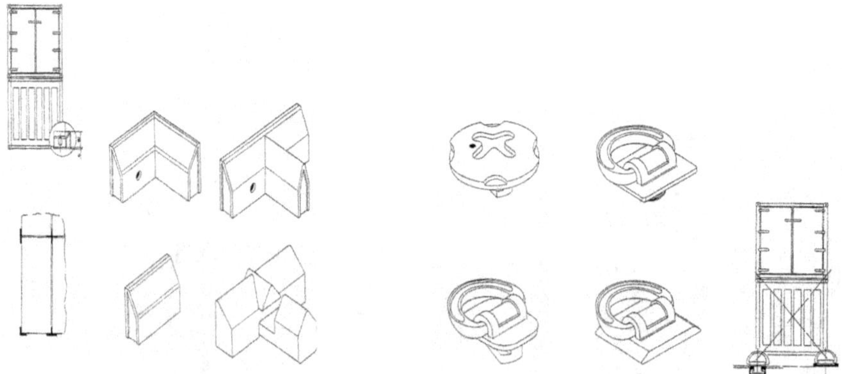

Figura 5.20. Fundamentos guías.

Figura 5.21 Anillas desmontables.

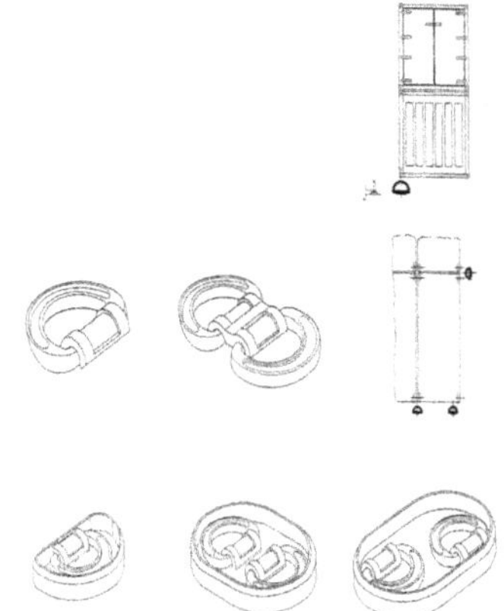

Figura 5.22. Anillas de amarre y enrasadas.

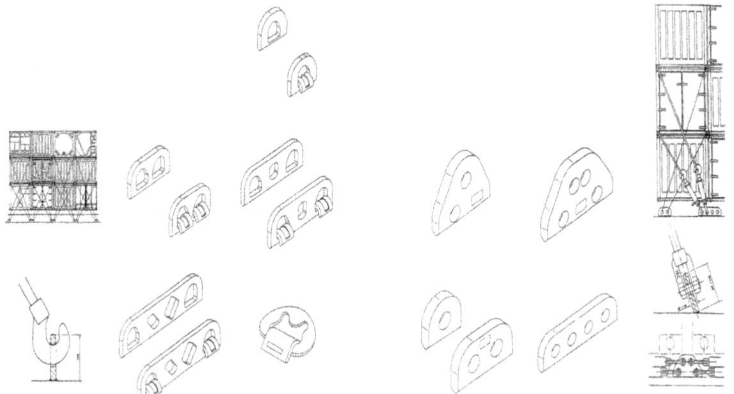

Figura 5.23 Placas de amarre.

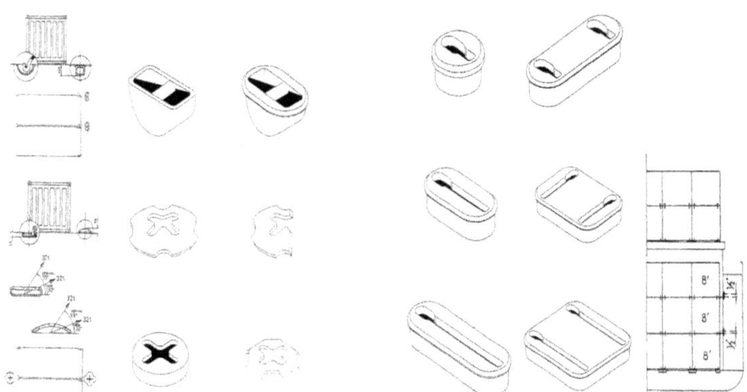

Figura 5.24 Fundamentos de amarre.

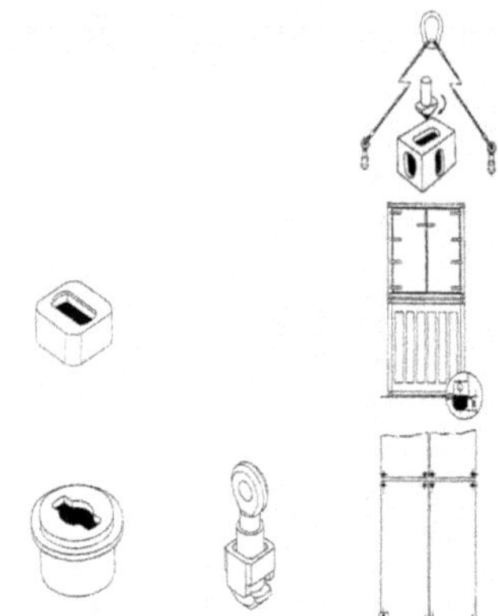

Figura 5.25 Elementos para el manejo de pontonas y contenedores.

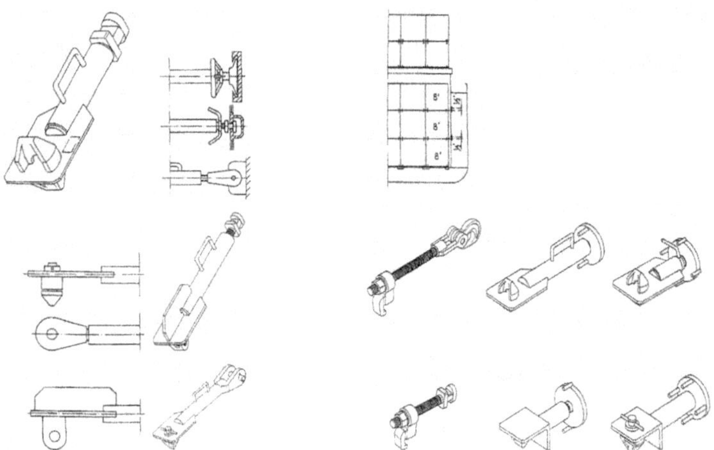

Figura 5.26 Amarres transversales.

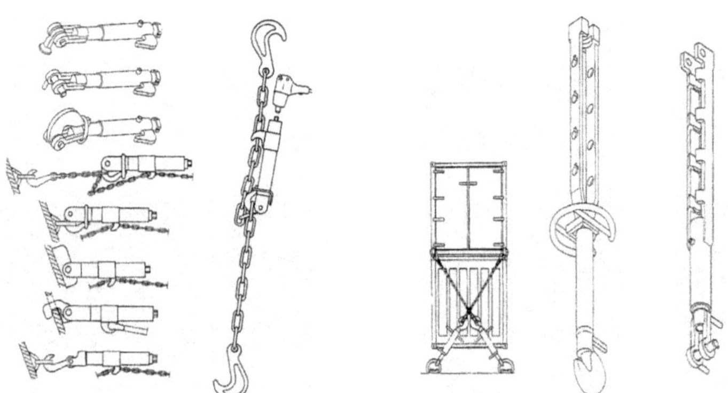

Figura 5.27 Tensores

6.2   *Torniquetes (turnbuckle)*

Entre los elementos tensores, el torniquete es una pieza de aleación de acero, con caja, que puede poseer en la parte superior de la caja un volante, un tecle, y en la otra extremidad una zapata en «U» con grillete de encaje rápido. El tecle es utilizado en la unión entre la *lashing bar* y el ojal fijo de la cubierta. Su función es tensar la sujeción, dejándola firme y segura. Se pueden encontrar tensores de diferentes tipos, dependiendo del contenedor que sujeten, como se observa en la figura 5.28.

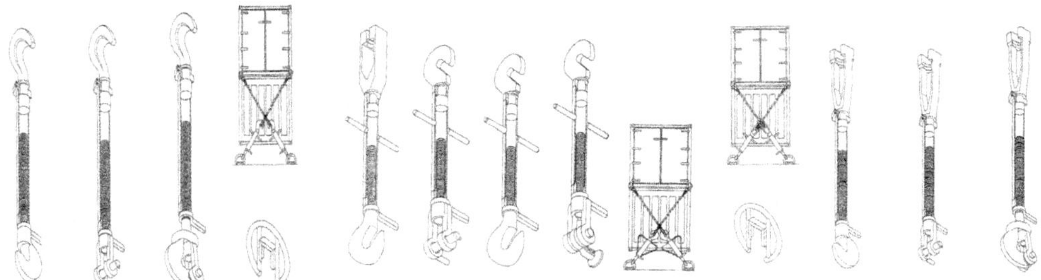

Figura 5.28. Diferentes modelos de tensores.

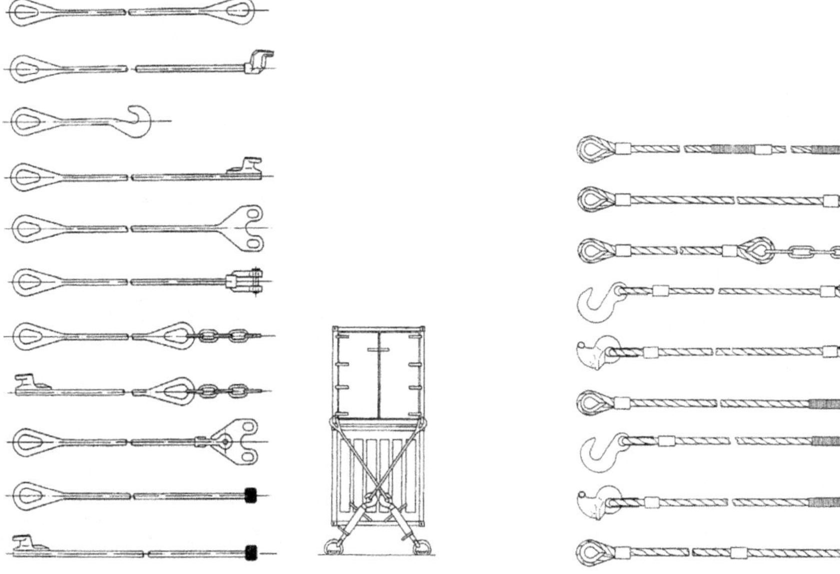

Figura 5.29 Barras.   *Figura 5.30 Cables.*

Figura 5.31 Cadenas.

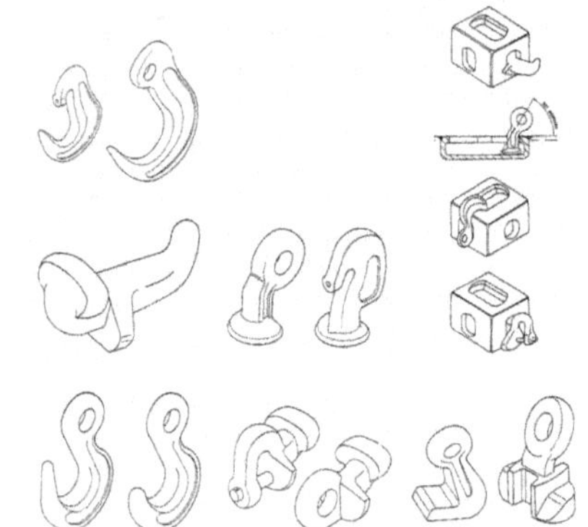

Figura 5.32 Guarniciones de enganche y ganchos.

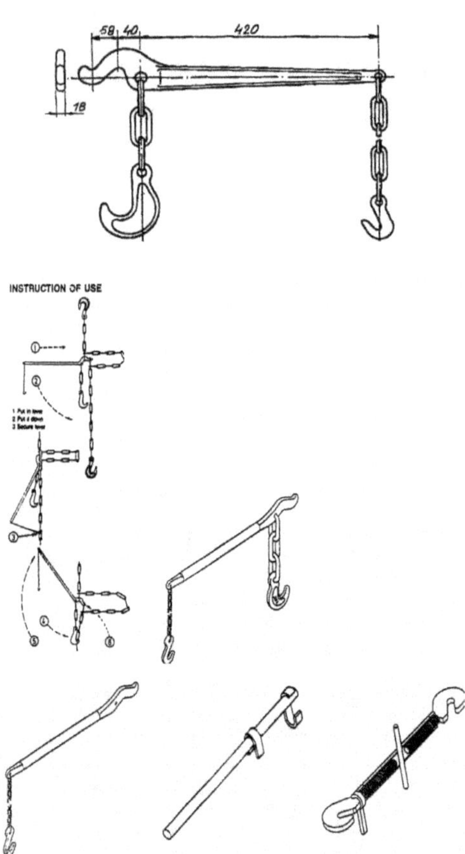

Figura 5.33 Tensores de cadena.

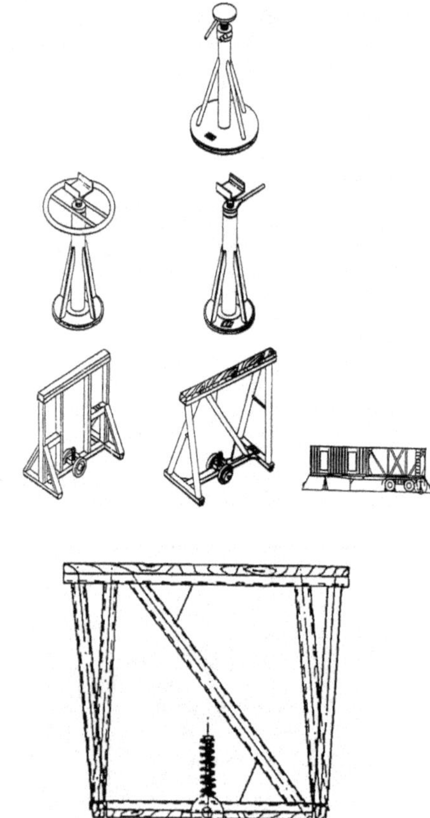

Figura 5.34 Soportes y caballetes.

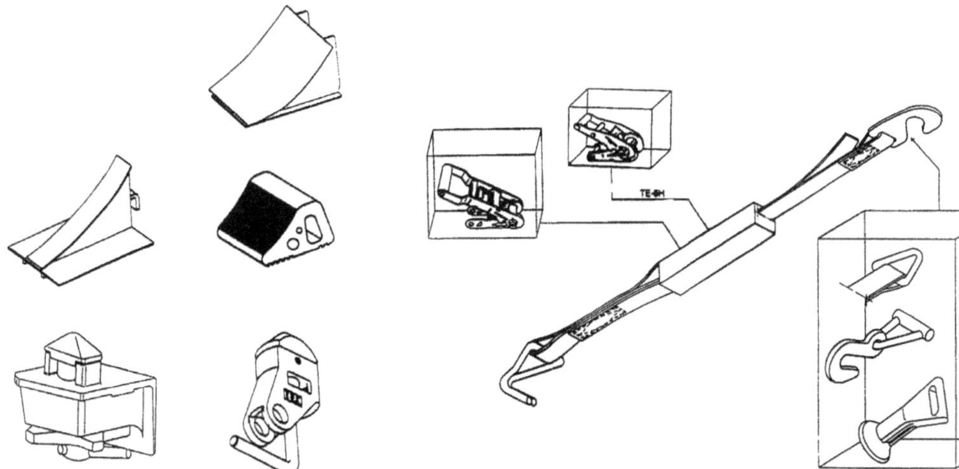

Figura 5.35 Calzos y conos.

Figura 5.36 Trincas de poliéster.

Capítulo 6
Seguridad de la carga y del transporte

1 Envases y embalajes en el transporte[1]

En general, se considera que el envase y el embalaje del producto son casi inseparables, en la medida en que estos elementos se utilizan combinados para conseguir la misma función. Aun así, se debe distinguir entre ambos conceptos:

- **Embalaje**
  Procedimientos y métodos utilizados para proteger la mercancía mediante una cobertura exterior a lo largo de la cadena logística en su distribución física (manipulación, almacenaje y transporte). Las mercancías pueden ir atadas (con flejes o alambres), en balas (envueltas con telas u otro material y sujetas con alambre o fleje), en cajas (de cartón, madera, claraboya), en contenedores de metal, en fardos (unión de varios paquetes), en sacos (de papel, plástico, fibra), en toneles (madera, metal o plástico) y en palés.

  El embalaje protege a las mercancías de daños mecánicos causados por el movimiento en el transporte; daños por calentamiento o enfriamiento en el almacenaje a la intemperie, por contaminación o impregnación de olores y humos, por mezcla de cargamentos, por oxidación, por mojadura, por aplastamientos, por plagas de roedores, insectos, gusanos, por incendios, etc., entre otros.

---

[1] Para ampliar información sobre envases y embalajes, véase la bibliografía y los enlaces en internet que se detallan al final de este capítulo.

- **Envase**

  Es todo contenedor o recipiente sólido o impermeable que alberga sustancias y productos delicados de preservar, conservar, manejar, transportar y usar. El envase también protege, contiene y presenta el contenido para su venta al detalle.

  Se distingue entre envase primario, el que está en contacto con el producto y del cual depende la conservación del mismo (latas, tubos, botellas); y envase secundario, el que refuerza la función de protección y agrupamiento de los envases primarios (cajas de cartón que contienen botellas, películas plásticas retráctiles u otras formas que presenten unidas varias unidades del producto), para configurar la unidad de venta al público. También se consideran envases secundarios las cajas que contienen el envase primario. Por ejemplo, las cajas de los perfumes, las colonias, los cereales o los relojes.

1.1 *Tipología de envases y embalajes*

En la parte del transporte multimodal que atañe al marítimo, el mejor documento para identificar la amplia tipología de embalajes, aunque esté inicialmente pensado para el transporte de mercancías peligrosas, consiste en el Código Internacional para el Transporte de Mercancías Peligrosas (IMDG).

Por su amplia utilización en el transporte de mercancías, los principales tipos de envases y embalajes son:

- **Bulto**

  Producto final de la operación de envasado o embalado dispuesto para su expedición, constituido por el envase o embalaje y su contenido.

- **Bidón**

  Envase cilíndrico con fondo plano o combado, de metal, cartón, plástico, contrachapado u otro material apropiado, aunque también con otras formas. Esta definición no se refiere a los toneles de madera ni a los cuñetes (jerricanes).

- **Tonel de madera**

  Envase de madera natural, de sección circular y pared combada, constituido por duelas y fondos y provistos de aros.

- **Cuñete (jerricán)**

  Envase de metal o plástico, de sección rectangular o poligonal, provisto de uno o varios orificios para el llenado y vaciado.

- **Caja**

  Embalaje de lados compactos rectangulares o poligonales, de metal, madera, contrachapado, aglomerado de madera, cartón, plástico u otro material apropiado.

  Puede disponer de pequeños orificios para facilitar la manipulación o la apertura, o para responder a los criterios de clasificación, con la condición de que no se comprometa la integridad del embalaje durante el transporte.

- **Saco**

  Embalaje flexible de papel, láminas de plástico, textil, material tejido u otro material apropiado, generalmente de forma rectangular o cilíndrica, abierto por uno de sus lados.

- **Embalaje compuesto**

  Conjunto constituido por un recipiente interior de plástico, vidrio, porcelana o gres, y por una protección exterior (metal, madera, contrachapado, cartón, plástico, plástico expandido, etc.). Una vez ensamblado, este conjunto constituye un todo indisociable.

- **Embalaje metálico ligero**

  Embalaje de sección circular, elíptica, rectangular o poligonal (así como cónico), y envase de tapa cónica o recipiente en forma de balde, de hojalata o de metales ligeros con un espesor de pared inferior a 0,5 mm de fondo plano o abombado, provisto de uno o varios orificios.

- **Embalaje combinado**

  Combinación de envases y embalajes para el transporte, constituidos por uno o varios envases interiores anclados en un embalaje.

- **Embalaje reacondicionado**

  Embalaje, en particular, un bidón, un barril o un jerricán que haya sido limpiado hasta que los materiales de construcción recuperen su aspecto inicial, eliminando todos los residuos de antiguos contenidos, revestimientos externos y etiquetas; en el que hayan sido reemplazadas todas las juntas que no formen parte integrante del envase, y se haya inspeccionado después de haber sido limpiado, rechazando los que presenten desperfectos visibles, tales como corrosiones, roturas, arrugas o fisuras, o aquellos cuyos cierres o roscas estén dañados o tengan otros defectos importantes.

- **Embalaje reconstruido**

  Embalaje en que se han reemplazado elementos integrados en su estructura.

- **Embalaje reutilizado**
  Embalaje ya utilizado con anterioridad, que previo examen ha sido declarado exento de defectos que puedan afectar a su aptitud para superar las pruebas funcionales, de modo que se vuelven a llenar de mercancías compatibles.

- **Embalaje estanco a los pulverulentos**
  Embalaje que no deja pasar contenido seco, incluidas las materias sólidas finamente pulverizadas producidas durante el transporte.

- **Envase interior**
  Envase que debe estar provisto de un embalaje exterior para el transporte.

- **Embalaje exterior**
  Es la protección externa con la que se dota a ciertos envases o embalajes, compuestos o no. Si son necesarios, incluye los materiales absorbentes, de relleno y cualquier otro elemento para la protección.

- **Embalaje intermedio**
  Embalaje situado entre envases interiores u objetos y un embalaje exterior.

- **Recipiente**
  Recinto de retención destinado a recibir o contener materias u objetos, comprendidos los medios de cierre cualesquiera que sean.

- **Recipiente interior**
  Recipiente que debe estar provisto de un embalaje exterior para desempeñar su función de retención.

1.2 Materiales para la elaboración de los embalajes

- **Papel**
  Fue uno de los primeros materiales utilizados como embalaje. Las actuales técnicas de fabricación y la creciente necesidad de respetar el medioambiente han revalorizado su utilización frente a la del plástico.

- **Plástico**
  Como material de envase es ligero, manejable, moldeable, resistente al calor, económico, impermeable al agua y al aire. Aunque es posible su reciclado, no acostumbra a ser reutilizable.

- **Cartón**
Se ha afianzado como el envase más adecuado en el sector farmacéutico, en algunos sectores de la alimentación y como envase secundario, facilitando una comunicación gráfica de gran calidad.

- **Vidrio**
Puede ser reutilizado a través de los envases «retornables» y responde a un reciclado directo, sin apenas costos. A partir de los envases «no retornables», recogidos en los contenedores, también se puede reciclar tras convertirlo en calcín o chatarra de vidrio (materia prima). Es resistente, aunque frágil al impacto, y constituye una barrera aislante frente a la contaminación exterior. Además, comunica calidad aunque su costo sea elevado.

- **Hojalata**
Utilizada de manera generalizada en el campo de la alimentación. Como envase se le ha disminuido la cantidad de estaño (elemento muy contaminante). El peso ha incrementado su resistencia a la corrosión y se han mejorado sus sistemas de apertura fácil y las condiciones para su litografiado. Es un material muy fácil de recuperar pero de los más complejos de reciclar.

- **Aluminio**
Se emplea en tapones corona para botellas, tapas para envases, envoltorios protectores, envoltorios flexibles, cartón para bebidas *(tetrabricks)* y latas de refrescos. Es fácil de reciclar.

- **Fleje**
Lámina metálica o plástica que se usa para asegurar embalajes, reforzándolos.

- **Cierre**
Dispositivo que sirve para cerrar el orificio de un recipiente.

2 Reciclado de envases y embalajes metálicos

A efectos de gestión de este tipo de residuos, se dividen en:

- **No férricos**
Principalmente, el aluminio y sus derivados.

- **Férricos**

  Distinguimos, según sus combinaciones químicas de hierro y carbono, entre:

  - *Hierro.* Tiene una tasa ínfima de carbono. Es un material blando y maleable.
  - *Colada.* Tiene una tasa alta de carbono, que ronda el 4%. Existen varias calidades que van desde la «dura y resistente» a la «maleable y dúctil». Se moldea en estado líquido.
  - *Acero.* Tiene una tasa de carbono que varía entre el 0,02 y el 1% como máximo. Es a la vez resistente y maleable. Con menos carbono es más «plástico» y manejable, mientras que si aumenta su tasa se muestra más duro y resistente.

2.1 Aluminio (no férrico)

2.1.1 Propiedades

El aluminio posee propiedades excepcionales que potencian su uso en el mercado:

- *Protección.* Es una barrera impermeable frente a la luz, los rayos ultravioleta, los gases (resistente a la corrosión) y los microorganismos.
- *Salud.* Es higiénico, no nocivo y antiinfecciones.
- *Calidad.* Mantiene los productos frescos y con su sabor, los protege de las influencias externas y mantiene su vida útil durante largo tiempo.

2.1.2 Reducción de grosor

Consiste en alcanzar el mínimo grosor de la lámina que envuelve el producto. Generalmente, una lámina de 0,006 mm suele ser suficiente para mantener la calidad, higiene y protección.

2.1.3 Recuperación

La recuperación del aluminio se puede llevar a cabo mediante:

- Contenedor especializado.
- Recogida selectiva en contenedor urbano (amarillo).
- Contenedor urbano de residuos y restos orgánicos.
- Recuperadores.

2.1.4   Reciclaje

El reciclaje del aluminio comporta las siguientes ventajas:

- No pierde su calidad con reciclados sucesivos.
- Reduce el consumo energético en un 95 %.
- Reduce el consumo de materias primas.
- Reduce la cantidad de residuos.
- Satisface la gran demanda de este material.
- Es económicamente rentable.

El aluminio recuperado se recicla por fusión. Los hornos requieren temperaturas relativamente bajas (menos de 600 ºC).

Conviene distinguir entre la chatarra nueva (excedente de material que es desechado durante la manufactura y producción del aluminio y que, al no tener una capa de pintura y conocer su grado de aleación no es preciso aplicar ningún tratamiento previo a la fusión) y la chatarra vieja (son productos al final de su vida útil, con aleaciones diferentes y desconocidas o cubiertos de pinturas, lacas, etc., por lo que precisan de un tratamiento previo a base de trituradoras, separadores magnéticos, tanques de flotación u otros procedimientos para separar el aluminio del resto de materiales).

Ambas se someten a un proceso de centrifugado y secado para retirar la humedad y los aceites. Posteriormente, sufren un proceso de fundición. La chatarra nueva se suele fundir en la misma fábrica, mientras que la vieja va a fundiciones de carácter secundario donde se transforma en lingotes, generalmente, basados en el sistema de aleación aluminio-silicio, añadiendo otros metales como el cobre o el magnesio. Para aleaciones más específicas se lleva a grandes fundiciones.

2.1.5   Aplicaciones

Las láminas así obtenidas se envían a la industria transformadora para múltiples aplicaciones:

- *Chapa:* carrocerías de automóviles, vehículos industriales, cascos de barcos, electrodomésticos, armamento.
- *Barra:* tornillos, griferías, bicicletas, bastones de esquí, utensilios de cocina.

2.1.6   Situación actual

- *España.* En 2010 se recuperaron casi 17.000 toneladas, lo que significó reciclar un 40 % del total del consumo de este material, si bien se recupera el 100 %

del aluminio procedente de recortes industriales y el 90 %, de automóviles y maquinaria.

- *Europa.* Existen niveles de reciclaje bastante altos, del orden de un 41 % para latas de bebida, un 85 % en edificaciones y construcción y un 95 % en el sector de los transportes, y se calcula una producción anual de dos millones de toneladas de aluminio reciclado.

2.2 Acero (férrico)

2.2.1 Propiedades

Los envases de acero presentan una serie de ventajas que los hacen muy competitivos en el mercado: resistencia, estabilidad térmica, hermeticidad, calidad magnética, integridad química, versatilidad, posibilidad de impresión.

2.2.2 Reducción del grosor

Actualmente, las líneas de investigación y desarrollo en materia de envases y embalajes férricos siguen una doble vertiente. Por un lado, el desarrollo de nuevas formas, y, por el otro, la obtención de productos más ligeros y la reducción de los espesores.

2.2.3 Recuperación

Gracias a su propiedad magnética, los envases y embalajes férricos son seleccionados de entre otros elementos de una manera sencilla y barata mediante un electroimán.

La recuperación se lleva a cabo mediante:

- Recogida selectiva en contenedor urbano (amarillo).
- Desde plantas de fabricación de compost.
- Desde plantas de incineración de residuos sólidos urbanos.
- Aportación complementaria: recogida en áreas de gran consumo y mediante los recuperadores tradicionales (chatarreros).

2.2.4 Reciclaje

El reciclaje del acero comporta las siguientes ventajas:

– Satisface la demanda de la industria siderúrgica.
– Ahorro de materia prima.
– Ahorro de energía.
– Ahorro de agua.
– Poca o nula pérdida de calidad con sucesivos reciclados.
– Económicamente rentable.
– Reduce la cantidad de residuos.

Los elementos básicos del proceso de reciclado son los siguientes:

– *Ingredientes.* Las materias primas fundamentales para fabricar acero son el mineral de hierro, el carbón, los fundentes.
– *El alto horno.* Es un enorme reactor térmico. Cuando el mineral se carga en el alto horno con coque, el aire insuflado a alta temperatura (más de 1.200 ºC) activa la combustión y permite depurar el mineral. Los óxidos de hierro se reducen a hierro puro al perder su oxígeno. La combinación inmediata con el carbono contenido en el coque produce una colada líquida que se cuela por la parte inferior del horno, separando la escoria, que es menos densa y se halla compuesta por los desechos del proceso.
– *El convertidor.* La masa fundida en el alto horno se vierte después en este gran recipiente cilíndrico revestido de material refractario que es el convertidor. Aquí tiene lugar el proceso de oxidación-reducción de los contenidos en carbono, manganeso, silicio, fósforo y azufre. Una inyección de oxígeno provoca un enorme aporte calórico (hasta 1.700 ºC) que ha de ser controlado con la adición de chatarra (del 20 al 30 %) para mantener la temperatura precisa. El producto resultante es el acero bruto, cuyo punto de fusión es de unos 1.600 ºC. También se obtiene una escoria reutilizable y un gas depurado de alto valor energético.
– *La colada continua.* El acero bruto sufre un afino para mejorar su composición química mediante aditivos como el aluminio y el manganeso. La colada procedente del convertidor se vierte en moldes de donde sale de forma continua, con el exterior ya solidificado, por medio de rodillos. Al final de la instalación, los lingotes se han solidificado por completo y son una gruesa lámina de acero de entre 20 y 25 cm de espesor. Seguidamente, se cortan en planchones de la medida deseada.
– *Laminación en caliente.* Los planchones de acero se recalientan a 1.200 ºC para ablandarlos de nuevo y se van estirando y afinando al pasar por los cilindros de laminación, que comprimen la plancha. Al final de este proceso termodinámico, el espesor de la lámina de acero, enrollada en bobinas, se sitúa entre 1,2 y 5 mm.

– *Laminación en frío.* Proporciona al acero el espesor requerido por el cliente. De nuevo se ve estirado y aplastado y el espesor final puede ser hasta 10 veces menor que el de las bobinas anteriores. En el acero para envases, el calibre es de 0,09 mm.
– *Recocido final.* Calentado a 800 ºC, el metal recobra las propiedades mermadas durante la laminación en frío, en especial su ductilidad.

El reciclado de los envases y embalajes de hojalata (debido a la protección frente a la oxidación con revestimientos anticorrosivos de estaño, zinc o aluminio, o cuando no conocemos su composición exacta, o está contaminada con hormigón, madera y otros materiales no metálicos) precisa de pretratamientos (desbastado, separación magnética, tanques de flotación, etc.) y tratamientos posteriores (destaca la extracción del aluminio y el desestañado después del fundido en el horno) más complejos.

2.2.5 Aplicaciones

La principal aplicación del acero reciclado es la fabricación de nuevos productos de acero en acerías y fundiciones.

– *Automoción:* carrocerías, filtros, silenciadores, tubos de escape.
– *Construcción:* tuberías, depósitos, postes, encofrados.
– *Sector industrial:* calderas y recipientes a presión, botellas de gas, máquinas expendedoras, puertas industriales.
– *Doméstico:* latas para envases, electrodomésticos, estanterías, bañeras.

2.2.6 Situación actual

– *España.* En 2011 se recuperaron 240.348 toneladas de envases de acero domésticos, lo que supone una tasa de reciclado de un 84,8 %.
– *Europa.*[2] Según datos de 2008, destacan países como Bélgica (93 %), Alemania (89 %) y Países Bajos (87 %). A la cola se encontrarían Polonia y Eslovenia (21 %).
– *Mundo.* Fuera de Europa, Japón es el país que más recicla (alcanza el 88 %), mientras que Estados Unidos lo hace con el 60 % de los envases de acero que consume.

---

[2] Véase el sitio web de la Asociación Ecológica para el Reciclado de la Hojalata, www.ecoacero.com.

2.3 **Envases y embalajes plásticos**

La característica común de los plásticos es poseer naturaleza de polímero. Un polímero es una sustancia formada por muchas (poli) unidades (meros). Cuando se añaden aditivos a un polímero, el producto que se obtiene es plástico.

2.3.1 *Estructura química*

Los polímeros son compuestos de naturaleza orgánica que se forman mediante átomos de carbono enlazados en largas cadenas, como consecuencia de la capacidad del átomo de carbono para enlazarse consigo mismo. También contienen otros elementos, como hidrógeno, oxígeno, nitrógeno, cloro, azufre, silicio y fósforo.

2.3.2 *Materias primas*

Las materias primas que se emplean para la obtención de los polímeros de síntesis provienen de los recursos naturales: animales, vegetales, petróleo, gas natural y carbón.

De los procedentes de animales, destacan las proteínas, el colágeno, la seda, la caseína, etc., y del reino vegetal, el almidón, el látex y la celulosa, entre otros. Con modificaciones químicas apropiadas, estos polímeros llegan a ser considerados polímeros semisintéticos: rayón, acetato de celulosa, caucho, etc.

Para la obtención de los polímeros de síntesis se emplean los recursos fósiles. Entre ellos, el petróleo es la materia prima base para la obtención de los plásticos. En el siglo XIX el carbón era la fuente principal de obtención de productos de carácter orgánico, pero fue desplazado por el petróleo debido a su facilidad de extracción y al desarrollo alcanzado por la tecnología para obtener sus derivados.

El uso del plástico en la industria del envase y embalaje es consecuencia de las prestaciones que ofrece. No solo cumple las condiciones necesarias para ser envase (correcta protección del producto que contiene y facilidad y seguridad en el transporte), sino que también permite vistosidad en el diseño, con gran variedad de formas, colorido y transparencia.

Los plásticos presentan como características principales las siguientes:

- *Inocuidad.* Los plásticos son inocuos por su propia naturaleza y los aditivos que se les incorpora no deben migrar hacia el producto que contienen.
- *Resistencia.* Son materiales que presentan una buena resistencia al rasgado y al impacto.

- *Transparencia.* Presentan buenas propiedades ópticas que dejan ver su contenido.
- *Ligereza.* Son de baja densidad, por lo que incorporan poco peso adicional sobre el producto que contienen. Esto repercute de manera significativa en su aspecto económico, porque permite transportar más producto a igualdad de peso frente a otros materiales.
- *Estanqueidad.* Son una barrera eficaz al paso de gases tales como el oxígeno y el dióxido de carbono.
- *Economía.* Son materiales de bajo costo, tanto en relación con el costo de la materia prima como en cuanto a los procesos de fabricación.

2.3.3 Reciclado

El consumo de plásticos en España en 2009 fue de 3.094.214 toneladas, de las que se consiguieron reciclar 482.893 toneladas, solo un 16%.[3]

La recuperación de plásticos para su reciclado proviene principalmente de los envases domésticos. En 2009, en España, esa procedencia supuso el 64% del total.

El resultado de los plásticos reciclados se destina principalmente a:

- Tuberías, 26,18%.
- Láminas y otras bolsas, 22,86%.
- Calzado, mobiliario urbano y otros, 19,01%.
- Piezas industriales, 14,67%.
- Bolsas de basura, 11,12%.

2.4 El papel

El papel se define como una lámina plana constituida esencialmente por fibras celulósicas de origen vegetal, afieltradas y entrelazadas de modo irregular, pero fuertemente adheridas entre sí.

Se elabora a partir de celulosa vegetal que puede provenir de especies que se recolectan estacionalmente, siendo la madera la fuente de obtención más común. También se puede fabricar papel a partir de telas de algodón, pero, en relación con la madera, esta fuente es menos significativa (los billetes de banco están impresos en papel de tela de

---

[3] Véase el sitio web de Cicloplast, www.cicloplast.com.

algodón). La composición de las fuentes de celulosa de acuerdo al tamaño de las fibras y el ángulo de las cadenas de celulosa determinará las características del papel.

También se puede obtener de papel recuperado. Por cada tonelada de papel que se destina a reciclar se obtiene la misma cantidad de fibra celulósica que con 4 m^3 de madera, para lo que se necesitan de 12 a 14 árboles. Además, se ahorra de 10 a 15 m^3 de agua, se reduce la demanda biológica de oxígeno (DBO) en un 45 % y la contaminación atmosférica resultante de su fabricación disminuye un 73 %.

Los principales tipos de papeles para envases y embalajes son los siguientes:

- *Papel de caña:* muy resistente.
- *Papel tisú:* resistente a la abrasión y corrosión.
- *Papel encerado:* protege de líquidos y vapores.
- *Papel pergamino vegetal:* posee resistencia a la humedad, las grasas y los aceites.
- *Papel glassine:* resistencia al paso de grasas y aceites.

2.5 El cartón

El cartón es un producto derivado del papel compuesto por varias capas de hojas de pasta de papel, que combinadas y superpuestas le dan su característica rigidez.

El cartón ondulado o corrugado es uno de los materiales más usados para envases y embalajes debido a diversos factores: protección, identificación y naturaleza reciclable. Está formado por dos elementos estructurales: el papel *liner* y el material de la flauta con el cual se forma el corrugado.

Por su composición, el cartón corrugado puede ser:

- Corrugado de una cara.
- Corrugado sencillo.
- Doble corrugado.
- Triple corrugado.

Según el número de líneas o flautas:

- La flauta puede ser de cuatro tipos: A, B, C, D y E; esta última, una variación de la D, también conocida como microcorrugado.
- De acuerdo con la construcción del embalaje, la flauta puede tener una disposición horizontal o vertical.
- Los principales sectores consumidores de cartón ondulado en Europa son el de la alimentación y el agrícola.

2.5.1 El cartón para bebidas o brik

Cada persona genera en España por término medio un kilogramo de basura al día (oscila entre 0,7 y 1,2 kg). El 60 % del volumen y el 33 % del peso de la bolsa de basura lo constituyen envases y embalajes, en su mayoría de un solo uso. Concretamente, los cartones para bebidas representan entre un 2 y un 4 % del total de residuos de los envases domésticos que se generan anualmente, suponiendo una producción de 120.000 t/año.

Un envase de un litro pesa entre 25 y 28 g y se compone de 21 g de cartón, 5,8 g de plástico polietileno y 1,4 g de aluminio. Su forma rectangular posibilita un almacenamiento óptimo, se puede aprovechar al máximo el espacio y facilitar su transporte. Su robustez permite que sea resistente a los golpes.

- *Composición.* El cartón para bebidas, también denominado *brik,* es un envase mixto que permite guardar una determinada cantidad de líquido en un envase con el mínimo peso (el peso del envase representa solo un 3 % del peso del producto envasado). Su eficacia se debe a la fabricación en capas (laminado). Cada capa es de un material diferente y apropiado para una función concreta.
- *Cartón.* Supone el 75-80 % del peso del cartón para bebidas. Los que se usan en España están hechos con celulosa virgen procedente de los bosques de Finlandia y Suecia, fibras en su mayoría largas para que sea resistente y rígido. Un árbol de 1 m^3 proporciona pasta de papel suficiente para fabricar 13.300 envases de litro.
- *Polietileno.* Representa el 15-20 % del peso del cartón para bebidas. Proporciona estanqueidad al contenido líquido y mantiene unidos los diferentes materiales del envase. Se usa en capas finas y la exterior solo tiene 12 micras de espesor.
- *Aluminio* (solo en los cartones para productos UHT/larga duración). Supone el 5 % del peso del envase y el espesor de la hoja suele ser de 6,5 micras. El envase aséptico, de larga duración, necesita una barrera extremadamente eficaz contra el oxígeno y, además, el aluminio es un buen aislante de la luz, la cual deterioraría los alimentos. Permite el almacenamiento seguro a temperatura ambiente y ahorra la energía que sería necesaria para su refrigeración tanto en el transporte como en el almacenamiento.

No obstante, los envases de cartón para bebidas presentan algunos inconvenientes:

- La tasa de consumo es creciente en el mercado, por lo que se está incrementando la cantidad de residuos que generan.
- No es reutilizable, es de un solo uso, no puede emplearse de nuevo para contener el mismo producto.

- Para llevar a cabo un reciclaje adecuado, es preciso que exista un sistema de recogida selectiva de envases bien implantado y con una elevada participación ciudadana.
- Al producir un envase de cartón para bebidas puede darse contaminación por dioxinas procedentes del blanqueo de la pulpa de papel, lo que ha obligado a los fabricantes a adoptar métodos de blanqueo sin cloro. Esto demuestra la peligrosidad de la incineración de tales envases. Además, algunos estudios han comprobado la migración de estos compuestos organoclorados hacia los alimentos que contiene el envase.
- Para mantener la producción actual de estos envases en España, es preciso talar árboles procedentes de los bosques escandinavos, lo que hace desaparecer la biodiversidad de los mismos al ser sustituidos por plantaciones mono específicas. A su vez, es necesario extraer bauxita y procesarla para obtener aluminio (para producir una tonelada de aluminio se precisan 4-5 toneladas de bauxita) y consumir millones de barriles de petróleo para obtener el etileno.
- Despilfarro energético en el transporte de materias primas desde grandes distancias. Las materias primas recorren miles de kilómetros desde el origen hasta la fábrica que la compañía Tetra Pak tiene en Arganda del Rey (Madrid):

  - La pasta de celulosa procede de la península Escandinava.
  - El polietileno procede del petróleo de Oriente Medio.
  - El aluminio proviene de Brasil, Rusia, China o Australia.
  - El gas utilizado como principal fuente de energía en la fabricación procede del norte de África.

Fabricar un envase de cartón para bebidas supone un consumo energético de una tonelada equivalente de petróleo (TEP)[4] por tonelada producida, en contraste con las 0,301 TEP/t para el vidrio virgen y las 0,221 TEP/t del vidrio reciclado. En relación con el agua, el consumo de agua durante la fabricación del envase es cuatro veces superior a la que se utiliza para una botella de vidrio.

2.6 *Envases y embalajes de madera*

La madera es la materia prima esencial en la elaboración de productos como los envases y embalajes, los muebles, los materiales de construcción, el papel, etc. El uso de

---

[4] TEP = tonelada equivalente de petróleo, o la energía en calorías que contiene una tonelada de petróleo.

estos productos genera gran cantidad de residuos, que se suman a los generados en las podas y talas de jardines, bosques y plantaciones.

Según la ANFTA (Asociación Nacional de Fabricantes de Tableros), la producción actual de madera está muy por debajo de nuestro consumo, y se cubre solo un 60 % de las necesidades de la sociedad española. Este motivo refleja la necesidad de optimizar su utilización, para obtener el mayor provecho posible de los residuos.

2.6.1   Destinos del producto

- *Fabricación de tablero aglomerado.* Representa actualmente más del 90 % del destino de la astilla, el serrín y las virutas obtenidas por la empresa recuperadora. Las fábricas de tablero adecuan cada vez más sus tecnologías para poder procesar residuos de madera en lugar de madera virgen.
- *Compostaje.* Representa un porcentaje muy bajo (4-5 %) del destino de la madera procesada. Fundamentalmente, es aquella astilla que tiene hojas y no sirve para fabricar tablero aglomerado.
- *Producción de energía.* El empleo de madera procesada como fuente de materia prima para la obtención de energía es bastante bajo, oscila entre un 4 y un 7 %. La valorización energética del residuo se está produciendo tanto a través de las diferentes incineradoras de las comunidades autónomas españolas como a través de su utilización como combustible en calderas industriales, hornos y calefacciones domésticas.
- *Lechos para el ganado.* También representa un porcentaje muy bajo. Se vende a granjas que lo utilizan como camas para el ganado.

2.7   Envases de vidrio

El vidrio representa el 7 % en peso del total de los residuos sólidos urbanos.

El componente esencial del vidrio es la sílice procedente, principalmente, del cuarzo de la arena silícea blanca. Además, está acompañado de sosa, calizas y de otros materiales que le dan diferentes coloraciones.

El proceso de fabricación de los envases de vidrio consiste en fundir en hornos las materias primas antes indicadas a una temperatura de 1.500 °C, aproximadamente. Hay que añadir que las altas temperaturas necesarias para la fusión de la sílice y las dificultades para dar formas al envase de vidrio hacen necesario usar fundentes. Así, para reducir le temperatura de fusión de la sílice, se utiliza óxido de sodio, al que se añade óxido de calcio que le da al vidrio la estabilidad química necesaria. En el momento en que los componentes alcanzan la fusión, el vidrio producido se afina y homogeneíza hasta obtener una masa acondicionada, dispuesta para la elaboración del envase.

Al igual que cualquier otro material usado para envases, el vidrio tiene ventajas e inconvenientes. Entre las primeras destacan las siguientes:

— Es inerte al contacto con alimentos y fármacos en general, no se oxida, es impermeable a los gases y necesita menos aditivos para conservar los alimentos envasados. En particular, el vidrio usado para envases no presenta el fenómeno conocido como «migraciones» (de residuos de polimerización y aditivos) hacia el producto, hecho común al envasar en plásticos.

— Es ideal para ser reutilizado, pues resiste temperaturas de hasta 150 ºC, lo que facilita el lavado y la esterilización.

— Es 100 % reciclable, sin perder material ni propiedades en este proceso y posibilita un importante ahorro de energía en relación con la producción a partir de las materias primas.

No obstante, los envases de vidrio presentan algunos inconvenientes. Entre éstos destacamos:

— Es uno de los materiales de mayor costo entre los usados para envases, tanto en su proceso de producción como en el de distribución y recuperación.

— En el proceso de producción de envases de vidrio se consume mucha energía.

— En la fase de distribución se genera un alto costo energético de transporte, puesto que estos envases son muy pesados y demandan una importante fuerza motriz, en general muy contaminante al usar combustibles derivados del petróleo. El proceso de distribución acarrea cierta peligrosidad porque se corren riesgos de rotura que pueden generar pérdidas de mercancía y heridas a las personas a lo largo del ciclo de vida del envase.

— Antiguamente, casi todos los envases de vidrio eran retornables, ya que estaban especialmente diseñados para ser reutilizados. De esta manera, no generaban basura a excepción de que se rompieran. En la actualidad, la mayor parte de los envases de vidrio han sido sustituidos por envases no retornables o descartables, con lo que se ha aumentado la posibilidad de que el vidrio termine en el vertedero.

Desde el punto de vista de su aplicación, existen dos tipos de vidrios: el industrial y el doméstico. La diferencia entre ambos consiste en que el vidrio industrial, al contrario que el vidrio doméstico, no es utilizado como envase para productos alimenticios, sino para el de productos químicos, biológicos y como vidrio plano (ventanas, cristales blindados, fibra óptica, bombillas, etc.).

Desde el punto de vista del color, los más empleados son:

- Verde (60 %). Utilizado masivamente en botellas de vino, cava, licores y cerveza, aunque en menor cantidad en esta última.
- Blanco (25 %). Usado en bebidas gaseosas, zumos y alimentación en general.
- Extra claro (10 %). Empleado esencialmente en aguas minerales, tarros y botellas de decoración.
- Opaco (5 %). Aplicado en cervezas y algunas botellas de laboratorio.

3 La protección *(security)* de los contenedores

La mejor seguridad para las cargas transportadas en contenedor radica en su encerramiento, aisladas del exterior hasta llegar a su destino, tal como fueron estibadas en su origen. Esta particularidad tan beneficiosa pasa a tener una consideración negativa cuando el contenedor puede ser utilizado por organizaciones delictivas para albergar productos ilícitos o con ánimo de poner en peligro los bienes y la vida de las personas.

Tras los atentados del 11 de septiembre de 2001 en Nueva York, las autoridades norteamericanas han elevado las exigencias de seguridad para los contenedores con el fin de que no puedan ser utilizados con fines terroristas, o que no se conviertan en un móvil para introducir estupefacientes o personas clandestinamente. Quienes han puesto especial énfasis en este control exhaustivo son las agencias de seguridad de EEUU, y han obligado

Figura 6.1. Precinto de seguridad colocado en un contenedor.

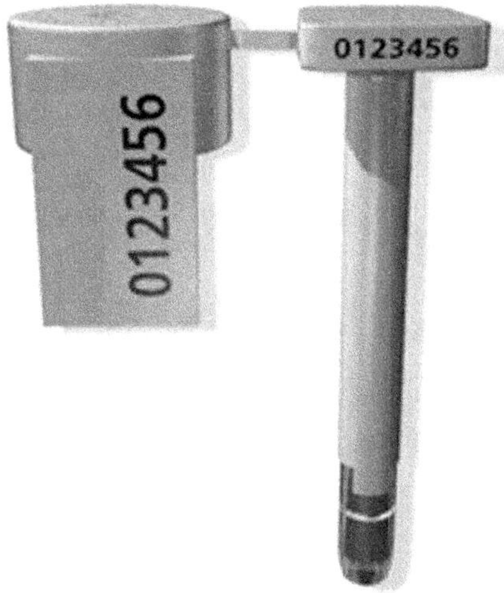

Figura 6.2. Precinto normalizado para contenedores.

con ello a que los demás países exportadores deban cumplir con normas más severas, a riesgo de poner en peligro el éxito de sus operaciones comerciales, de que sus contenedores sean rechazados o de sufrir demoras y costos difícilmente asumibles por las empresas.

En este sentido, se debe mencionar los criterios aplicables a los sellos y precintos de contenedores que accedan a los puertos estadounidenses (véanse las figuras 6.1 y 6.2).

En esta iniciativa para proteger el comercio exterior norteamericano contra el terrorismo, teniendo en cuenta que no existe una norma internacional para precintos, basándose en la norteamericana ASTM F1157 que aportaba especificaciones de las propiedades físicas de los precintos de seguridad, se ha pasado a la norma ISO/PAS 17712, que define los actuales mínimos requeridos para los equipos que accedan a EEUU.

En la tabla 6.1 se indican las especificaciones de la norma ISO/PAS 17712, comparándolas con las anteriores de la norma ASTM F1157. En ella se puede comprobar el significativo incremento experimentado en cuanto a las exigencias de seguridad.

De acuerdo con las normas establecidas por las aduanas de EEUU, en lo que se conoce como *The Customs; Trade partnership against terrorism* (C-TPAT) o Programa de Asociación Aduanera Comercial contra el Terrorismo, la cadena de cumplimiento comprende a todos los intervinientes desde el punto de origen (fábrica, intermediarios, vendedor) hasta el punto final de destino o distribución. Extiende perímetros de seguridad para que los importadores transporten su mercadería segura desde que sale de la fábrica hasta que el minorista la recibe. La Regla de las 24 h, conocida como *cut off*, señala la hora límite para que la terminal portuaria reciba la carga de exportación. Posibilita que la terminal registre la carga y que en un plazo determinado se lo comunique a la agencia consignataria. El consignatario debe a su vez notificar al menos 24 h antes

COMPARATIVA DE NORMAS PARA PRECINTOS		
Tipo de prueba	*Especificaciones ISO/PAS 17712*	*Especificaciones ASTM F1157*
Tensión	10,0 kN (kg)	4,44 kN a 13,34 kN (1.000-3000 ft-lbs)
Esfuerzo cortante	341 kg (751 lbs)	340 a 435 kg-ft (751-1.000 ft-lbs)
Torsión	(37 ft-lbs)	(36-50 ft-lbs)
Rigidez	50 Nm	68 Nm
Flexibilidad	501 ciclos	501-1.000 ciclos
Golpe	40,68 J (30 ft-lbs)	40,68 a 52,90 J

Tabla 6.1. Especificaciones de seguridad ISO/PAS 17712 para precintos de contenedores.

del embarque a la aduana del país receptor integrado en el convenio de seguridad. En la práctica, el *cut off* se fija 36 h antes de la llegada planificada del buque. En los países que aplican con éxito estas medidas, la autoridad marítima o portuaria acuerda entre operadores, agencias y funcionarios aduaneros, prohibir el embarque de cargas tardías. Los regímenes de penalización resultan muy severos para agencias y operadores aduaneros. El período en que los operadores pueden entregar los contenedores tiene un inicio, una fecha y hora, además de hora límite *(cut off)*.

Para obtener la certificación C-TPAT, los socios comerciales (transportistas, puertos, terminales, agentes, consolidadores, etc.) deben ser conocidos por los importadores, hecho que debe poder demostrarse mediante obligaciones contractuales, cartas de acuerdo, cuestionario escrito o por procedimientos electrónicos.

3.1 Iniciativa de Seguridad en Contenedores (Container Security Iniciative o CSI)

Creada y desarrollada a partir del año 2002 por la US Bureau of Customs and Border Protection (CBP), se trata de un conjunto de normas de seguridad del comercio mundial contra la posibilidad de uso terrorista de un contenedor marítimo para transportar armas. La CSI establece un régimen para asegurar que todos los contenedores que presentan un riesgo potencial para el terrorismo sean identificados e inspeccionados en puertos antes de ser cargados en los buques. El programa se extiende por los veinte puertos más importantes del mundo.

Su cometido es identificar y controlar contenedores para elaborar fuentes de investigación relacionadas con la amenaza terrorista de la carga. CSI continúa expandiéndose a lugares estratégicos en todo el mundo. La Organización Mundial de Aduanas (OMA), la Unión Europea (UE), y el G-8 CSI han adoptado resoluciones para la aplicación de CSI. Estas medidas de seguridad introducidas en los puertos de todo el mundo están operativas en América del Norte, Europa, Asia, África, Oriente Medio, América Latina y América Central. La política de seguridad incluye precintos y sellos controlados, registrados digitalmente. Asimismo se exige fotografiar el contenedor cuando se consolida (carga). Cada contenedor lleva una «señal» que indica haber sido fotografiado y varios precintos, tanto lleno como vacío. Cada dato de sellos y precintos se remite digitalmente para adjuntar a la documentación de cada contenedor.

La seguridad necesaria para garantizar la integridad de los contenedores debe proteger contra la introducción de materiales y personas sin autorización. En este sentido, para prevenir cargas ilícitas, deben aplicarse procedimientos de precintado apropiados y mantener su integridad durante el transporte.

Asimismo, la inspección del contenedor debe hacerse con procedimientos que validen su integridad física antes de iniciar la carga, incluyendo los mecanismos de cierre de las puertas.

4   Equipos de protección en las terminales[5]

La propia filosofía de prevención basada en la detección de personas y objetos susceptibles de significar una amenaza para la seguridad de las personas y los bienes involucrados en el ámbito marítimo y portuario, obliga a incorporar determinados equipos que puedan facilitar esa función con suficientes garantías de eficacia, y que a la vez minimicen las demoras y los contratiempos en el normal desarrollo de la actividad del transporte multimodal que reciben los puertos y los buques.

Estos equipos están basados en sistemas pasivos de identificación radiológica, principalmente rayos X, gamma y de neutrones. Detectan un completo espectro de materiales radioactivos, con los mínimos niveles de radiación para los operadores de los equipos. Están equipados con el sistema de detección de explosivos VEDS-3, que detecta de manera automática trazas de su presencia.

---

[5] Para ampliar la información de este apartado, véase *La seguridad en los puertos*, Ricard Marí, Jaime Rodrigo de Larrucea y Álvaro Librán, Marge Books, Barcelona, 2012.

Figura 6.3. Escaneado de un contenedor mediante un sistema de detección.

En la figura 6.3 se muestra una unidad móvil que lleva a cabo inspecciones por escaneado de volúmenes, en este caso de un contenedor transportado sobre plataforma.

Estos sistemas de detección presentan, entre otras, las siguientes ventajas:

- Proceso de inspección de 1-3 camiones con semirremolque por minuto.
- Visión completa de imágenes de cualquier tipo de vehículo y de su contenido.
- Posibilidad de actuación en casi todas las condiciones meteorológicas.
- Fuente de energía y detectores incluidos en un solo dispositivo para un manejo sencillo y eficaz.

5   La obligación de verificar el peso bruto de los contenedores o VGM

La OMI, tras los accidentes por fallos estructurales de los buques *MSC Napoli* (2007) y del *MOL Confort* (2013), mediante Resolución MSC.380 (94) modificó en 2014 la regla 2 sobre información de la carga, del capítulo VI sobre transporte de cargas y combustible líquidos, del Convenio Internacional para la Seguridad de la Vida Humana en el Mar o Convenio SOLAS. Aunque dichas enmiendas entraron en vigor en 2017,[6] el requisito de realizar la verificación del peso bruto del contenedor como condición para la carga en el buque resulta jurídicamente vinculante desde el 1 de julio de 2016.

A partir de esta fecha, toda entidad expedidora (persona física o jurídica mencionada en el conocimiento de embarque como expedidora o la persona que haya concertado, o en cuyo nombre o por cuenta de la cual se haya concertado, un contrato de transporte de mercancías con una compañía naviera) está en la obligación de verificar el peso bruto de los contenedores llenos, asegurarse de que el peso bruto verificado consta en el documento de expedición y que el mismo se presenta al capitán del buque o a su representante y al representante de la terminal con antelación suficiente, según lo exija el capitán o su representante, para que pueda utilizarse al elaborar el plan de estiba.

5.1 Efectos prácticos

Si se entrega un contenedor en la terminal marítima sin que quien lo expide haya proporcionado el peso bruto verificado o VGM (siglas de *verified gross mass*), el capitán o su representante y el representante de la terminal podrán obtener en nombre de la empresa expedidora el peso bruto verificado del contenedor lleno. Para ello, el contenedor lleno se podrá pesar en la terminal o en otro lugar.

Cuando la actividad de verificación del peso bruto de un contenedor se realice dentro de la zona de servicio de un puerto, dicha actividad puede tener la naturaleza de servicio comercial.

5.2 Ámbito de aplicación

La verificación del peso bruto de los contenedores llenos se aplicarán a todos los contenedores que se rigen por el Convenio Internacional sobre la Seguridad de los Contenedores o CSC *(Convention for Safe Containers)*, de 1972, y que hayan de estibarse a bordo de un buque sujeto al capítulo VI, sobre Transporte de cargas y combustible líquido, del Convenio SOLAS. En la resolución del Comité de seguridad marítima (MSC) de la OMI, se establece que quedan exentos los contenedores transportados sobre un chasis o en un

---

6 Todos los países firmantes del Convenio SOLAS ha incorporado estas enmiendas a sus normativas legales. En el caso de España, por ejemplo, se hizo a través de la Resolución de 31 de mayo de 2016 emitida por la Dirección General de la Marina Mercante (DGMM), relativa a la verificación de la masa bruta de los contenedores (véase el BOE, núm. 157, de 30 de junio de 2016).

remolque cuando dichos contenedores sean conducidos a o desde un buque de transbordo rodado que efectúe viajes internacionales cortos, según las definiciones que figuran en la regla 3 del capítulo III del Convenio SOLAS.

5.3 Métodos de verificación del peso bruto

- **Método 1:** pesar el contenedor lleno una vez concluidos la arrumazón y el sellado del contenedor; o

- **Método 2:** pesar todos los bultos y elementos de carga, incluyendo el peso de los palés, la madera de estiba y demás material de sujeción que se cargue en el contenedor y añadiendo el peso de la tara del contenedor a la suma de cada masa.

La balanza, la báscula puente, el equipo de izada y los otros dispositivos utilizados para verificar el peso bruto del contenedor deberán estar calibrados por un laboratorio acreditado por la entidad que designe la Administración del país donde tiene lugar la verificación del peso bruto o, en otro caso, por otra entidad reconocida en el ámbito de los acuerdos de reconocimiento mutuo entre organismos acreditadores nacionales.

5.4 Discrepancias entre el peso bruto declarado y verificado

Según las directrices de la OMI,[7] cuando existan discrepancias entre el peso bruto de un contenedor lleno declarado antes de verificarse su peso bruto y su peso bruto verificado, el dato obtenido del peso bruto verificado prevalecerá.

La discrepancia debería solucionarse haciendo uso del peso bruto verificado obtenido por la instalación de la terminal portuaria. La discrepancia existe, según se indica en algunas normativas cuando:

- La diferencia del peso bruto obtenida en dos procesos de pesaje distintos sea de 500 kg, en más o en menos, para contenedores cargados con hasta 15 t.

---

[7] Véanse las directrices relativas a la masa bruta verificada de los contenedores con carga, aprobadas por el MSC en su 93º periodo de sesiones (14 a 23 de mayo de 2014), que se contienen en la Circular 1475, de 9 de junio de 2014, de dicho Comité de la OMI, y a las cuales se remite, en su redacción enmendada, la regla 2 del capítulo VI del Convenio SOLAS, para su correcta y efectiva implantación.

- La diferencia del peso bruto obtenida en dos procesos de pesaje distintos suponga un porcentaje distinto del 5 %, en más o en menos, para contenedores que superen las 15 t.

6 Legislación relacionada con la seguridad en el transporte

Tomando como referencia la legislación española, hemos seleccionado aquí aquella que hace referencia a la seguridad *(safety,* en inglés) de la carga y del transporte, como ejemplo de la aplicación de las normativas internacionales sobre esta materia:

- *Real Decreto (RD) 2319/2004, de 17 de diciembre,* por el que se establecen normas de seguridad de contenedores de conformidad con el Convenio Internacional sobre la Seguridad de los Contenedores o CSC (Convention for Safe Containers). Es la norma más relevante sobre la materia en España[8] y abarca todos los aspectos del contenedor: documentación, certificación, inspección, etc.
  Este real decreto persigue diversas finalidades:

  - Incorporar las modificaciones introducidas en el Convenio CSC, de 2 de diciembre de 1972. La experiencia adquirida desde que se publicó la Orden de 31 de julio de 1979, por la que se establecieron normas para la aplicación de dicho convenio, hizo necesaria una nueva normativa en la materia.
  - Las principales enmiendas experimentadas por el Convenio CSC, dirigidas a la reforma de importantes aspectos técnicos, justificaron también el establecimiento de un conjunto de normas para la aplicación uniforme de dicho convenio en España. De esta manera se daba cumplimiento a lo dispuesto en la circular CSC/100/ de la OMI, en la redacción dada por la circular CSC/124/, que modifica la anterior.
  - A través de este real decreto se buscó satisfacer las últimas recomendaciones del Comité de Seguridad Marítima de la OMI, especialmente en materia de muestreos de control en los puertos y en las terminales de distribución de contenedores ferroviarios, así como, cuando sea posible, en carretera, y facilitar su desarrollo a través de las medidas oportunas para una mejor verificación de su aplicación.

---

[8] Véase BOE de 14 de enero de 2005.

Paralelamente, resultaba de suma importancia integrar en la legislación española las reformas que afectan a las actuaciones de los nuevos organismos de control, autorizados de acuerdo con el RD 2200/1995, de 28 de diciembre,[9] por el que se aprueba el Reglamento de la infraestructura para la calidad y la seguridad industrial.

Otras normativas relevantes que asimismo cabe considerar son:

- *Ley 11/1997, de 24 de abril,* de Envases y Residuos de Envases y Embalajes en España. Esta ley es transposición de la Directiva 94/62/CE del Parlamento Europeo y del Consejo, de 20 de diciembre de 1994, relativa a los envases y residuos de envases.

- *RD 782/1998, de 30 de abril,* por el que se aprueba el Reglamento para el desarrollo y ejecución de la Ley 11/1997, de 24 de abril, de Envases y Residuos de Envases y Embalajes.

- *Orden de 27 de abril de 1998,* por la que se establecen las cantidades individualizadas que hay que cobrar en concepto de depósito y el símbolo identificativo de los envases que se pongan en el mercado mediante el sistema de depósito, devolución y retorno regulado en la Ley 11/1997, de 24 de abril, de Envases y Residuos de Envases y Embalajes.

- *Resolución de 30 de septiembre de 1998,* de la Dirección General de Tributos, relativa a la aplicación del impuesto sobre el valor añadido (IVA) a determinadas operaciones efectuadas en el marco de los sistemas integrados de gestión de envases usados y residuos de envases, regulados en la Ley 11/1997, de 24 de abril, de Envases y Residuos de Envases y Embalajes, por las entidades de gestión de los referidos sistemas y por otros agentes económicos.

- *Ley 50/1998, de 30 de diciembre,* de Medidas Fiscales, Administrativas y del Orden Social, por la que se obliga a identificar en las facturas las aportaciones de los envasadores a los sistemas integrados de gestión de residuos pagados en concepto de «punto verde» (cantidad individual por cada producto envasado puesto en el

---

[9] Este real decreto fue sometido al procedimiento de información en materia de normas y reglamentaciones técnicas y reglamentos relativos a los servicios de la sociedad de la información, previsto en la Directiva 98/34/CE del Parlamento Europeo y del Consejo, de 22 de junio de 1998, modificada por la Directiva 98/48/CE del Parlamento Europeo y del Consejo, de 20 de julio de 1998, así como en el RD 1337/1999, de 31 de julio, por el que se regula la remisión de información en materia de normas y reglamentaciones técnicas relativas a los servicios de la sociedad de la información, el cual incorpora las anteriores directivas al ordenamiento interno español.

mercado). Modifica en su disposición adicional decimonovena la Ley 11/1997, de 24 de abril, de Envases y Residuos de Envases y Embalajes.

- *Orden de 21 de octubre de 1999,* por la que se establecen las condiciones para la no aplicación de los niveles de concentración de metales pesados establecidos en el artículo 13 de la Ley 11/1997, de 24 de abril, de Envases y Residuos de Envases y Embalajes, a las cajas y palés de plástico reutilizables que se utilicen en una cadena cerrada y controlada.

- *Orden de 12 junio de 2001,* por la que se establecen las condiciones para la no aplicación a los envases de vidrio de los niveles de concentración de metales pesados establecidos en el artículo 13 de la Ley 11/1997, de 24 de abril, de Envases y Residuos de Envases y Embalajes.

- *Ley 10/1998, de 21 de abril,* de Residuos. En su disposición adicional séptima modifica la Ley 11/1997, de 24 de abril, de Envases y Residuos de Envases y Embalajes.

- *Orden MAM/304/2002, de 8 de febrero,* por la que se publican las operaciones de valorización y eliminación de residuos y la lista europea de residuos.

- *Ley 16/2002, de 1 de julio,* de prevención y control integrados de la contaminación.

Capítulo 7
Daños y averías

Como hemos comentado en los anteriores capítulos, el contenedor aporta seguridad a la mercancía que se deposita en él, permite agilizar las manipulaciones de carga-descarga en el buque, facilita la operativa portuaria y hace posible la multimodalidad del transporte. Sin embargo, algunos inconvenientes de su uso en el transporte marítimo dan pie a reclamaciones por parte del receptor, a raíz de averías que se producen en las mercancías transportadas. Se trata de reclamaciones de diversa índole, provocadas por deficiencias en el mantenimiento del contenedor o por golpes sufridos durante la manipulación y el transporte; estos últimos pueden producir roturas en paneles o en el suelo del contenedor, y modificar su grado de estanqueidad al agua y a la luz. Las averías más comunes en las mercancías están causadas por mojaduras debidas a la condensación provocada por la compleja climatología del interior del contenedor, o bien porque este no sea estanco al agua.

1 Inspección y reparación de contenedores

Los procedimientos de control para la inspección y reparación de contenedores están basados en las directivas internacionales existentes, como son la del Institute of International Container Lessors (IICL), la ACC y el Convenio Internacional de Naciones Unidas sobre la Seguridad de los contenedores (CSC 72).

1.1 *Institute of International Container Lessors*

El IICL o Instituto Internacional de Arrendadores de Contenedores, fundado en 1971, tiene su sede en la ciudad de Delaware (Estados Unidos). Se convirtió en una asociación comercial dirigida a la industria del alquiler internacional de contenedores, y ha publicado una serie de guías y manuales para su inspección, reparación y mantenimiento.

Los criterios de inspección, reparación y mantenimiento se deben acordar con el propietario o usuario cuando se redacten los contratos de alquiler de los contenedores y en los contratos concertados con las empresas que gestionan los depósitos de almacenamiento, reparación y mantenimiento o *depots*. Entre las empresas asociadas al IICL se encuentran Cronos Container Limited, Textainer Equipment Management, Transamerica Leasing Inc., Triton Container International Ltd., entre las que se dedican al alquiler de contenedores a navieras, agrupando también a la International Chamber of Shipping y al System Operators International Commitee.

Los criterios de inspección de contenedores del IICL son actualmente los más completos[1] y también, con toda probabilidad, los más utilizados por los propietarios y usuarios.

1.2 Inspección de contenedores

Las principales modalidades de inspección de contenedores son *on hire, off hire, in service, condition survey,* y *post repair* (véase la figura 7.1).

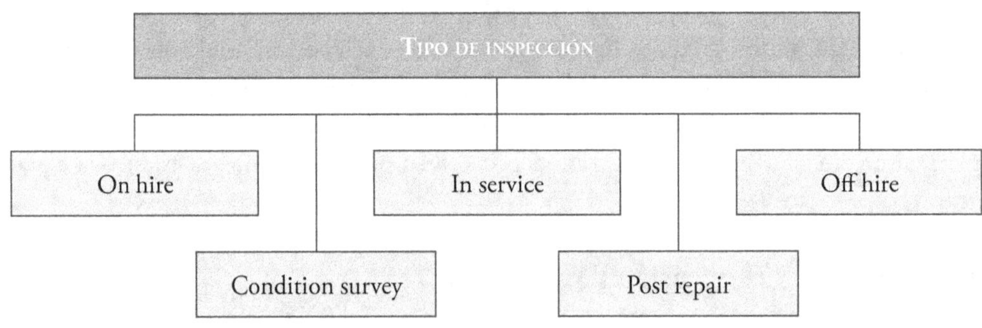

Figura 7.1. Clases de inspección de contenedores.

---

[1] Entre las guías y los manuales publicados por el IICL se encuentran:

— *Guide for Container Equipment Inspection.*
— *General Guide for Container Cleaning.*
— *Specifications for Steel Container Refurbishing.*
— *Guide for Container Damage Measurement.*
— *IICL Supplement on Container Inspection and Repair: Gray Areas.*
— *Repair Manual for Steel Freight Containers.*

Las compañías navieras y las de alquiler de contenedores tienen repartidos por toda la red portuaria mundial millones de contenedores, bien sea embarcados a bordo de buques, en terminales portuarias, en fase de consolidación a cargo de expedidores, descargados por receptores, o bien a la espera en depósitos de almacenamiento, mantenimiento y reparación. La dispersión de los contenedores es enorme y el control de los mismos resulta complejo.

Estas compañías negocian habitualmente los correspondientes contratos con los diferentes depósitos de contenedores,[2] acordando las tarifas de reparación y almacenamiento, y de inspección y sus tipos, entre otros asuntos.

Los depósitos disponen de personal propio que inspecciona los contenedores cuando se reciben, y redactan un presupuesto de reparación en el caso de que lleguen averiados, y otro de mantenimiento cuando tengan que limpiarse, sacar restos de carga, trincas, etc., o bien dan el aceptado a los contenedores que estén en correctas condiciones para ser utilizados de nuevo. Los inspectores del depósito, una vez reparados los contenedores, deben inspeccionarlos para darles el visto bueno o bien para efectuar las observaciones necesarias en caso de reparaciones defectuosas.

A su vez, los inspectores de los depósitos inspeccionarán conjuntamente[3] con los de las navieras los contenedores que hayan sido alquilados a las empresas de alquiler de contenedores que los depósitos representan o bien cuando, finalizado el contrato de arrendamiento, los contenedores sean devueltos al depósito. También llevarán a cabo inspecciones conjuntas el inspector del depósito y el de la naviera cuando este último inspeccione contenedores que estén en servicio y hayan sido reparados de acuerdo con las instrucciones de la naviera, comprobando que las reparaciones practicadas[4] cumplan los requisitos acordados.

En ocasiones, la opinión de los dos inspectores sobre los daños y las limpiezas que hay que efectuar al contenedor es contraria, interpretando las normas de reparación con distinto criterio. Lógicamente, cada inspector defenderá los intereses de su cliente. En estos casos, el contenedor será inspeccionado por un tercer inspector neutral.

- **Inspección a la entrega del contenedor[5]**
  La inspección *on hire* se efectúa una vez se ha firmado el contrato de arrendamiento del contenedor entre la compañía que lo alquila y la naviera. La primera

---

[2] Los depósitos de almacenaje, reparación y mantenimiento de contenedores o *depots,* por razones operativas y de reducción de costos, suelen encontrarse en las proximidades de los grandes puertos comerciales.

[3] *Joint survey.*

[4] *Post repair survey.*

[5] *On hire survey.*

dará orden al depósito de entregar los contenedores con una referencia numérica a la naviera. Cuando esta reciba la referencia que corresponde a los contenedores alquilados, se pondrá en contacto con su inspector para comprobar que los contenedores cumplen las normas exigidas.

El inspector o *surveyor* de la naviera deberá examinar, entre otros aspectos, el estado de mantenimiento y el grado de corrosión de los contenedores. Aquellos que no cumplan los mínimos requeridos de estanqueidad, corrosión, abolladuras cuya flecha o deformación se salga de las normas, etc., serán rechazados y reemplazados por otras unidades. De cada contenedor se deberá tomar la numeración, el peso máximo, la tara, la fecha de fabricación y la placa de seguridad CSC, y se comprobará que haya pasado las correspondientes revisiones.[6] Una vez tomados todos los datos, dicha información se pasará directamente a la naviera o a sus agentes para que los contenedores sean recogidos.

Posteriormente, el inspector emitirá un certificado de cada contenedor para la naviera y dejará una copia en el depósito. En dicho certificado deberán constar, además de los datos ya indicados, las reparaciones anteriores, el estado interior de los paneles y de la madera del suelo, la existencia de parches en la chapa o en los toldos (en el caso de los contenedores sin techo) y los añadidos que se hayan efectuado en las partes estructurales del contenedor. Estos datos sirven para que cuando se devuelva el contenedor a la compañía arrendadora y esta lo inspeccione, no se atribuyan al arrendatario averías anteriores a la de la fecha en que fue entregado.

En el caso de que en el contrato de arrendamiento no conste ninguna cláusula en la que se exprese los años de vida que debe tener el contenedor, puede darse el caso de que el depósito pretenda entregar unidades antiguas con indicios de corrosión, tanto en los paneles como en partes estructurales, principalmente en las vigas transversales[7] de la parte inferior del contenedor. El inspector debe rechazar aquellas unidades en las que la corrosión se encuentre en un estado avanzado, ya que durante el tiempo de alquiler la corrosión puede avanzar y perforar los paneles o debilitar de manera peligrosa la estructura del contenedor, haciendo posible que se produzcan averías en la mercancía transportada o incluso accidentes.

---

[6] El plazo de revisión del contenedor para que la placa CSC tenga vigencia es de cinco años.

[7] *Cross members.* La nomenclatura de las distintas partes de los contenedores se describe en inglés en los certificados y en los presupuestos de reparación.

[8] La normativa de inspección de contenedores más utilizada es la IICL.

[9] *Improper repair.*

[10] *No action.*

[11] Disputa.

* ***Off hire survey***

La inspección *off hire* se lleva a cabo una vez terminado el período de alquiler, cuando el contenedor es devuelto por la naviera a la compañía arrendadora. En el momento de la entrega, el inspector del depósito emitirá un presupuesto de reparación en el que se incluirán las averías detectadas que estén dentro de las tolerancias de la normativa de inspección[8] y las reparaciones que se hayan efectuado de forma incorrecta[9] al contenedor durante el tiempo de alquiler.

El presupuesto de reparación elaborado por el inspector del depósito debería ajustarse a la normativa de inspección pactada en su día. La función del inspector de la naviera será que dicho presupuesto se ajuste a la normativa en su totalidad, procurando defender los intereses de su cliente.

Durante la inspección conjunta, el inspector de la naviera examinará cada una de las averías expuestas en el presupuesto de reparación, comprobará si las tolerancias de estas exceden a las de la normativa y aceptará o no su reparación.

En caso de que las averías expuestas en el presupuesto de reparación estén dentro de las tolerancias de la normativa, el inspector de la naviera anulará dicha reparación colocando junto al encasillado de la avería las siglas N/A,[10] indicando con ello que dicha avería no se deberá reparar.

También en este aspecto, es frecuente que los inspectores lleguen a conclusiones contradictorias sobre si las averías entran o no en las tolerancias de la normativa. En caso de que los dos inspectores no alcancen un acuerdo, el contenedor se deja en dispute[11] a la espera de una segunda inspección por parte de un tercer inspector neutral.

En caso de que los inspectores lleguen a un acuerdo, el de la naviera sellará y firmará el presupuesto de reparación, aceptará el valor de los daños correspondientes a la naviera, y separará los daños ocasionados al contenedor de las reparaciones llevadas a cabo de forma incorrecta durante el período de alquiler del contenedor[12] y la limpieza.

Los daños por agua (corrosión) correrán a cargo de la compañía de alquiler de contenedores. Finalmente, se entregará una copia sellada y firmada del presupuesto de reparación al depósito, mientras que el original se remitirá a la naviera o a los agentes de la misma.

---

[12] Es muy importante que el inspector de la naviera en el momento de inspeccionar el contenedor en condición *off hire*, tenga el impreso del *on hire* elaborado en el momento en que el contenedor entró en alquiler y que la naviera le debería haber remitido. De esta manera, el inspector podrá comprobar en qué condición se alquiló el contenedor y si tenía averías mal reparadas que pudieran ser imputadas a la naviera en el momento de la devolución del contenedor. A pesar de lo importante que es disponer del certificado *on hire* en el momento de la devolución del contenedor, es frecuente que las navieras no lo remitan al inspector.

- **Inspección durante el servicio**[13]

  La inspección durante el servicio o *in service* se practica mientras el contenedor sigue en alquiler y se aprovecha el período en que el contenedor se encuentra descargado y almacenado en el depósito a la espera de un nuevo servicio. Durante este tiempo, el inspector del depósito efectúa una inspección al contenedor con el fin de subsanar las averías que puedan afectar tanto a este como a la seguridad de las mercancías, para lo que, en su caso, elabora un presupuesto que remite a la naviera o a su agente. Esta remitirá a su vez dicha información a su inspector para que efectúe una inspección basándose en el presupuesto de reparación confeccionado por el inspector del depósito.[14] El inspector de la naviera verificará las averías y podrá rechazar aquellas reparaciones que considere innecesarias, como las abolladuras en paneles que, aun excediendo las tolerancias de la normativa, crea oportuno reparar cuando el contenedor sea devuelto a la compañía que lo ha arrendado. En caso de aceptación, dicho inspector firmará el presupuesto de reparación, remitirá el original a esta y dejará una copia al depósito. Si este inspector tiene potestad[15] para transmitir al depósito la orden de que reparen el contenedor inspeccionado, en el presupuesto sellado y firmado anotará, además, «aceptado». En caso contrario, se limitará a indicar «inspeccionado solamente».

- ***Post repair survey***

  Se refiere a aquella inspección efectuada tras la reparación de un contenedor. En dicha inspección, el inspector requerido por la naviera contrastará con el presupuesto que las reparaciones practicadas se correspondan con las que fueron aprobadas y comprobará que se hayan llevado a cabo cumpliendo la normativa de inspección, para comunicar finalmente a la naviera el resultado de la misma.

- ***Direct interchange***

  Cuando una naviera disponga de contenedores arrendados a una compañía de alquiler de contenedores y, a su vez, necesite arrendar la totalidad o parte de los mismos a otra naviera con contrato de subarriendo, los inspectores de ambas

---

[13] *In service survey.*

[14] El inspector de la naviera no está obligado a utilizar el presupuesto del inspector del depósito, de modo que puede confeccionar el suyo propio o bien los dos inspectores pueden confeccionar uno nuevo conjuntamente.

[15] En la inspección durante el servicio es frecuente que los inspectores de las navieras acepten las reparaciones que hay que efectuar, hasta un límite o importe económico previamente concertado.

navieras inspeccionarán los contenedores en el momento de pasar de una compañía a otra. Dicha inspección se conoce como *direct interchange*. Durante esta se cumplimentará un impreso en el que se harán constar los datos del contenedor, la numeración, la tara, la fecha de fabricación, el peso máximo y la vigencia de la placa CSC. Asimismo, se indicarán posibles daños, las reparaciones practicadas anteriormente y las que no cumplan la normativa *(improper repair* o reparaciones mal efectuadas). Así, cuando concluya el tiempo de alquiler pactado y el contenedor sea devuelto a la naviera, se llevará a cabo una inspección conjunta *(joint survey)* de ambos inspectores con sus respectivos impresos de *direct interchange,* de manera que los daños que no aparezcan en dicho impreso correrán a cargo de la naviera que ha arrendado los contenedores, mientras que los daños que consten en el impreso irán a cargo de la naviera que en su día los arrendó a la compañía de alquiler de contenedores.

En el caso de daños por corrosión, siempre y cuando la naviera que ha alquilado el contenedor considere oportuno no repararlos, éstos correrán a cargo de la compañía de alquiler de contenedores cuando sea devuelto. A no ser que en el contrato de arrendamiento existan cláusulas con otras opciones, la empresa que arriende un contenedor a una compañía de alquiler de contenedores podrá devolverlo antes de tiempo cuando no pueda ser explotado comercialmente por tener un grado de corrosión que lo haga inseguro para el transporte de mercancías.

2 El contenedor y el seguro

Tanto los buques portacontenedores *malacamax* con capacidades de carga de más de 22.000 TEU como los de menor porte están expuestos a sufrir siniestros graves, en los que las pérdidas en cuanto al valor de las mercancías transportadas y al de los propios contenedores alcancen niveles significativos. Resulta evidente que todo ese capital debe estar protegido mediante una póliza de seguro que cubra los posibles daños.

El propietario del contenedor es quien debe correr con la prima del seguro, o bien el responsable de los mismos en el caso de que esté bajo un contrato de arriendo. Cuando se da el caso de que el propietario de la naviera lo es también del contenedor, es bastante usual que este disponga de un seguro distinto al de la nave. En caso contrario, el armador tendrá que asegurarse de que la póliza cubra los riesgos del contenedor no solo cuando este se encuentre a bordo sino también cuando se encuentre en tierra.

En el caso de las compañías de alquiler de contenedores, estas deben asegurar sus propios contenedores cuando los alquilan.

3 Evaluación de las averías por mantenimiento insuficiente o manipulación indebida

La duración del tiempo de explotación comercial de un contenedor depende de los siguientes factores:

- La calidad de los materiales utilizados en la construcción del contenedor.
- La frecuencia del mantenimiento en el contenedor.
- Las variables climatológicas según las zonas o líneas de explotación del contenedor.
- Los medios utilizados en la manipulación del contenedor.

3.1 Calidad de los materiales

En la fabricación de contenedores cerrados de 20 o 40 pies, los materiales que intervienen son básicamente el acero, la madera[16] y la aplicación de pinturas protectoras. El acero forma parte de la estructura y los paneles del contenedor, mientras que la madera cubre el suelo del contenedor en forma de paneles o tablas, atornillada a las vigas transversales.

En cuanto al acero, el más utilizado es el acero naval con las correspondientes protecciones de pinturas en estructuras y paneles y los alquitranes en la parte externa de los bajos del contenedor. En la década de 1990, algunas empresas de alquiler de contenedores contrataron con los fabricantes el uso de acero corten,[17] alargando con ello la vida comercial de sus contenedores.

A finales de esa década, la República Popular China, potenciando su industria de fabricación de contenedores, sobre todo del tipo cerrado, introdujo en el mercado un gran número de unidades a unos precios muy bajos. La consecuencia inmediata fue que las grandes compañías de alquiler y las navieras adquirieron esos contenedores «baratos», independientemente de la vida comercial de los mismos, dado que el costo de reemplazo

---

[16] Los tipos de madera más utilizados en la construcción de contenedores son el contrachapado de 240 × 120 cm y el tablón. En la madera del suelo de los contenedores, se suele usar el llamado «tratamiento australiano», que consiste en el secado de la madera al horno *(klindried)*, para rociarla posteriormente con clordano pulverizado. Las autoridades australianas exigen que todos los contenedores que entren en sus puertos vayan acompañados de un certificado conforme la madera del suelo del contenedor haya sido tratada con la finalidad de evitar plagas de insectos.

[17] El acero corten se caracteriza por tener una mayor resistencia a la corrosión, lo que alarga la vida comercial del contenedor.

de las unidades viejas por otras nuevas era menor que el mantenimiento de un contenedor fabricado con materiales de mejor calidad y más caros.

Si persiste la tendencia de introducir en el mercado contenedores de bajo costo, con materiales de calidad inferior, y, por consiguiente, con una vida comercial más corta, se puede producir un aumento de reclamaciones por mojaduras en las mercancías transportadas debido a la falta de estanqueidad. A estas reclamaciones se sumarían las que se produzcan como consecuencia del aprovechamiento de contenedores viejos por parte de navieras de segunda línea o de depósitos de contenedores, aunque su explotación comercial sea de tan solo un viaje.[18]

3.2 *Frecuencia del mantenimiento del contenedor*

Debido al uso del contenedor y a medida que este envejece, se hace necesario efectuar un mantenimiento más frecuente.

El mantenimiento constará de las reparaciones que se deben efectuar por los daños sufridos por el contenedor durante su período de explotación, a fin de que pueda acogerse a la normativa contratada en caso de contenedores alquilados, o bien, en el caso de contenedores de propiedad de navieras, las reparaciones de aquellos daños que puedan hacer inseguro el contenedor, tanto para las personas como para las mercancías transportadas.

El contenedor está expuesto por su propio uso a una serie de riesgos, generalmente debidos a una deficiente manipulación y a impactos accidentales, tanto en tierra como a bordo de un buque. Al mismo tiempo, está sometido a un desgaste natural potenciado por su contacto con el medio marino. Los roces y golpes del contenedor contra otros contenedores en el buque, durante las operaciones de carga y descarga o durante las manipulaciones del contenedor en tierra, provocan ralladuras en la pintura o incluso pérdidas zonales de la misma, quedando el acero expuesto a la corrosión. A partir de este momento, comenzará un proceso corrosivo de los elementos estructurales o de los paneles afectados que, si no son saneados, debilitará a los primeros hasta provocar la falta de soporte material y producir agujeros en los segundos, perdiendo el contenedor la condición de estanqueidad al agua y a la luz.

---

[18] Por contenedor «de un solo viaje» se entiende el alquiler o la compra del mismo para su explotación en un solo uso. Para esta operación se utilizan contenedores viejos a los que se practica las reparaciones mínimas necesarias que garanticen la seguridad de las mercancías transportadas. Como ejemplo, una de las opciones es la renovación de una de cada cuatro vigas de los bajos del contenedor cuando estén afectadas por una corrosión significativa, dando como útil el contenedor para un viaje, aunque esté fuera de la normativa IICL.

El mantenimiento está muy relacionado con el costo del equipo o de algunas de sus partes, ya que la conservación a tiempo evitará costos mayores en su vida activa. Todo lo relacionado con el armazón y el esqueleto del contenedor constituye el costo más elevado, pues alcanza las 2/5 partes del total; seguido del suelo interior, que puede sufrir una importante erosión, con un costo próximo a 1/5; y de los de la propia imagen del contenedor, la influencia de los agentes externos y los propios del transporte multimodal, y los gastos en pintura, que pueden ascender a otra 1/5. El resto se reparte en el mantenimiento de los pequeños accesorios.

Con el paso del tiempo, el agua de la lluvia y los rociones de agua salada, cuando los contenedores están estibados por encima de la cubierta principal, merman la resistencia de los materiales estructurales. El agua se filtra por los paneles de las puertas y queda retenida entre las juntas de goma, principalmente en las inferiores, lo que produce un foco de corrosión que afecta a los remaches de acero que unen las juntas con la puerta; con el tiempo, éstos llegarán a romperse y dejarán las gomas sueltas y el contenedor en condición de pérdida de estanqueidad. Si no se hace un mantenimiento adecuado, el foco de corrosión se ampliará, pasando de los remaches a las planchas de acero de las puertas, y se agravarán los daños.

Es importante limpiar los contenedores una vez que hayan sido vaciados. En algunos casos se habrán transportado productos químicos, pieles sin curtir o semicurtidas u otros productos que pueden dejar restos en el interior del contenedor. Si no se limpia el contenedor, aparte de los posibles olores residuales, los restos pueden afectar la madera del suelo del contenedor y los paneles internos y provocar focos corrosivos.

El inspector puede aconsejar[19] a la compañía de alquiler que efectúe un chorreado y pintado de la parte interna y externa de los paneles del contenedor y bajos *(refurbiching)*, o bien, alguna zona específica del contenedor afectada por corrosión o por ralladuras en la pintura y que muestren la plancha de acero.

3.3 *Variables climatológicas por zonas o líneas de explotación del contenedor*

La industria fabrica todo tipo de contenedores con el fin de explotarlos comercialmente por la red mundial de puertos y usos del transporte multimodal. Adicionalmente a las

---

[19] Cuando el inspector que representa a la compañía de alquiler de contenedores o a la naviera crea que al contenedor se le tiene que practicar un chorreado y pintado de la parte interna y externa de los paneles del contenedor y bajos, total o parcial, insertará una nota en el presupuesto de reparación presentado por el depósito, aconsejando dicha operación. En algunos casos y hasta los costos que se hayan determinado previamente, el inspector podrá dar la orden directamente al depósito para que esta se lleve a cabo o bien podrá proponer otro tipo de mantenimiento.

distinciones entre tipos de contenedores, se pueden hacer otras en cuanto a las zonas en las que los contenedores serán explotados de manera comercial.

Diferenciamos dos tipos de explotación en cuanto a las zonas que frecuentarán los contenedores. En primer lugar, están los que serán movilizados por la red portuaria en general y, en segundo lugar, los que serán utilizados por navieras para explotarlos en tráficos locales.

Es evidente que no estarán sometidos a los mismos condicionantes meteorológicos los contenedores cuyo destino sea el tráfico regular entre puertos del norte de África, que se encontrarán con unos índices de pluviosidad y humedad muy bajos, que los contenedores que se destinen al tráfico de cabotaje en puertos del norte de Europa, donde dichos índices son mucho más altos. La repercusión en el porcentaje de corrosión entre unos y otros no será el mismo, en detrimento de los segundos.

En épocas de inestabilidad económica u otras circunstancias en las que los contenedores tienen que pasar largos períodos de tiempo inmovilizados en los depósitos, los contenedores que están en contacto directo con el suelo de la explanada sufrirán índices altos de corrosión en sus zonas estructurales bajas (vigas, largueros inferiores, *doors sill).*

En estos períodos, en los depósitos con contenedores apilados hasta cinco o más alturas y con las explanadas congestionadas, es prácticamente imposible moverlos con el objetivo de reemplazar cada cierto tiempo los contenedores de la parte inferior de los bloques y mitigar los efectos de la corrosión.

3.4 *Manipulación del contenedor en cuanto a los medios utilizados*

Un número considerable de las averías ocasionadas a los contenedores y a las mercancías que transportan son causadas por fallos humanos en la manipulación o por el uso de maquinaria indebida.

Los daños serán de distinta consideración según afecten al contenedor antes de recibir la carga, o bien las anomalías sean detectadas con las mercancías en su interior (véase la figura 7.2).

Para la manipulación de los contenedores se suelen utilizar carretillas elevadoras, grúas móviles, grúas pórtico, etc., descritas en el capítulo dedicado a equipamientos.

Esta maquinaria operativa tiene en común el uso de bastidores de anclaje *(spreaders),*[20] con la excepción de las carretillas elevadoras, que, según el modelo, trabajan con bastidores o con uñas.

---

[20] El bastidor de anclaje consta de una estructura de acero de forma rectangular que se acopla a los dados de la parte superior de los contenedores mediante conos giratorios *(twistlocks)* dispuestos en las cantoneras.

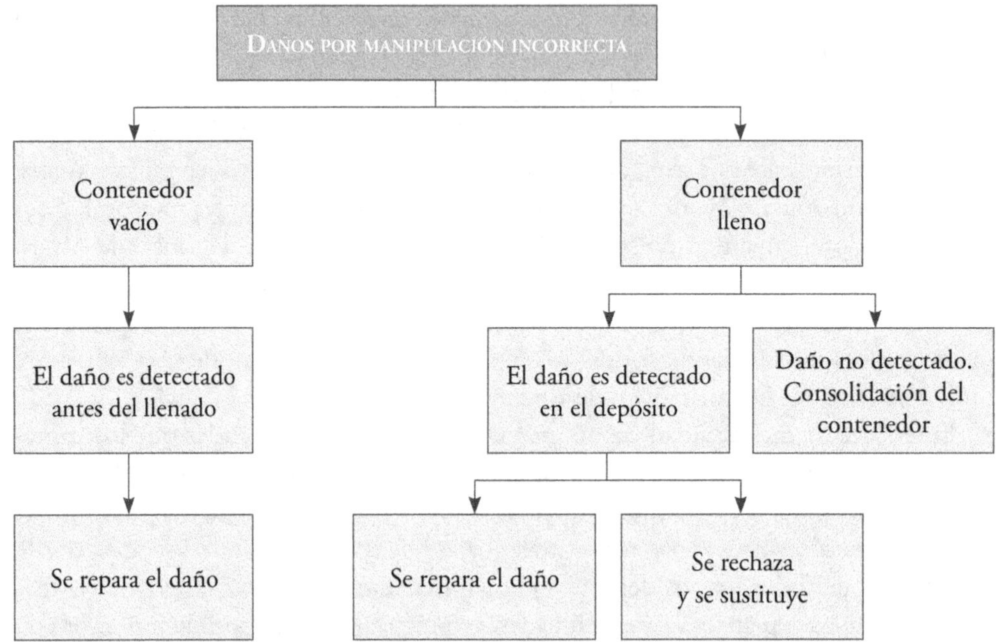

Figura 7.2. Detección de daños en un contenedor por manipulación incorrecta.

Los contenedores cerrados de 20′ disponen de unos alojamientos, a la mitad de los largueros inferiores, para que puedan entrar las uñas o palas de las carretillas elevadoras sin dañar al contenedor. Es recomendable llevar a cabo esta operación con el contenedor vacío. Cuando los contenedores cerrados están llenos se deben manipular con bastidor de anclaje.

En determinadas circunstancias, el daño por una deficiente manipulación puede afectar no solo al contenedor sino incluso alcanzar a la mercancía de su interior.

Nunca se debe embarcar, desembarcar o manipular un contenedor cerrado de 40′ lleno mediante galgas y ganchos, ya que la concentración de esfuerzos cortantes en las operaciones de izada o arriado conllevan el riesgo de que el contenedor se parta por la mitad.

Algunos puertos de países en vías de desarrollo no disponen de los equipos adecuados para manipular contenedores, y utilizan para esta operativa medios alternativos. Algunos de estos medios suelen ser grandes carretillas elevadoras con palas para la manipulación de contenedores llenos de 20′ e incluso de 40′. Al efectuar esta operación, las palas de las carretillas pueden aplastar y romper las vigas transversales de los bajos del contenedor y las maderas del suelo, afectando a la mercancía transportada.

3.5   *Zonas del contenedor afectadas durante las operaciones de manipulación y por corrosión*

* **Paneles del techo del contenedor**
En los dados de la parte superior del contenedor es donde se realizan los enganches de los conos del bastidor de anclaje. Estas operaciones, al no ser de precisión, provocan que dichos conos golpeen frecuentemente, con más o menos contundencia, la zona de los paneles delanteros y traseros del techo cercana a los dados. Esta zona más castigada está protegida con una plancha reforzada en los paneles primero y último. Este refuerzo, de 30 cm de ancho, está dispuesto de banda a banda del panel en sentido transversal. A pesar de este refuerzo, con el tiempo y los continuos impactos, la plancha se agujerea, y, si la avería pasa desapercibida, será un foco de futuras averías por mojadura en las mercancías.

Los paneles del techo soportan los golpes de otros contenedores durante las operaciones de apilamiento. Si bien estos golpes pueden deformar los paneles dejándolos en condición de arrufo, no es usual que se produzcan cortes o fisuras. Estas deformaciones acumulan agua, la cual, a su vez, provoca corrosiones y posteriores agujeros en la plancha.

Una avería que afecta tanto a los paneles del techo como a los laterales aparece cuando el contenedor se llena con determinadas mercancías, como balas de algodón, atados de pasta de papel, fardos, etc. En estos casos, si la estiba no se hace de forma correcta y se llena el contenedor atochando la mercancía, debido a la presión ejercida, los paneles del techo se deforman hacia arriba y los laterales hacia fuera, dejando al contenedor fuera de medidas ISO, con los inconvenientes que ello conlleva.[21]

Los paneles del techo del contenedor, lisos o corrugados, son planos y suelen tener deformaciones causadas por golpes recibidos durante las manipulaciones. Estas deformaciones retienen agua de mar y de lluvia, convirtiéndose en focos de corrosión. Si no se inspecciona el contenedor con frecuencia y no se efectúa un buen mantenimiento, la plancha se agujereará y el contenedor perderá su estanqueidad frente al agua, provocando averías en las mercancías transportadas.

---

[21] Un contenedor fuera de medidas ISO, dependiendo del grado de exceso, puede generar problemas cuando vaya a ser embarcado. Si tiene los paneles deformados hacia fuera puede quedar encastrado entre dos contenedores mientras desciende entre las guías dispuestas en las bodegas de carga del buque. También se puede dar el caso de que un contenedor no pueda ser estibado sobre otro contenedor, si este último tiene los paneles del techo deformados hacia arriba.

- **Paneles laterales y frontal**

También están expuestos a golpes durante las operaciones de carga, descarga, traslados, etc. Una avería frecuente en los contenedores cerrados de 20′ son las roturas en las planchas de los paneles laterales situadas cerca o en la zona de los alojamientos de las palas de las carretillas.

Cuando los conductores de las carretillas no aciertan a introducir las palas en los alojamientos, estas impactan en la plancha de los paneles deformándola o produciendo roturas, dependiendo de la intensidad del impacto. También es frecuente que estos paneles reciban golpes de carretillas que maniobran cerca de los contenedores, provocándoles deformaciones o abolladuras.

Los paneles laterales están soldados por su parte inferior con los largueros inferiores *(bottom rails)* y los largueros frontales con el larguero inferior frontal *(front bottom rail)*. La soldadura se hace de manera que los paneles descansen sobre los raíles, pues las zonas interiores de las corrugas de los paneles forman pequeñas plataformas con los raíles.

En estas pequeñas plataformas se acumula el agua de mar o de lluvia que resbala desde la parte superior de los paneles, produciendo, con el paso del tiempo, focos de corrosión que pueden agujerear la plancha de esta zona, haciendo perder al contenedor su condición de estanco al agua.

- **Puertas**

Están expuestas a golpes que ocasionarán deformaciones, abolladuras y roturas en estructuras y paneles. Las puertas, a diferencia de los restantes paneles, han de tener dispuestos los elementos de cierre,[22] las juntas de goma que aseguran la estanqueidad y la placa CSC (Convenio Internacional sobre la Seguridad de los Contenedores) (véase la figura 7.3).

Las puertas, además de los efectos de los golpes en la estructura y los paneles, sufren con frecuencia deformaciones y roturas en los elementos de cierre, principalmente en las barras, las manetas, los retenedores y las abrazaderas, y dejan al contenedor en muchos casos en condición de no estanco.

El agua de mar y de lluvia resbala desde la parte superior de los paneles y se filtra entre las juntas de goma y la placa CSC. Parte de este agua queda retenida y corroe los remaches que unen las gomas con los paneles y los que unen la placa CSC con el panel. Cuando los remaches se desprenden a causa de la corrosión, las juntas de goma quedan sueltas y pierden su efectividad, y la placa CSC, con

---

[22] Los elementos de cierre de las puertas de un contenedor cerrado son las barras, las manetas, los retenedores, las abrazaderas, las bisagras, el sujetador y los ganchos de cierre.

Figura 7.3. Efecto de un fuerte impacto en un contenedor.

la pérdida de algún remache, dejará un pequeño agujero en la plancha por el cual puede entrar agua y dañar las mercancías transportadas.

- **Estructura y paneles de madera del suelo del contenedor**

  Los componentes de los bajos[23] del contenedor están dispuestos en una de sus zonas más castigadas. La manipulación de los contenedores con maquinaria no diseñada para ello (grandes carretillas elevadoras con palas en vez de carretillas con bastidor) suele provocar graves daños a los largueros y las vigas transversales, así como a las maderas del suelo. Otra zona frecuentemente afectada por golpes son los extremos de los largueros transversales, delantero y trasero. Estas zonas son golpeadas durante

---

[23] Se entiende por bajos del contenedor el siguiente conjunto de elementos: los largueros inferiores laterales *(bottom rails)*, el larguero inferior transversal frontal *(bottom front rail)*, el larguero inferior transversal trasero *(door sill)*, las vigas transversales *(cross members)*, las maderas, el cuello de cisne *(gooseneck tunnel)* y las vigas transversales del cuello de cisne *(outriggers)*; los dos últimos elementos solo en contenedores de 40'.

el embarque por los conos giratorios del contenedor sobre el cual tiene que ser estibado. Con el tiempo, los extremos de los largueros transversales se rompen y doblan sobre sí mismos y se convierten en focos de corrosió.

Las maderas del suelo, aparte del desgaste producido por su uso, están afectadas por dos tipos de averías. Una, debido a la contaminación de la madera por productos transportados en el contenedor, que puede ir desde simples manchas provocadas por derrames, a una descomposición total de la madera por su contacto con productos químicos, pasando por la impregnación de olores residuales de las mercancías.

Otra de las averías se puede producir durante la manipulación del contenedor o durante el proceso de llenado o vaciado, cuando se utilizan carretillas elevadoras que se introducen en el contenedor para el traslado de palés, cajas, bidones, etc.

En estos casos, si se da la coincidencia de un desgaste en las maderas y que una carretilla transporte un peso considerable, si esta coloca las ruedas delanteras entre dos vigas transversales, la madera puede llegar a ceder. Esta situación se agrava cuando la carretilla coincide con una zona del suelo debilitada por daños en las vigas transversales.

En el acceso de las carretillas elevadoras al interior de los contenedores, es frecuente que estas pierdan aceite y líquido hidráulico que contaminan las maderas del suelo. Si este hecho no se tiene en cuenta, puede darse el caso de que ciertas mercancías, como fardos de tejidos insuficientemente protegidos, puedan averiarse por el contacto con estos líquidos y se produzcan combustiones espontáneas o de lenta generación.

4 Averías en las mercancías

4.1 Averías por falta de mantenimiento del contenedor

En este apartado trataremos las averías o los daños provocados a las mercancías transportadas en contenedor cerrado a consecuencia de la inexistencia o deficiencia en el mantenimiento del mismo. Como se ha comentado anteriormente, distintas partes del contenedor pueden ser focos de corrosión, potenciada por las condiciones en las que se desarrolla su vida útil. Cuando estos focos no son tratados de manera adecuada, la corrosión avanza hasta perforar planchas y estructuras y dejar los contenedores en la condición de no estancos.

Un contenedor con falta de estanqueidad y no reparado tendrá una secuencia de reclamaciones elevada, debido, entre otras causas, a mojaduras en las mercancías (véase la figura 7.4).

Las averías provocadas por las mojaduras dependerán fundamentalmente de los factores que se detallan en los apartados siguientes.

*Figura. 7.4. Contenedor que ha perdido su estanqueidad a causa
de una perforación en uno de sus paneles.*

4.1.1 Tamaño y número de los agujeros en el contenedor

El tamaño y número de los agujeros provocados por la corrosión dependerán del tiempo de inicio de los focos de la misma y de su localización en el contenedor.

La zona afectada por corrosión se verá afectada por un proceso de expansión y profundización. En un principio, el desgaste de la plancha se presenta en forma de poros, en ocasiones difíciles de apreciar a simple vista. Puede sospecharse su existencia por la presencia de pequeños cráteres de color óxido en la pintura. Para su reconocimiento, se debe golpear con un pequeño martillo de punta roma la zona o las zonas de pintura con abultamientos o cráteres, de manera que se desprenda la pintura y la cascarilla de óxido, poniendo al descubierto los poros y agujeros.

Una forma sencilla de detectar poros y pequeños agujeros en las planchas de paneles y puertas es introducirse en el contenedor con las puertas cerradas. Si hay algún poro o pequeño agujero lo percibiremos por la presencia de puntos de luz.

Cuando existe un contenedor con indicios de corrosión y no se efectúan las pertinentes reparaciones, llegará un momento en el que la plancha afectada quedará completamente perforada y deformable con una simple presión manual. Todavía son más preocupantes los casos en los que la corrosión afecta los bajos del contenedor. Si esta corrosión no se corrige a tiempo puede suceder que el contenedor, estando cargado, se desfonde durante una manipulación, con los consiguientes riesgos para la carga y las personas.

4.1.2 Zonas del contenedor más afectadas por la corrosión

Las zonas de un contenedor cerrado que suelen hallarse más afectadas por la corrosión son las siguientes:

- Paneles del techo por retención de agua en zonas deformadas por golpes.
- Paneles laterales y frontal en su parte inferior por retención de agua entre los corrugados del panel y el larguero inferior. La parte inferior del contenedor es más propensa a recibir impactos y golpes, por lo que son estas las zonas que sufren más desgaste a causa de abolladuras y ralladas, que dejan el acero expuesto y sin la protección de la pintura, y actúan como focos de corrosión (véase la figura 7.5).
- Parte inferior de las puertas en las zonas de las juntas de goma por retenciones de agua y donde se disponen las placas de identificación, por retención de agua en los puntos de los remaches.

Figura 7.5. Contenedores afectados por la corrosión.

4.1.3 Ubicación del contenedor en el buque

Si no se detecta a tiempo que un contenedor ha perdido su estanqueidad y se cargan mercancías en él, que estas queden afectadas por mojaduras dependerá de su ubicación en el buque. Es evidente que si se estiba bajo cubierta está protegido de las inclemencias meteorológicas, pero si se hace sobre la cubierta del buque, es posible que queden sin protección las zonas no estancas, propensas a que por ellas penetre agua de lluvia o del mar durante la navegación, hecho que puede provocar averías en las mercancías transportadas.

4.1.4 Ubicación del contenedor en las terminales

Las terminales de contenedores son grandes explanadas al aire libre. Los contenedores dispuestos en los bloques a la espera de ser embarcados o remitidos a los receptores están expuestos a los fenómenos meteorológicos que afectan a la zona de la terminal.

El agua procedente de la lluvia, la nieve, etc., puede penetrar por las zonas no estancas del contenedor y provocar averías en las mercancías transportadas. La cantidad de agua que se introduzca en el contenedor dependerá de factores como el grado y la disposición de la no estanqueidad del contenedor, su localización en los bloques, la meteorología local, etc.

4.1.5 Climatología del área geográfica del transporte y las estancias

Dependiendo de la zona por donde se lleve a cabo el transporte y la estancia del contenedor, a la espera de ser embarcado o remitido a su receptor, las posibilidades de averías por mojaduras varía de un lugar a otro. El riesgo de averías por mojaduras no será el mismo en el caso de un tráfico local de contenedores por la zona mediterránea en verano, con índices de lluvia muy bajos, que en Centroamérica en época de lluvias, por ejemplo.

4.1.6 Permanencia de la mercancía en el contenedor

La posibilidad de que una mercancía sufra averías por mojaduras en un contenedor cerrado no estanco tiene una relación directa con el tiempo de permanencia de la mercancía en el mismo.

4.1.7 Embalaje de las mercancías

En el caso de que un contenedor no sea estanco, la gravedad de las averías por mojaduras que ocasione puede verse agravada por el tipo de embalaje que proteja los productos transportados.

Si las mercancías que puedan entrar en contacto con el agua son bidones de plástico, por ejemplo, probablemente el contenido no saldrá perjudicado, suponiendo que el plástico del bidón y los accesos de llenado o vaciado sean estancos. Por el contrario, en el caso de que el transporte sea café o cacao contenidos en sacos de yute o de sisal, la avería revestirá presumiblemente cierta importancia, ya que estos productos, puestos en contacto con el agua, entran inmediatamente en un proceso de fermentación, con el consiguiente demérito de los mismos.

Otra avería común es la entrada en contacto del agua con latas de conserva introducidas en envases de cartón. Ello iniciará un proceso de corrosión que afectará a las latas como «embalaje» y provocará el demérito de los alimentos que contengan.

Estos ejemplos ofrecen una idea de las múltiples variantes que se pueden dar, relacionando el tipo de mercancía transportada, el embalaje y el elemento provocador de la avería, el agua.

No debe olvidarse que la reducción de embalaje es una de las ventajas que ofrece el transporte de mercancías en contenedor cerrado, ya que este les proporciona la suficiente protección. Si esta protección falla, repercute significativamente en la vulnerabilidad de las mercancías, debido a que su embalaje es más endeble que si se transportaran sin contenedor.

Cuando la carga se estiba en el contenedor por el asegurado expedidor, las compañías de seguros consideran al contenedor como embalaje y no cubren los riesgos que puedan derivarse de sus deficiencias. Ahora bien, que el cargador acepte un contenedor suministrado por la naviera no exime a esta de la responsabilidad que pueda darse de daños a la carga como consecuencia de un mal estado del contenedor, si la deficiencia en el mismo es de tal naturaleza que no pudo ser detectada en su momento por el cargador.[24]

4.2 *Averías por incorrecta manipulación del contenedor*

El contenedor debe estar sometido a todas las inspecciones y reparaciones que su caso requiera. Por tanto, se puede interpretar que todo contenedor tiene un correcto mantenimiento. Ahora bien, como unidad de carga, el contenedor está sujeto a manejos bruscos a lo largo de todas las etapas del transporte. Nos referimos a grandes pesos con importantes inercias y a la potente maquinaria utilizada para manipularlos con seguridad y eficacia. En su manipulación, los golpes y las rozaduras son frecuentes y suelen producir múltiples averías en el contenedor, que pueden ir desde una simple abolladura hasta roturas de paneles y estructuras. Estas averías se pueden producir tanto si el contenedor está vacío como lleno.

Cuando el contenedor está vacío, la avería se debe detectar en el depósito de contenedores o en el momento de la consolidación de la carga. Si el daño detectado es una rotura que da al contenedor la condición de no estanco, se debe reparar en el depósito. En el caso de que la rotura se detecte al ser consolidado, se debe rechazar el contenedor

---

[24] Blanco, Aquilino, *Los transportes marítimos de línea regular*, Instituto Portuario de Estudios y Cooperación, Autoridad Portuaria de Valencia, 1997.

y devolverlo al depósito para ser sustituido por otra unidad que se encuentre en condiciones adecuadas.

Cuando se produzca una avería en un contenedor consolidado, habrá que distinguir si la avería es de tal importancia que no permita al contenedor proseguir su viaje,[25] o bien si esta no es de grandes dimensiones y puede repararse[26] en el lugar donde se ha producido o detectado (buque o terminal).

En este apartado se incluyen las averías a las mercancías transportadas a raíz de una errónea manipulación del contenedor, los accidentes durante la manipulación o el transporte, las caídas de contenedores durante las operaciones de carga o descarga, los golpes de mar que afecten a contenedores estibados por encima de la cubierta principal, y la pérdida de contenedores durante la navegación,[27] entre otras. Estas averías ocasionan importantes pérdidas económicas, y las compañías aseguradas suelen declararlas pérdida o siniestro total.

5 Averías ocasionadas por mojaduras en contenedor cerrado

Las averías de mercancías transportadas en contenedor cerrado tienen un porcentaje muy elevado de reclamaciones por recepción de mercancías dañadas por mojaduras.

El agua que moje las mercancías puede proceder de la lluvia, la nieve, etc., o del mar. La procedencia del agua salada puede ser la embarcada durante la travesía con fenómenos climatológicos adversos o incluso la lanzada a presión por las mangueras del buque para la limpieza de cubiertas. No es frecuente, pero se ha dado el caso de roturas en suspiros de tanques de lastre, lo cual puede provocar cierto nivel de inundación en bodegas de carga[28] y averías en las mercancías transportadas.

---

[25] En caso de que un contenedor consolidado tenga una avería grave que le impida seguir el viaje, no habrá otra opción que efectuar el trasbordo de la mercancía de un contenedor a otro. Esta operación no tiene por qué acarrear dificultades operativas, pero sí que se debe tener en cuenta el engorro burocrático de actualizar la documentación que ampara la mercancía transportada. En los conocimientos de embarque, manifiestos, permisos aduaneros, etc., constará la numeración del contenedor original, la cual tendrá que reemplazarse por la numeración del nuevo contenedor, renovando la documentación.

[26] En el caso de pequeñas roturas en la plancha de los paneles, se suele utilizar tela asfáltica para dar estanqueidad al contenedor. Estas reparaciones, aunque pueden servir para la ocasión, no están permitidas por la normativa IICL-5.

[27] El buque *OOCL América*, durante la travesía entre los puertos de Long Beach y Kaohsiung, a consecuencia de una fuerte tormenta perdió unos 300 contenedores de 40' y 200 quedaron averiados. Durante una fuerte tormenta, al buque *APL China*, en el año 1998, entre averías y pérdidas le quedaron afectados 700 contenedores.

[28] Se entiende por suspiro de un tanque el tubo que comunica el tanque con la cubierta principal. La misión del suspiro es conducir el aire que contiene el tanque hacia el exterior cuando se lastra, facilitar los deslastres o achiques de los tanques y, en las operaciones de lastrado, sirve para indicar que el tanque está lleno cuando se observa que el suspiro rebosa.

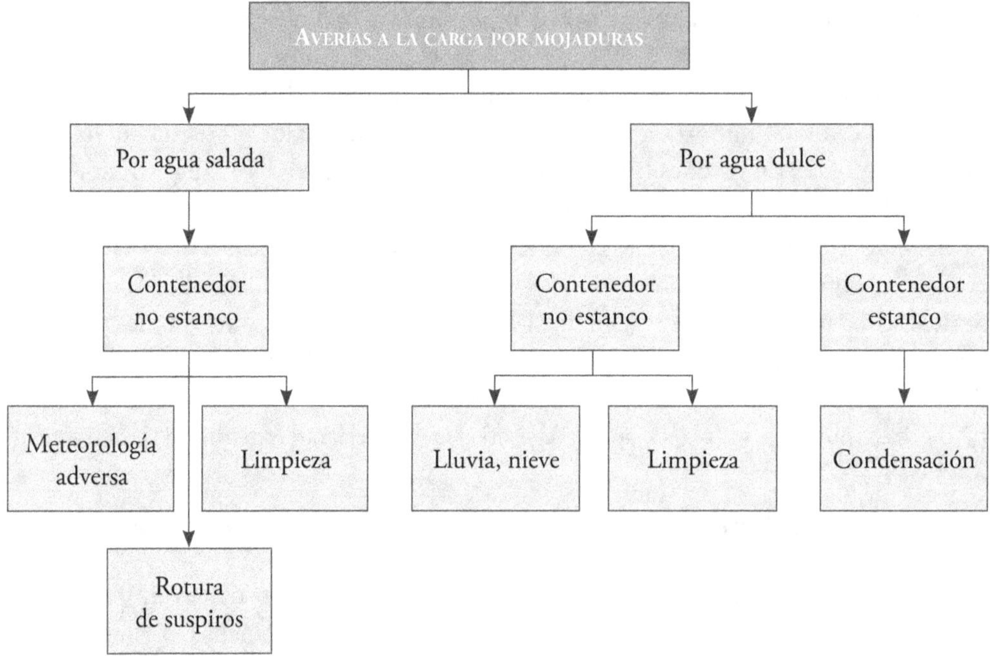

Figura 7.6. Posibilidades que pueden apreciarse en las averías a las mercancías a causa de mojaduras.

De las averías por mojaduras, un alto porcentaje corresponde a las provocadas por agua dulce. Al inspeccionar los contenedores que han provocado algunas reclamaciones se constata que la mayoría cumplen la normativa y son estancos al agua y a la luz. Por ello, la conclusión de dichas averías es que son producidas por la condensación y la posterior precipitación del vapor de agua contenido en la atmósfera del contenedor.

5.1 Prevención y protección de mojaduras en contenedor cerrado

Las mojaduras, de acuerdo con lo expuesto anteriormente, pueden proceder del:

- *Exterior* (agentes ambientales). Aunque la causa real puede ser imputable a la no estanqueidad del contenedor y, por tanto, requieren una prevención en acciones de mantenimiento y conservación.

- *Interior.* Corresponden a causas generadas por el «microclima» del interior del contenedor, en el que la prevención debe incluir varias acciones, unas dedicadas a lograr una correcta ubicación del contenedor entre los otros (estabilidad del clima) y la protección de las mercancías sensibles a la humedad mediante procedimientos adecuados.

La humedad produce el moho, la oxidación y la corrosión, que afectan de modo irremediable a los materiales insuficientemente protegidos, muchas veces a consecuencia del distinto o elevado gradiente entre los factores de la humedad relativa que soportan. El transporte por vía marítima se agrava por la elevada salobridad del ambiente, lo que acelera todavía más el proceso de oxidación corrosiva.

5.2 Materiales y productos utilizables como protectores contra la humedad

Los materiales y productos que pueden emplearse como protecciones contra la humedad se dividen en dos tipos:

- *Protecciones simples.* Son utilizadas para proteger las mercancías contra los riesgos de humedad pasajera (por ejemplo, lluvia imprevista durante los transportes terrestres y operaciones de grupaje que pueden provocar una elevada absorción de humedad que luego pasaría al microclima del contenedor) y transportes cuyas mercancías inicialmente no estén sujetas a climas húmedos, pero que después utilicen el transporte marítimo de corta distancia.

- *Protecciones especiales.* Están destinadas a mercancías que vayan a ser transportadas por vía marítima a países con climas tropicales o muy rigurosos, o bien que deban de soportar prolongadas esperas en muelles y puntos de trasbordo o en las zonas de almacenaje en los puntos de recepción.

5.2.1 Materiales para protecciones simples

- **Papeles preparados o tratados**
  Entre la variedad de papeles preparados o tratados para este fin destacan los siguientes: plastificados, parafinados y encerados.
  Los *embreados* y los *asfálticos* se componen de un complejo a base de dos hojas de papel, corriente o *kraft,* las cuales llevan intercalada una capa de brea o asfalto, formando lo que podríamos llamar un bocadillo de papel.
  El *plastificado* es un complejo formado por un papel y una película de plástico adherida.
  Los *parafinados* y *encerados* son papeles impregnados con parafina o cera.
  Los tres detallados en primer lugar suelen utilizarse para forrar interiormente las cajas de madera, y se adhieren, generalmente, con grapas metálicas. Las cajas de cartón preparadas contra la humedad están fabricadas con papel *kraft,* que

les confiere mayor consistencia, y están tratadas con siliconas u otros preparados hidrófugos.

- **Grasas y aceites**

  Para proteger productos férricos existen diversos tipos de grasas y aceites.

  Debe indicarse que la grasa utilizada como lubricante en la industria no es adecuada para proteger contra la oxidación. Su misión es lubricar y sus componentes pueden ser oxidantes. Lo mismo debe aplicarse a los aceites antioxidantes cuando se pretende utilizarlos como lubricantes.

  Existen grasas y aceites neutros para proteger contra el óxido durante un tiempo corto, aunque se deben tomar ciertas precauciones, como limpiar previamente las piezas que hay que proteger para quitarles todo vestigio de grasa o aceite lubricante. A continuación, se aplica con un pincel, nunca con las manos, la grasa o el aceite neutros.

  Es recomendable envolver con papel parafinado, encerado o plastificado, las partes engrasadas para que se sostenga la grasa y no permitir que el aceite se escurra o se seque.

  Determinadas grasas líquidas pueden aplicarse a pistola o pincel. Contienen un elemento que una vez aplicado se volatiliza y queda una capa de grasa endurecida que se adhiere largo tiempo al elemento protegido. Para su limpieza es necesario utilizar un detergente especial que la elimina totalmente. Este preparado existe también en aceite. La grasa se presenta en diferentes espesores, y deja una capa más o menos gruesa, según se desee.

  Estos preparados pueden utilizarse para proteger maquinaria y sus elementos. También se puede proyectar sobre automóviles, camiones o tractores que se transportan montados y sin embalar por vía marítima.

- **Protecciones pelables**

  Para utillajes y herramientas de corte, fresas, brocas, escariadotes, etc., se utilizan unos preparados especiales a base de componentes plásticos líquido-pastosos, que protegen contra la humedad y que, a su vez, actúan como protectores antichoque del corte, ya que una vez aplicado el producto se endurece, y forma un caparazón grueso, que se elimina con un elemento cortante. Estas protecciones se denominan pelables y su duración es prácticamente ilimitada.

- **Barnices y lacas**

  Estos barnices se utilizan para proteger temporalmente partes lisas de la maquinaria, pulidas o rectificadas, así como cuchillas para guillotinas. Se aplican a pincel o pistola y su limpieza se lleva a cabo con un disolvente. Estos barnices suelen expenderse coloreados en rojo o azul.

5.2.2 *Materiales para protecciones especiales*

Las protecciones especiales contra la humedad y la corrosión están indicadas para las mercancías que utilicen la vía marítima como medio de transporte, en particular a países con climas tropicales o muy rigurosos, y que, además, han de soportar prolongadas esperas en muelles y puntos de trasbordo y en las zonas de almacenaje, en los puntos de recepción.

También se utilizan para proteger el utillaje y los recambios especiales para la industria pesada, como son los rodamientos y los engranajes de grandes dimensiones, las bombas y los motores eléctricos o térmicos fuera de serie, y en los que las empresas que los producen tienen comprometidos sus programas de fabricación, lo cual obliga a la industria que los utiliza a mantenerlos en sus almacenes, probablemente durante muchos años, hasta cuando les sea preciso disponer de ellos.

Todas las mercancías susceptibles de alteración a causa de la humedad exigen precauciones especiales de protección: los metales se deterioran, los alimentos se descomponen y los productos químicos reaccionan.

Ya sea por la acción directa del agua o por la proliferación de los microorganismos, el moho y los hongos, la causa principal, como ya se ha indicado, es la humedad contenida en el aire.

Las protecciones en este grupo pretenden formar una verdadera barrera a la penetración del vapor del agua, donde la atmósfera interna se mantenga a cierto grado higrométrico que evite la condensación. Son mundialmente conocidas con el nombre de embalajes tropicales.

La norma UNE 49.001, en su definición 2.326, concreta que el embalaje tropical o tropicalizado «es el destinado al transporte de mercancías con destino a los países tropicales, y, por consiguiente, está concebido especialmente para que, dotado de la debida resistencia, la impermeabilidad y el aislamiento térmico, pueda asegurar la llegada a su destino en perfecto estado».

A estas protecciones, también se les llama protecciones-barrera. Están formadas por unos materiales que se denominan del mismo modo, los cuales forman una verdadera barrera al paso del agua y con los que se pueden formar protecciones completamente herméticas, impenetrables incluso al vapor del agua.

Su aplicación se inició en Estados Unidos durante la Segunda Guerra Mundial, a raíz de las campañas en el Pacífico. Los envíos de armas a través de este océano y de las inmensas junglas donde se desarrollaba el conflicto llegaban a su destino completamente inservibles a causa de la oxidación.

Encomendado el estudio a los equipos técnicos del ejército, el resultado fue la invención de los materiales-barrera y la utilización de su complemento, los deshidratantes. La creación y utilización de estos materiales fue durante años un secreto militar. Pasado un tiempo, estos materiales fueron dados a conocer al sector civil para ser utilizados con fines industriales y, actualmente, están homologados por diversos laboratorios especializados, y se basan en las normas MIL estadounidenses.

- **Complejos termosoldables**

  En sus inicios, se trataba de unos complejos compuestos a base de un soporte de tela de algodón o papel, una película de polietileno de baja densidad, una lámina de aluminio especialmente seleccionada para evitar la porosidad y, finalmente, otra lámina de polietileno de alta densidad.

  Con el complejo se ha de formar una funda o envolvente, de las medidas que convenga, y unir entre sí los anchos necesarios hasta lograr el tamaño deseado que cubra la pieza o el elemento que se debe proteger, dejándolo encerrado dentro de un recinto hermético.

  En la actualidad, la tela de algodón ha sido reemplazada por una película de poliéster o de polietileno biorientado o de polipropileno tejido, que le confiere mayor resistencia mecánica y puede soportar el almacenamiento durante muchos años en climas extremadamente húmedos, que dañarían la tela de algodón, pudriéndola. El nuevo soporte resiste el ataque de las termitas y otros insectos, para los que el algodón y el polietileno son su manjar favorito.

- **Complejos autoadhesivos**

  Se trata de un tejido de trama muy clara, impregnado de una solución a base de cera microcristalina, cuyo contacto sirve para proteger piezas mecanizadas y para obturar orificios en el embalaje de motores marinos, camiones y similares.

  Aunque se haya indicado que esta protección es por contacto, hay que aclarar que se refiere solo a la denominación que se le da de protección por «momificación», ya que su acabado tiene cierta semejanza con las momias egipcias. Su preparación es como se describe a continuación:

  - Primero, se limpia la pieza con un desengrasante y a continuación se le da una capa de aceite neutro y se envuelve con un papel plastificado, para que el aceite no sea absorbido.
  - Después, se va envolviendo la pieza con un trozo de complejo autoadhesivo, siguiendo la estructura o forma de esta (de ahí la denominación de «momificación»). Una vez terminada la envoltura, se le aplica un baño de cera líquida, en caliente, para que tape los poros. Cuando se envuelve la pieza, la cera se va uniendo con el calor que aportan las manos, de forma que quedan perfectamente cerradas las uniones de la tela; por este motivo, se denomina «complejo autoadhesivo».

Estos complejos son estancos al vapor de agua y la grasa y sus componentes no son ácidos ni corrosivos. Como se ha indicado, son modelables y adherentes por sus capas de cera.

Combinando complejos termosoldables y sales deshidratantes, se pueden formar protecciones para diez o más años de duración, particularmente destinadas a piezas y accesorios de recambio de instalaciones industriales.

- **Procedimiento *cocoon* (capullo)**

Se utilizó particularmente para la protección de aviones y otras piezas de gran volumen, como los cañones y las ametralladoras antiaéreas. Actualmente, se emplea en la protección de grandes maquinarias. Se llama corrientemente procedimiento «pelable», ya que se trata de aplicar una protección que luego se puede pelar, o arrancar.

La materia prima empleada es un copolímero acetocloruro con disolventes acetónicos, cuya plastificación se retiene mediante el uso de un aditivo que hace que su elasticidad se conserve durante años.

Para los objetos que presentan una superficie multiforme, por ejemplo la maquinaria, es necesario colocar previamente un soporte para poder formar un cascarón de línea continua que envuelva el objeto que se debe proteger. Seguidamente, se proyecta el *cocoon,* el cual va formando una fina película sobre el soporte. El envolvente lo constituyen diversas capas de esta película, cada una de las cuales es de diferente color para que las superficies queden cubiertas por un mismo espesor. Cuando se ha obtenido el grosor necesario, entre 0,6 y 1,5 mm, según sea el tiempo previsto para la duración de la protección, se proyecta la última capa de acabado, que contiene aluminio en polvo que aumenta la resistencia a los rayos solares.

Finalmente, se efectúa una inyección de aire caliente a fin de que deshidrate el ambiente que haya quedado encerrado y se colocan las sales deshidratantes en las cantidades previstas, según la duración de la protección.

- **Unidades de desecación o deshidratantes**

Los deshidratantes son sales tratadas químicamente que tienen la misión de absorber la humedad que haya podido quedar encerrada en el interior de las protecciones estancas, o bien la que se pueda formar por condensación en los cambios bruscos de temperatura. Se utilizan complementando los materiales-barrera, a fin de asegurar su eficacia. Por ejemplo, al estar durante el día a la intemperie, a pleno sol, el embalaje se calienta, y al llegar la noche, al producirse una fuerte bajada de la temperatura, incluso en los países cálidos, puede formarse condensación en el interior del embalaje. Es entonces cuando entran en acción los deshidratantes para absorber la humedad que se haya podido formar.

La presencia de estos materiales en el interior de las protecciones asegura la obtención y el mantenimiento de un ambiente de humedad relativa del 30 %, durante el tiempo en que esté prevista la eficacia de la protección.

Estas sales se presentan granuladas y en polvo. El tipo más usual es el granulado y su tamaño responde a unas normas muy definidas. Deben rechazarse aquellas que al absorber la humedad queden licuadas y es preferible el deshidratante que permite ser coloreado con sales de cobalto. Varían gradualmente de coloración del azul al rosa a medida que aumenta la humedad, lo que permite ver el momento en que ha alcanzado la saturación y el material deshidratante queda inservible.

Su uso se ha generalizado y se encuentran en envases de todo tipo, como en algunos medicamentos, presentados en forma de tabletas o grageas, en los que el tapón del envase contiene un depósito agujereado por su parte interior, dentro del cual hay unos pequeños gránulos que absorben la humedad que queda dentro del frasco cada vez que este se destapa.

Existe otro deshidratante empleado en el sector industrial. Se trata de arcilla activada químicamente, utilizada para embalajes no recuperables, o sea, los destinados a la exportación.

Las normas que existen sobre los materiales deshidratantes varían según su procedencia.

– *Norma francesa*

Los materiales deshidratantes descritos responden a las exigencias de la norma francesa GAM, medidas en Emb.OI.H, cuya unidad es la masa de producto capaz de absorber a 20 °C ± 3 °C, y en las atmósferas húmedas definidas las cantidades de agua indicadas en la tabla 7.1.

El volumen aparente de esta unidad debe ser inferior a 600 cm^3.

– *Norma norteamericana*

Los materiales utilizados responden a la norma norteamericana MIL D3464D, cuya unidad es la cantidad de deshidratante capaz de absorber,

Atmósfera húmeda (HR)	*Cantidad de agua absorbida (en g)*
20 %	60
30 %	80
40 %	100

Tabla 7.1. Cantidades de agua que deben absorber los deshidratantes según la norma francesa.

Atmósfera húmeda (HR)	*Cantidad de agua absorbida (en g)*
20 %	3
40 %	6

Tabla 7.2. Cantidades de agua que deben absorber los deshidratantes según la norma norteamericana.

con un equilibrio en el aire de 25 °C, las cantidades mínimas de vapor de agua que se indican en la tabla 7.2.

La unidad deshidratante no debe presentar un peso superior a 35 g ni un volumen superior a 45 cm³.

Comparando las normas francesa y norteamericana, el valor de la unidad deshidratante norteamericana es, aproximadamente, 16 veces menor que la unidad francesa.

La cantidad de deshidratante que hay que aplicar, según norma MIL (véase la tabla 7.3), depende de los siguientes factores:

- De la permeabilidad del material utilizado como envolvente impermeable (PVC, polietileno o complejo termosoldable).
- De la superficie de la envoltura impermeable.
- Del peso de los materiales de sujeción encerrados en la envoltura (travesaños, viruta, papel, cartón, etc.), ya que estos materiales son higroscópicos y contienen cierta cantidad de humedad que pueden despedir cuando la temperatura ambiente se eleva.
- Del volumen de aire incluido en el embalaje en el momento del cierre de este. Este aire puede contener una cantidad apreciable de vapor de agua.

COMPLEJO TERMOSOLDABLE, SEGÚN LA NORMA MIL		
Modo de transporte	*Tiempo*	*Cantidad por m² de envolvente*
Transportes terrestres	3 meses	1 saquito de 1/8 unidad
	6 meses	1 saquito de 1/4 unidad
	1 año	1 saquito de 1/2 unidad
Transportes marítimos	3 meses	1 saquito de 1/4 unidad
	6 meses	1 saquito de 1/2 unidad
	1 año	1 saquito de 1 unidad

Tabla 7.3. Cantidades de deshidratante que se deben aplicar según la norma norteamericana MIL.

- Del tiempo de almacenamiento del material colocado en el embalaje. Como consecuencia del coeficiente de permeabilidad de la envoltura, la cantidad de vapor de agua que penetrará en la protección será proporcional a la duración del almacenamiento.

— *Norma alemana*
La norma DIN que ampara dichos materiales es la 45.473. Los deshidratantes se presentan en bolsas de papel poroso de los siguientes tamaños: 1, 1/2, 1/4, 1/8, 1/16, 1/32 unidades.

— *Utilización de los deshidratantes en el embalaje industrial*
Los deshidratantes complementan los materiales-barrera y sus efectos son nulos si estos últimos no se utilizan. No todos los materiales-barrera ofrecen la misma resistencia al paso de la humedad, y ello se compensa con la aplicación de una mayor o menor cantidad de deshidratante, según el envolvente que se utilice.

Su uso está indicado para la protección de toda clase de maquinaria, equipos electrónicos, aparatos de fotografía, de óptica y de precisión, cuya oxidación los dejaría inservibles. También en artículos del ramo de la alimentación, particularmente chocolates, bombones, galletas, etc., y en el sector químico-farmacéutico, donde quizá tiene más aplicaciones este material.

Los saquitos de deshidratante deben inmovilizarse en el interior de las protecciones, ya sea acuñándolos con material de almohadillaje (papel, cartón o boata), o atándolos directamente al elemento.

La aplicación de las cantidades en el ámbito europeo con material-barrera constituido por una película de polietileno se indica en la tabla 7.4.

Tráfico	*Tiempo*	*Cantidad de envolvente por m²*
En la península Ibérica	3 meses	1 saquito de 1/4 de unidad
	6 meses	1 saquito de 1/2 unidad
	1 año	1 saquito de 1 unidad
Envíos a ultramar	3 meses	1 saquito de 1/2 unidad
	6 meses	1 saquito de 1/2 unidad
	1 año	2 saquitos de 1 unidad

Tabla 7.4. Cantidades de deshidratante que se debe aplicar en el ámbito europeo con material-barrera constituido por una película de polietileno.

Para contrarrestar la humedad aportada por los materiales de sujeción o acondicionamiento, tales como los travesaños de madera, la viruta, etc., hay que añadir tres saquitos de una unidad por cada kilogramo de material empleado.

6 Mercancías aplastadas

Las reclamaciones por recepción de mercancías aplastadas son relativamente frecuentes en los contenedores de grupaje consolidados con partidas de distintos cargadores-receptores. En este tipo de averías, el porcentaje aumenta cuando se trata de mercancías transportadas en cajas de cartón.

Esta avería suele ocurrir durante las operaciones de consolidado del contenedor al colocar una partida pesada encima de una partida liviana con embalaje endeble.

Durante el transporte, el peso de la mercancía colocada en la parte superior de la estiba aplastará una parte o la totalidad de la mercancía estibada en la zona inferior del contenedor, siempre que el embalaje de esta última sea insuficiente.

Este efecto se potenciará cuando el transporte se lleve a cabo por mar y el buque se encuentre con meteorología adversa. El oleaje puede provocar fuertes bandazos y cabezadas, con el consecuente incremento de inercias y movimientos de las mercancías transportadas en los contenedores.

Los daños ocasionados pueden incluir desde la deformación y rotura de los embalajes y precintos, hasta daños directos al contenido transportado.

Para evitar lo máximo posible estos daños se deben tomar las siguientes medidas preventivas:

- No estibar en un contenedor mercancías pesadas sobre mercancías livianas, a no ser que los embalajes de estas últimas sean suficientemente resistentes.
- Siempre que sea posible, se deberá tener referencia previa del volumen, las formas, los pesos, las cantidades y el contenido de todas las partidas que se hayan de estibar en el contenedor, a fin de poder efectuar un plan de estiba con la suficiente antelación.
- Cuando se trate de mercancía pesada, se remontará la estiba hasta una altura de seguridad a fin de no dañar la mercancía dispuesta en la parte inferior. Se remontará sobre la mercancía pesada con mercancía de poco peso siempre que eso sea posible.
- En caso de no disponer de mercancía liviana para remontar, es preferible una pérdida de espacio de estiba que provocar daños al excederse de peso en altura.

7 Movimiento de la carga dentro del contenedor

Otra avería frecuente en el transporte de mercancías en contenedor es el movimiento de la carga dentro del mismo. El resultado de ese movimiento se traduce en roturas y aplastamiento de embalajes, daños en el contenido, vertido de líquidos, etc..

Cuantos menos espacios vacíos se dejen en el contenedor menor será el riesgo de que se mueva la carga transportada. Cuando el tipo de carga transportada obligue, bien por peso o bien por forma, a dejar espacios vacíos en el contenedor, se debe ejecutar un buen trincaje de la mercancía para evitar movimientos que puedan dañarla durante el transporte.

La principal causa de los movimientos de mercancías dentro del contenedor es la estiba incorrecta de las mismas.

- *Longitudinalmente.* La figura 7.7 representa de forma esquemática la deficiente distribución longitudinal de una carga, con vacíos y falta de rellenos, y la solución consistente en llenar los espacios con otras cargas, utilizando madera de estiba u otros elementos de relleno.

- *Transversalmente.* En la figura 7.8 se observa la deficiente distribución transversal de una carga, con vacíos entre esta y las paredes del contenedor, solucionado con procedimientos alternativos de filas o con el uso de elementos de relleno.

El llenado de los contenedores debe efectuarse con procedimientos especializados, de manera que las mercancías sufran los menos riesgos posibles hasta su descarga en

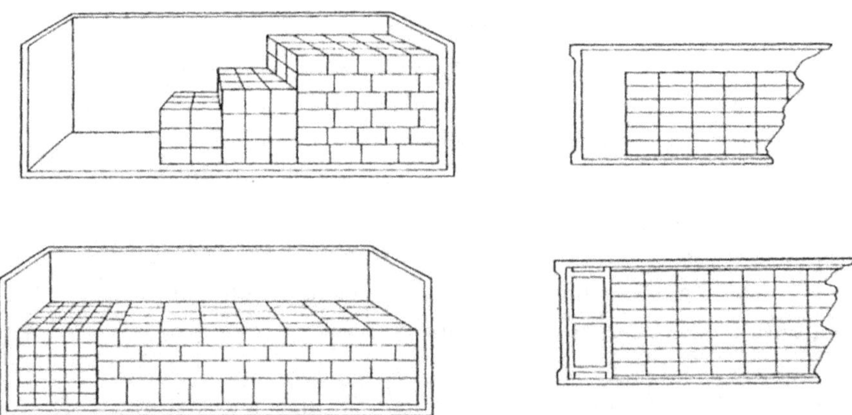

Figura 7.7. Una deficiente distribución longitudinal de la carga puede subsanarse llenando los espacios con otras cargas o con elementos de relleno.

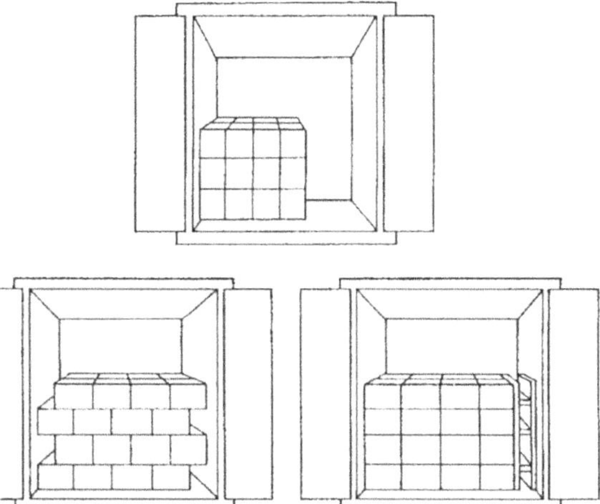

Figura 7.8. Deficiente distribución de una carga transversal, subsanada mediante la alternancia de las filas o con el llenado de los espacios vacíos.

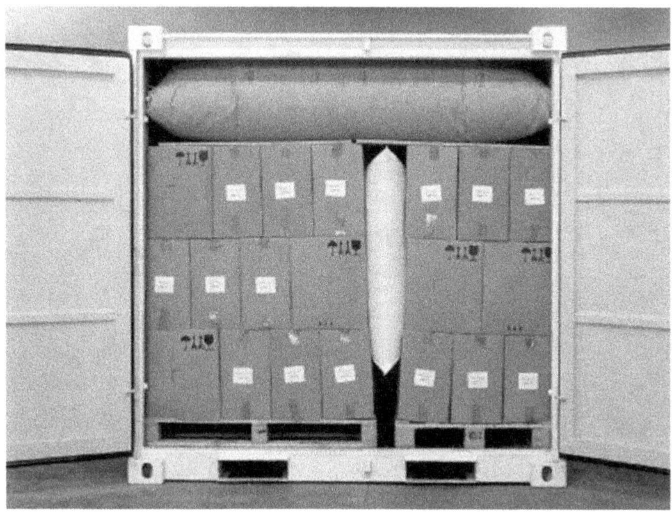

Figura 7.9. Fijación de la carga mediante bolsas inchables para el llenado de espacios vacíos.

destino. Para ello, entre los elementos de relleno existen los cojines hinchables, cuya aplicación se observa en la figura 7.9.

La figura 7.10 muestra una incorrecta estiba de cargas no paletizadas, al colocar mercancía poco resistente en la base, y la corrección mediante una estiba adecuada.

En la figura 7.11 se representa una correcta estiba, consistente en este caso en colocar los barriles con líquidos en el suelo del contenedor y encima de estos los bultos con

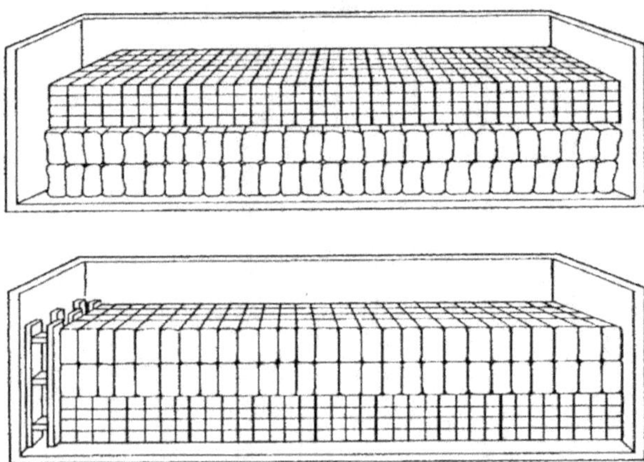

Figura 7.10. Estiba incorrecta (arriba) y su corrección, con las cargas más resistentes en la base (abajo).

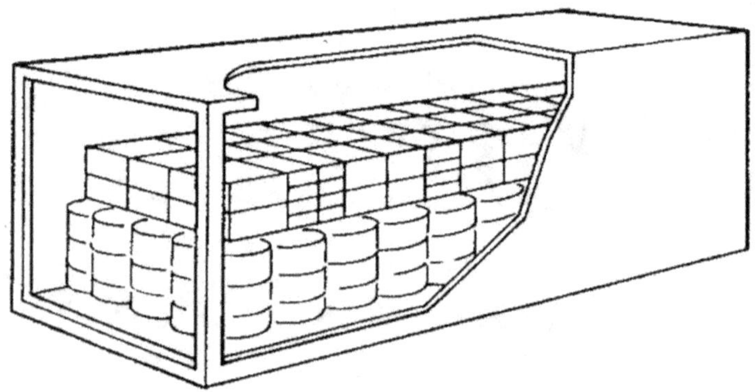

Figura 7.11. Estiba correcta de un contenedor con barriles y bultos en su interior.

embalajes menos resistentes. De este modo, a su vez, si se produjese algún tipo de fuga o derrame del contenido de los barriles, la mercancía empaquetada no sufriría los daños por el contacto con posibles líquidos o humedades.

8 Faltas y robos de mercancía

Una de las ventajas que ofrece el transporte en contenedor es la seguridad ante los robos. Los contenedores, una vez consolidados, se precintan con un sello de seguridad (véase la figura 6.1, en el capítulo anterior). Dichos sellos están numerados y se hace constar esa numeración en la documentación que ampara al contenedor. Una vez este llega

Figura 7.12. Punto de inspección fronteriza (PIF) en el puerto de Barcelona.

a su destino, se comprueba que el precinto no haya sido destruido y que su número coincida con el de la documentación, verificando de esta manera que el contenedor no haya sido manipulado.

En ocasiones, no coincide el número de bultos de la mercancía manifestada en la documentación con el número de bultos de la mercancía recibida. Esto se puede achacar a errores de la documentación en origen o bien a un robo en el momento de la consolidación del contenedor.

Por su parte, durante las operaciones de vaciado del contenedor en destino, también se pueden detectar faltas de mercancía en cajas que hayan sido desprecintadas en origen. Si se trata de un contenedor de grupaje, este se desconsolida habitualmente en la terminal del puerto de destino, y en el período de tiempo que va desde la apertura del contenedor hasta que las mercancías llegan a su destinatario también se dan casos de faltas en destino.

El control y la vigilancia en las manipulaciones, y en la carga y descarga de las mercancías en los contenedores, es la única solución para evitar las faltas de contenido. Dichos controles son cada día más rigurosos y las empresas y las autoridades portuarias conceden a este aspecto una especial importancia, por lo que significa en cuanto a la calidad de su gestión y la competitividad respecto a otros puertos de su entorno.

En este sentido, las autoridades portuarias, a través de sus departamentos de sistemas de calidad, publican periódicamente informes con el detalle de las incidencias que

TOTAL DE INTERVENCIONES EN UNA TERMINAL	
Precintos de la terminal	2
Mercancía	73
Totales	75

TOTAL DE INTERVENCIONES RELACIONADAS CON PRECINTOS		
Tipos de incidencia	*Fase de detección*	*Número*
Ausencia de precinto	En el bloque	0
	En la entrega	1
	Otros	0
Rotura del precinto	En el bloque	0
	En el vaciado	0
	En la entrega	0
Otros	En la inspección	0
	En la entrega	1
	En el PIF	0
	Otros	0
Total		2

TOTAL DE INTERVENCIONES RELACIONADAS CON LA MERCANCÍA		
Tipo de incidencia	*Fase de detección*	*Número*
Bulto aparentemente violado	En el vaciado	16
	En la entrega	0
Embalaje defectuoso, deteriorado	En la inspección	0
	En el vaciado	49
	En el tinglado	0
	En la entrega	2
Bulto violado, no detectado en el vaciado	En el tinglado	0
	En la entrega	4
Bulto estropeado en la manipulación	En el vaciado	1
	En el tinglado	0
	En la entrega	1
Bulto con faltas aparentes	En el vaciado	0
	En la entrega	0
Falta de bultos	En el vaciado	0
Mojadas-oxidación	En la inspección	0
	En el vaciado	0
Otros	En la descarga	0
	En la inspección	0
	En el vaciado	0
	En el tinglado	0
	En el PIF	0
	Otros	0
Total		73

Tabla 7.5. Ejemplo de aspectos evaluables en la gestión de la calidad en el tráfico de contenedores en un puerto.

se hayan producido en las terminales, con el fin de que puedan evaluarse las distintas situaciones y se adopten las medidas preventivas y correctoras necesarias. Un ejemplo de los aspectos que pueden ser evaluados se muestra en la tabla 7.5.

9 Incendio

El incendio de un contenedor es un incidente poco frecuente, pero resulta extremadamente peligroso, sobre todo al considerar la posición de un contenedor en la estiba de otros muchos, la dificultad que puede suponer llegar hasta él, la enorme dificultad para intervenir, al no poder acceder con facilidad al foco de ignición o a la causa principal del incendio y lo que ha de significar la propagación del fuego hacia los contenedores inmediatamente contiguos al afectado. No es solo una avería o un daño a la mercancía, sino un accidente marítimo de consecuencias imprevisibles.

Las causas que pueden generar el incendio son de diversa índole: las características propias de la mercancía en cuanto a su estabilidad física y química, el hecho de estar consolidado con mercancías en un principio inocuas, pero cuyos vapores pueden generar una oxidación espontánea, oxidación interna del contenedor, derrames, falta de ventilación que pudiera requerir la mercancía, descuidos de los operarios en la estiba de la mercancía, fuentes externas de extrema temperatura, y un largo etcétera clásico de la casuística de los incendios que sería ampliamente aplicable para los contenedores.

10 Daños diversos

Finalmente, existe la posibilidad de que se produzcan numerosos daños debido a la negligencia, el descuido o la falta de rigor en la manipulación de las mercancías cuando fueron consolidadas o desconsolidadas, o al ser depositadas desde una altura considerable e inadecuada para la resistencia estructural del envase o la fragilidad del contenido. La casuística de estos daños es sumamente amplia y de difícil parametrización.

Capítulo 8

Régimen jurídico del transporte marítimo de contenedores

1 El Régimen de responsabilidad del operador de transporte multimodal en relación a los contenedores

El fenómeno de la contenerización en el transporte nacional e internacional de mercancías ha planteado la necesidad de que exista un régimen jurídico unitario. Esta circunstancia, ligada a la evolución del mercado, ha supuesto la transformación de las compañías navieras tradicionales en empresas operadoras de transporte multimodal (OTM), y el desarrollo de este tipo de transporte a partir de los clásicos esquemas del negocio y el derecho marítimos.

El régimen de responsabilidad en el transporte multimodal ha tenido como presupuesto básico en los diferentes proyectos de convenios y fuentes legales la emisión de un «documento de transporte multimodal» (DTM), que determina la obligación que asume la empresa porteadora y la aplicación del régimen de responsabilidad propio y autónomo de este tipo de transporte.

En la legislación española,[1] por ejemplo, se remite el citado documento, expresión del contrato de transporte multimodal o combinado, al régimen jurídico del conocimiento de embarque:

«Al documento de transporte entregado por un porteador, o por un agente que actúe en su nombre con poder suficiente, en un transporte multimodal o combinado le serán de aplicación las normas establecidas en esta ley para el conocimiento de embarque».

---

[1] Ley de Navegación Marítima (LNM), de 2014, art. 267, del documento del transporte multimodal.

La tradicional aspiración unitaria, materializada en un nuevo modelo de responsabilidad que proporcione un marco jurídico a la actividad de transporte multimodal, solo ha conseguido parcialmente los efectos deseados, pues el tradicional desequilibrio de intereses entre empresas cargadoras y porteadoras y la ampliación de los supuestos de responsabilidad, no han sido aceptados ni por estas últimas ni por los propios Estados.

1.1 Origen y evolución de la responsabilidad en el derecho del transporte

El desarrollo de los regímenes de responsabilidad de las navieras es una buena muestra de la contraposición de intereses de las empresas cargadoras y las porteadoras marítimas, inclinándose los sistemas de responsabilidad a lo largo de la historia a favor de una o de otra, si bien todos ellos parten de la tradicional responsabilidad *ex recepto* de la naviera, acuñada por el derecho romano: la empresa porteadora responde por la pérdida o el daño en la carga, con independencia de que su actuación sea diligente o negligente en la custodia de la mercancía.

En una etapa posterior, rigió en el comercio marítimo un principio fundamental, según el cual en la relación entre la naviera y las compañías aseguradoras, la empresa propietaria de las mercancías debía ser protegida contra toda pérdida. Las mercancías a bordo del buque estaban plenamente aseguradas contra toda clase de riesgos. Sin embargo, las navieras fueron limitando paulatinamente su responsabilidad por medio de la utilización de cláusulas de exoneración insertas en los conocimientos de embarque y, a finales del siglo XIX, se llegó prácticamente a la situación inversa: la irresponsabilidad de la empresa porteadora por daños o pérdidas en la mercancía, basada en la libertad contractual de las partes, dejando a las empresas cargadoras desprotegidas de facto.

Esta situación de desequilibrio y la consiguiente inseguridad para las empresas comerciantes, provocó en Estados Unidos (país en el que primaban los intereses de estas sobre los de las navieras) la promulgación de la Harter Act, en 1893, con la intención de establecer una legislación más protectora para sus intereses, que suponía un compromiso entre intereses opuestos, al contener una larga lista de cláusulas que excluían la responsabilidad de la naviera a cambio del establecimiento de un régimen legal de responsabilidad imperativa en el resto de los supuestos.

1.1.1 Las reglas de la Haya, 1924

A principio de la década de 1920, las partes interesadas mantuvieron conversaciones con el fin de llegar a un acuerdo internacional. Culminaron en 1924 con la conferencia diplomática que elaboró en Bruselas el Convenio Internacional para la Unificación de Ciertas Reglas en materia de Conocimiento de Embarque; las comúnmente denominadas «Reglas de la Haya».

Los principios generales de este acuerdo son:

- *Obligaciones de la naviera:* efectuar el traslado de la mercancía y procurar su custodia.
- *Responsabilidad de la naviera:* será responsable de todas las pérdidas o los daños que ocurran a las mercancías y tendrá ocasión de ejercitar la exoneración de responsabilidad si los daños son producidos por faltas náuticas de sus dependientes, por incendio o por cualquier otra causa de las contenidas en el artículo 8.
- *Limitación de responsabilidad:* 100 libras por bulto o unidad.
- Por su parte, la empresa cargadora será responsable de las pérdidas o los daños sufridos por la naviera o el buque cuando exista acto o falta propia o de sus dependientes.

El convenio entró en vigor en 1931 y cuenta en la actualidad con 72 Estados parte.

1.1.2 Las reglas de la Haya-Visby, 1924-1968-1979

Las reglas de la Haya han sufrido dos modificaciones importantes. La primera, a través del Protocolo de Bruselas de 1968, que afectó a las reglas de responsabilidad del porteador y su ámbito de aplicación. En 1967-1968 se celebró una conferencia en Bruselas que adoptó el llamado Protocolo de Visby, que modificó cinco de los dieciséis artículos originales del Convenio de 1924. La segunda, el Protocolo de Londres de 1979 sustituye el patrón oro para establecer el límite de responsabilidad por una moneda de cuenta, el derecho especial de giro (DEG).

Qué es el derecho especial de giro (DEG)

Unidad monetaria del Fondo Monetario Internacional (FMI) en que se expresan los límites máximos de indemnización por las responsabilidades en el transporte internacional de mercancías. Un DEG equivale a 1,2-1,4 € o 1,3-1-4 USD.

En cuanto al ámbito de aplicación, sobre la base del criterio de las reglas de la Haya (que el conocimiento de embarque se hubiese emitido en un Estado miembro), añade dos criterios más: que la carga se localice en el puerto de un Estado miembro, y la remisión voluntaria de las partes a través de la cláusula *Paramount* inserta en el conocimiento de embarque.

Los objetivos fundamentales de las Reglas de la Haya-Visby son:

- Establecer una unificación internacional respecto al tráfico marítimo y el comercio internacional (art. 10).
- Procurar una solución de los litigios en un plazo de tiempo más breve [fija un plazo de un año para la prescripción de las acciones (arts. 3, 6)].
- Regular los derechos de las navieras.
- Nivelar los intereses de empresas cargadoras y porteadoras, definiendo los límites de las cláusulas de exoneración de responsabilidad de la naviera, en un primer intento de corregir la desigualdad contractual entre ambas partes.

Las principales innovaciones de este convenio respecto a su predecesor son los criterios de limitación de responsabilidad y su ámbito de aplicación.

Para el cálculo de la cifra de limitación de responsabilidad establece un doble criterio, el valor máximo por bulto o unidad o el valor máximo por kilogramo de peso bruto (art. 2, a).

En cuanto al valor de las mercancías para fijar la limitación de responsabilidad, se considerará su valor en el lugar de la descarga o en el momento y fecha en que debieron ser descargadas según el contrato (art. 2, b). Si se prueba que el daño causado es debido a una conducta dolosa de la naviera, no podrá limitar su responsabilidad (art. 2, e).

Se modifica la esfera de aplicación del convenio predecesor. Al requerir que el conocimiento se formalice en un país contratante, el transporte debe tener carácter internacional y el contrato se ha de regir por las normas del convenio o por cualquier legislación que la aplique o dé efecto (art. 5).

El convenio se aplica a relaciones contractuales o extracontractuales y a las reclamaciones contra las personas empleadas y dependientes de la naviera. En estos casos, la responsabilidad no excederá del límite máximo fijado por el convenio. Cuando los daños sean causados dolosamente, dichas personas no tendrán derecho a limitar su responsabilidad (art. 3).

1.1.3 Las Reglas de Hamburgo, 1978

Los problemas derivados de la aplicación de las Reglas de la Haya-Visby motivaron la creación de un grupo de trabajo por la Conferencia de las Naciones Unidas para el Comercio y el Desarrollo (Unctad) para estudiar la regulación del transporte marítimo. Los resultados se trasladaron a la Comisión de las Naciones Unidas para el Derecho Mercantil Internacional (Uncitral), que elaboró un proyecto de convenio, aprobado en la Conferencia de las Naciones Unidas celebrada en Hamburgo en 1978.

Las Reglas de Hamburgo, en relación con el Convenio de Bruselas de 1924, significan, una distribución del riesgo más equilibrada. El nuevo sistema supone un régimen de responsabilidad más riguroso con la empresa porteadora al suprimirse las tradicionales faltas náuticas como causas de exoneración de responsabilidad, respondiendo esta no solo por los daños y las pérdidas en las mercancías sino también por el retraso en la entrega. Por ello y aun teniendo en cuenta su escasa incidencia en los países desarrollados en la actualidad, puede afirmarse que se ha producido un mayor equilibrio entre las partes interesadas en el transporte marítimo.

Para exonerarse de responsabilidad, la empresa porteadora debe demostrar que ha mantenido la debida diligencia en todo momento y no solo al comienzo del viaje e incluso es responsable en el caso de que no sea ella quien efectúe el transporte y de que sea sustituida total o parcialmente por otra.

Hablamos de retraso en la entrega cuando las mercancías no son entregadas en el puerto de descarga previsto en el contrato de transporte marítimo dentro del plazo acordado, o del que sería razonable exigir de un porteador diligente (art. 5.2).

La empresa porteadora está obligada a emitir un conocimiento de embarque que tiene un valor probatorio privilegiado.

El valor máximo de las reclamaciones se cifra en 835 DEG por bulto o unidad o 2,5 DEG por kilogramo, a elección de la persona reclamante. La responsabilidad de la empresa transportista por retraso está limitada a un importe equivalente a 2,5 veces el valor del flete de la mercancía retrasada (art. 6.1, b). El importe reclamado por este concepto no podrá ser superior al flete total debido bajo el contrato de transporte.

Las Reglas de Hamburgo, a pesar de haber entrado en vigor, solo fueron ratificadas por países cargadores y no han gozado de una aplicación universal.

1.1.4 *El Convenio de Transporte Multimodal, 1980*

La necesidad de una regulación a escala internacional sobre transporte multimodal en un contrato único ha sido planteada para superar las diferencias entre los esquemas legislativos que rigen a escala nacional en cada país para los distintos tipos de transporte (marítimo, aéreo y terrestre), que han sido objeto de convenios internacionales independientes, aceptados y ratificados por un número variado de países.

Otro hecho decisivo ha sido el gran auge en las últimas décadas del transporte mediante contenedores. La mayor parte del tráfico de carga general se transporta contenerizado mediante transporte intermodal entre terminales terrestres con un único contrato que cubre la totalidad del transporte concertado con una operadora de transporte multimodal (OTM). Aun presentando semejanzas con los transportes unimodales, se diferencia de ellos por la limitación de responsabilidad aceptada por la OTM por pérdida, daños, o retraso en la entrega de la mercancía durante el transporte.

Tras varios proyectos de convenios internacionales reguladores, en 1973 la Unctad se hizo cargo de los estudios sobre transporte combinado de mercancías. Se creó un grupo preparatorio intergubernamental que diseñó en 1979 un proyecto de convenio que fue aprobado en conferencia diplomática en Ginebra el 24 de mayo de 1980. Sin embargo nunca ha entrado en vigor por falta de ratificaciones.

Según el artículo 16 del convenio de 1980, la OTM es responsable de los perjuicios que se ocasionen a las mercancías si los hechos que dieron lugar a estas pérdidas ocurrieron cuando la mercancía estaba bajo su custodia, a menos que pueda probar que él, las personas empleadas y dependientes o sus agentes tomaron todas las medidas oportunas para evitar el hecho causante y sus consecuencias. Este criterio es muy parecido al establecido en las Reglas de Hamburgo. La responsabilidad se basa en el principio de falta o negligencia presunta y la carga de la prueba recae sobre la OTM, quien deberá probar que él o, aquéllos de los cuales él responde, actuaron razonablemente para evitar el daño ocurrido durante su custodia.

1.1.5 Las Reglas Unctad/ICC, 1991

La falta de ratificación de este convenio ha hecho que sean las propias prácticas del mercado plasmadas en los documentos emitidos en base a las reglas de la Unctad/ICC, 1991, las que hayan diseñado un modelo de responsabilidad sobre el esquema tradicional de las Reglas de la Haya-Visby. Las Reglas Unctad/ICC relativas a los Documentos de Transporte Multimodal (Publicación n.º 481) entraron en vigor en 1992, siendo elaboradas por la Unctad y la Cámara de Comercio Internacional (CCI o ICC, siglas de *International Chamber of Commerce),* quedando desfasadas las anteriores Reglas ICC 73-75 y también porque el Convenio de las Naciones Unidas sobre Transporte Multimodal Internacional de Mercancías (Ginebra, 1980) todavía no ha entrado en vigor. Los documentos más conocidos, emitidos al amparo de las citadas reglas y utilizados ampliamente en el mercado son el *Fiata Multimodal Transport B/L;* el *UN Multidoc Multimodal Transport B/l 95* y el Combiconbill 95.

1.1.6 Las Reglas de Rotterdam, 2008

El Convenio de las Naciones Unidas sobre el contrato de transporte internacional de mercancías total o parcialmente marítimo (Nueva York, 2008) es conocido como las Reglas de Rotterdam.

El Convenio, adoptado por la Asamblea General en 2008, establece un régimen legal uniforme por el que se regulan los derechos y obligaciones de los cargadores, porteadores y destinatarios sujetos a un contrato de transporte de puerta a puerta que comprenda un tramo internacional por vía marítima. El convenio desarrolla y moderniza antiguos convenios que regían el transporte internacional de mercancías por mar, en particular, el Convenio internacional para la unificación de ciertas reglas en materia de conocimientos de embarque, conocido como las Reglas de la Haya (Bruselas, 1924) y sus Protocolos (las Reglas de La Haya-Visby), y el Convenio de las Naciones Unidas sobre el transporte marítimo de mercancías, también llamado las Reglas de Hamburgo (Hamburgo, 1978).

Las Reglas de Rotterdam ofrecen un marco jurídico en el que se tienen en cuenta novedades tecnológicas y comerciales que se han producido en los transportes marítimos desde que se adoptaron esos antiguos convenios, concretamente el aumento del transporte en contenedor, el deseo de unificar en un único contrato el transporte de puerta a puerta y la aparición de los documentos electrónicos de transporte. El convenio ofrece a las empresas cargadoras y porteadoras un régimen universal vinculante y equilibrado que regula el funcionamiento de los contratos marítimos de transporte que puedan comprender otros modos de transporte. Se trata de un texto que aún no está en vigor, porque si bien hay más de veinte estados firmantes, tan solo España, Camerún y Togo están adheridos formalmente. Tal falta de ratificaciones asegura una larga vida a las conocidas Reglas de la Haya-Visby.

1.2 Los sistemas de responsabilidad en el transporte multimodal

1.2.1 Sistema reticular o de red (network)

Es el más usual en todos los supuestos en los que la OTM asume la responsabilidad por la ejecución del transporte de mercancías efectuado por más de un modo de transporte, en un servicio puerta a puerta. La OTM es responsable por la pérdida, el daño o el retraso en la entrega de las mercancías durante el transporte, en la misma extensión que sus subcontratantes parciales cuando se conoce en qué fase del transporte ocurrió el daño. Es decir, se respetan y aplican íntegramente las disposiciones peculiares de cada tramo del transporte. En caso de daños no localizados, se aplicará la norma uniformemente establecida por las reglas de transporte multimodal.

En una primera etapa, el originario *network bill of lading* (conocimiento de embarque para transportes directos basados en el sistema *network)* disponía que la responsabilidad por perjuicios a la carga se regulaba según las previsiones de las Reglas de la Haya, el convenio CIM, el convenio CMR o el convenio de Varsovia, según correspondiese. Pero, en el caso de que el lugar de la pérdida no fuese conocido se aplicarían las Reglas de la Haya.

Otras normas, tales como el proyecto de convención TCM o las propias Reglas Unctad/ICC, han limitado el respeto a los regímenes propios de cada fase del transporte al estricto plano general y han unificado cuestiones concretas, como plazos de reclamación y acciones que podían originar incertidumbres. El sistema reticular fue posteriormente perfeccionado y el régimen específico de responsabilidad de la OTM se aplicó tanto en los casos de daños no localizados como en aquellos otros en los que la responsabilidad no era imputable exclusivamente a una fase determinada del trayecto.

Por lo demás, la responsabilidad se regirá por las reglas que se aplicarían si la empresa cargadora hubiera contratado directamente con la porteadora en cuya fase se produjo el daño. Si esas reglas imperativas no existen, la responsabilidad se fijará de acuerdo con el convenio internacional relativo a cualquier tipo de transporte al que hayan apelado expresamente las partes, incorporándolo en el documento.

1.2.2 Sistema uniforme

Al igual que en el sistema reticular, la OTM asume la responsabilidad por la ejecución del transporte efectuado por dos o más modos de transporte. La diferencia estriba en que en este caso es responsable por la pérdida, el daño o el retraso en la entrega de las mercancías que sucede durante tal transporte, pero solo hasta un determinado nivel estipulado en la convención aplicable, indistintamente del modo en el cual ocurrió la pérdida o el daño y de si este está localizado o no. También tiene la posibilidad de recurrir a las limitaciones de responsabilidad previstas en el convenio.

Se trata de establecer una responsabilidad *ex novo* para la OTM, que no tiene por qué coincidir con la correspondiente a cada fase del transporte. Consiste en la creación de normas y principios de aplicación singular y exclusiva a la empresa transportista que unifican todos los elementos característicos de su responsabilidad (límites de responsabilidad, ejercicio de acciones, plazos, etc.). Su interés estriba en que es un paso significativo hacia la unificación de la disciplina jurídica del transporte, iniciando ese movimiento desde la perspectiva del transporte combinado, y que conlleva a una consideración autónoma de la noción de «porteador» respecto de la titularidad de los medios empleados.

1.2.3 Sistema de extensión de responsabilidad (switchback)

Este sistema consiste en la ampliación de los principios que rigen un modo de transporte a los demás modos. La complejidad producida por la diversidad legislativa aplicable al transporte multimodal se reduce mediante la adopción de este sistema.

Su origen está en el conocimiento de embarque *switchback (switchback bill of lading),* que especificaba que durante la fase del transporte marítimo se aplicarían las

Reglas de la Haya, pero durante el tránsito el porteador aceptaría la misma limitación de responsabilidad que habría existido si cada subporteador hubiera hecho un contrato por separado directamente con la empresa cargadora sobre la base de las condiciones y cláusulas de la parte subcontratante respecto a su tramo en el transporte total. Si no se pudiera establecer en qué fase del transporte ocurrió el daño, se estimaría ocurrido durante el transporte por mar por lo que se aplicarían las Reglas de la Haya.

Las posibilidades prácticas de este sistema las encontramos en diversos convenios internacionales de transporte unimodal, tales como el CIM o el CMR y en la propia operativa del tráfico, por ejemplo, en el transporte de carga unitizada en el Atlántico Norte.

1.3 Ámbito de la responsabilidad

La obligación de la empresa operadora de transporte multimodal es llevar a cabo el transporte de una mercancía que le ha sido entregada en un punto, a partir del cual está bajo su custodia, hasta otro punto donde debe entregarla, haciéndose cargo de organizar los distintos tipos de transporte que sean necesarios.

Durante todo el período del transporte, la OTM será responsable de todo perjuicio originado por el daño, la pérdida y el retraso en la entrega, a menos que demuestre que se adoptaron todas las medidas necesarias para evitar estas averías.

Estas tres circunstancias, la pérdida, el daño y el retraso en la entrega, son las que de un modo general dan lugar a perjuicios para el propietario de la carga. La pérdida o el daño puede implicar la depreciación total o parcial, pero en todo caso permanente de las mercancías. La pérdida o el daño implican pérdida física y habitualmente económica. Sin embargo, cuando el daño es solo económico y está causado por la devaluación temporal de las mercancías, la pérdida debe ser considerada como retraso.

1.3.1 Pérdida de la mercancía

Entendemos por pérdida total de la mercancía su destrucción o desaparición y esta puede ser efectiva o presumible.

La pérdida total efectiva *(actual loss),* según la Marine Insurance Act de 1906 (art. 56.1), se produce cuando existe destrucción de la mercancía o los daños son tales que, la hacen irrecuperable. Esta última posibilidad se produce cuando la destrucción de la mercancía, aunque no sea total, supone una pérdida de su naturaleza. Es decir, cuando la propiedad asegurada queda tan dañada que ya no se parece en nada al objeto asegurado.

La pérdida total presumible tiene lugar cuando ha habido una pérdida que se puede suponer total después de transcurrido un lapso de tiempo razonable. Los plazos para considerar la mercancía perdida están fijados en los convenios que regulan el transporte internacional o el tipo de transporte de que se trate.

1.3.2 Daño a la mercancía

Se consideran todos aquellos perjuicios que de una forma u otra inciden sobre el valor económico del bien transportado. Pueden ser pérdidas estrictas o averías particulares.

El núcleo central del problema en materia de transporte multimodal radica en la delimitación del lugar donde se ha producido el daño entre las fases del transporte para determinar el régimen jurídico aplicable.

Cuando se conoce en qué etapa del transporte ocurrió la avería, la primera cuestión que se debe resolver es si algún convenio internacional o alguna ley nacional resultan aplicables para determinar la responsabilidad. Y si puede ser aplicado según el ámbito de la norma o en virtud de una cláusula *Paramount.* De no ser posible, las partes tendrán libertad para efectuar el contrato sobre sus propias disposiciones y con la gran variedad de posibilidades que caracteriza las *standard forms* en este tipo de contratos. Respecto a los daños no localizados, no se aplicaría ningún convenio internacional ni ley nacional, por lo que las partes tendrían total libertad para diseñar sus propios contratos.

Las situaciones en este supuesto son variadas. Un gran número de documentos de transporte combinado crean su propio régimen jurídico. Tal es el supuesto de los documentos emitidos en virtud de las Reglas Unctad/ICC, donde la empresa porteadora es responsable por la pérdida o el daño a menos que la causa del daño pueda incluirse en la lista de peligros exceptuados. De no ser así, la OTM solo será responsable hasta un límite máximo.

El sistema reticular satisface una doble necesidad. No modifica las estructuras de la exoneración de responsabilidad y fija los máximos de limitación de la deuda, estimulando el uso del transporte multimodal. Esta solución aplicada al convenio de 1980 satisface esta doble necesidad, porque en el supuesto de daño localizado quedan incorporados los convenios unimodales o las leyes nacionales por la interpretación del texto y la aplicación del convenio de transporte multimodal.

1.3.3 Retraso en la entrega

El retraso en la entrega de las mercancías puede ser la causa primaria o secundaria del daño. Se la considerará causa primaria cuando se estime como la principal razón del daño y en este caso se aplicarán las reglas concretas para el retraso. Cuando el retraso es efecto de una causa principal, se considera causa secundaria y, por tanto, la primaria será la que determine la responsabilidad de la empresa porteadora.

1.4 Causas de exoneración de responsabilidad

1.4.1 El vicio propio de la mercancía

Según la definición del reconocido especialista en derecho internacional Alejandro Rodríguez Carrión, puede resumirse en:

«El vicio propio de las mercancías es aquella cualidad inherente e inseparable de la sustancia que la constituye y que, aparecidas determinadas circunstancias de muy diversa índole, puede causar por su propia acción y con el transcurso del tiempo su destrucción o deterioro, sin la intervención de un agente externo, pudiendo surgir, asimismo, sin la concurrencia de su transporte».

El vicio de las mercancías puede depender de una cualidad natural o de un defecto anormal intrínseco que provoca su deterioro orgánico o funcional. En el caso de un vicio natural, este será común y notorio a las cosas de igual materia. En el caso de un vicio accidental, que no es normal en todas las cosas de la misma materia o cualidad, puede no ser detectado en el momento de su carga y desarrollarse posteriormente por la propia naturaleza de las mercancías embarcadas.

El fundamento de la exoneración de responsabilidad por vicios propios se basa en que el porteador no puede ser responsable de eventos inevitables y no debidos a un riesgo de la navegación ni del transporte; la mercancía que lleva en esencia un vicio constitutivo está condenada, antes o después, a padecer un daño de mayor o menor gravedad, que puede ser conocido con anterioridad a su transporte.

En la mayoría de los convenios internacionales, el vicio propio de la mercancía es causa de exoneración de responsabilidad; por ejemplo, en las Reglas de la Haya (art. 4.2), el Convenio de Berna de 1952 sobre transporte por ferrocarril (art. 27.3, d) y el Convenio de Ginebra de 1956.

1.4.2 Caso fortuito o fuerza mayor

Se alude de manera genérica a todos aquellos supuestos en los que al deudor de la obligación le resulta imposible su cumplimiento por la concurrencia de sucesos no previstos, o que, resultando previsibles, impiden el cumplimiento de la obligación.[2]

---

[2] Véase el art. 1105 del Código Civil español.

1.4.3 Falta náutica

Tanto en las Reglas de la Haya-Visby como en las Reglas de la Unctad/ICC se definen como la falta cometida por personas empleadas y dependientes de la naviera en la navegación o el control del buque (arts. 4.2 y 5.4, respectivamente). Un error en la navegación o administración del buque es aquella omisión o acto equivocado, cuyo propósito original se dirigía al buque (a su seguridad y buen estado) y hacia la aventura marítima en general. Para que la exoneración sea efectiva, el error o la falta náutica se deben llevar a cabo por personas dependientes de la empresa porteadora, nunca por esta o su equipo ejecutivo.

Las reglas ICC han tenido que incluir disposiciones para que la OTM que explota buques se pueda acoger a las mismas exoneraciones que se hubieran aplicado a un contrato de transporte unimodal, y que la OTM que no explota buques tenga la posibilidad de ejercitar acciones de repetición contra la empresa porteadora efectiva basándose en reglas que son compatibles con las que determinan su propia responsabilidad.

En el artículo 5,4 de las Reglas de la Haya-Visby se mencionan las dos causas fundamentales de exoneración: la falta náutica y el incendio. Se puede recurrir a ellas siempre que la OTM pueda probar que se ha ejercido la diligencia debida para poner el buque en estado de navegabilidad al inicio del viaje.

1.5 El retraso

En el transporte internacional se produce el retraso en la entrega de las mercancías siempre que la empresa porteadora no las pone a disposición de la consignataria dentro del plazo contractualmente fijado. El hecho de que la ruptura de la obligación contractual dependa del transcurso del tiempo proporciona al retraso dos características muy significativas.

El retraso puede ocurrir en cualquier momento desde que el contrato se haya perfeccionado y la empresa porteadora inicie acciones dirigidas a su ejecución, y sus efectos pueden extenderse durante la totalidad del contrato e incluso más allá.

Así, la responsabilidad por retraso dependerá principalmente de los términos del contrato de transporte que traten de los plazos de entrega de las mercancías, ya que la medida del tiempo en la ejecución del contrato no siempre es la misma ni se le da la misma importancia al cumplimiento de la obligación temporal, en relación con las condiciones asumidas. Respecto a esta última consideración, se puede decir que existen tres grados de responsabilidad aplicables:

- El más estricto, cuando se garantiza la entrega en una fecha determinada.
- El contrato establece unas fechas, aunque la empresa porteadora no garantiza la entrega en el plazo que estas fijan, entendiéndose como condición del contrato.

- Una medida mínima de responsabilidad se aplica en otros casos donde el tiempo no es la esencia del contrato, por lo que debe efectuarse el transporte con la diligencia de un buen porteador.
- Cuando el transporte de mercancías lo emprende una sola empresa porteadora, la aplicación de las reglas sobre responsabilidad por retraso es bastante clara.
- En los casos en que el transporte se efectúa por parte de dos o más porteadores, esta misma situación plantea un número mayor de problemas. El principio básico aplicable a estas situaciones es que cada empresa porteadoraes responsable de cualquier pérdida, daño o retraso en la entrega, que hayan ocurrido mientras la mercancía está bajo su custodia.

La empresa cargadora, como parte perjudicada, podrá demandar a la porteadora con quien ha contratado por cualquier retraso en la entrega. Esta, a su vez, tiene la posibilidad de recurrir contra la subporteadora que permitió o cometió el retraso.

Los convenios de transporte, las Reglas de la Haya y las Reglas de Hamburgo, difieren en gran medida en lo que respecta al tratamiento sobre el retraso en la entrega de las mercancías.

En principio, el concepto de retraso en la entrega no fue incluido en las Reglas de la Haya, aunque implícitamente y de acuerdo con la jurisprudencia nórdica y en ciertos casos la inglesa, se entiende recogido en su artículo 3.2: «el porteador procederá de manera apropiada y cuidadosa a la carga, la conservación y la descarga de las mercancías transportadas». Las Reglas de Hamburgo coinciden en confirmar la responsabilidad de la naviera por el retraso en la entrega. En su artículo 5.1 se especifica la responsabilidad de esta por dicho retraso, definiéndose el concepto en su párrafo segundo, como el incumplimiento del plazo de entrega acordado. También, dispone que las mercancías sean entregadas «dentro del plazo que atendiendo a las circunstancias especiales del caso, sería razonable exigir de un porteador diligente».

El artículo 5.2 de las Reglas Unctad/ICC define el retraso de la misma manera que lo hacen los sistemas de responsabilidad reticular y uniforme del proyecto TCM. Siguiendo la línea marcada por las Reglas ICC 73-75, la OTM no será responsable por retraso a menos que la empresa expedidora haya hecho una declaración de interés en la entrega de las mercancías en un plazo y que esta le haya sido aceptada.

1.6 La responsabilidad subjetiva

1.6.1 El concepto de responsabilidad subjetiva

Todo hecho ilícito que cause daño, que se lleve a cabo intencional o negligentemente es fuente de obligación. El acto ilícito da origen a una obligación cuya prestación consiste invariablemente en la reparación del daño ocasionado por dicho acto. El precepto fundamental en relación con el acto ilícito es imponer al causante la reparación del daño. Por doctrinas subjetivas se entienden aquellas que condicionan la relevancia del incumplimiento al presupuesto de la culpa, de tal manera que el fundamento de la responsabilidad contractual es siempre la culpa.

1.6.2 Fundamento

Como servicio económico, el transporte de bienes se dirige a conseguir el traslado de mercancías de un lugar a otro, cifrándose en la consumación efectiva de ese desplazamiento la utilidad material buscada por las partes como fruto de esa operación.

Si el traslado solo se lleva a cabo parcialmente, si las mercancías no llegan a destino o lo alcanzan con retraso o averiadas, se habrá frustrado la finalidad económica de la operación y el titular de las mercancías experimentará una pérdida patrimonial.

El contrato está dotado de una estructura jurídica en la que destaca la configuración de la prestación de la empresa porteadora como una obligación comparable a las llamadas de «resultado», en la que el traslado completo y útil se concibe como un *opus* indivisible cuya lesión genera la consiguiente responsabilidad.

La empresa porteadora, en virtud de su compromiso contractual, debe entregar las mercancías a su consignatario en la misma forma en que recibió la remesa del remitente, sin menoscabo ni falta en las condiciones establecidas.

La obligación de la empresa de transporte combinado no es solidaria, sino personal frente a la cargadora. Especialmente habida cuenta de la afirmación de su exoneración de responsabilidad relativa a la pérdida de la mercancía o de los daños, desde su aceptación hasta su entrega, por supuestos diversos: el principal y primero de los cuales es la culpa o negligencia de la empresa cargadora o receptora, afirmación que configura a la OTM como deudora de toda obligación, con la singularidad de existir tal obligación con carácter solidario cuando no se identifica en qué trayecto se ha producido el daño o la pérdida de la mercancía.

Como se ha señalado, la empresa «operadora de transporte multimodal no es un porteador típico, pero su situación es la típica de un porteador».

1.7 Ámbito temporal de la responsabilidad

1.7.1 Entrega de las mercancías

La empresa porteadora ha de entregar las mercancías a quien acredite documentalmente su derecho a recibirlas.

La entrega supone el traspaso de la detentación física de las mercancías, del porteador al receptor. No debe confundirse con la descarga, aunque pueda coincidir temporalmente con ella. Según la mayoría de los sistemas legales, la entrega, entendida como la transferencia voluntaria de la posesión con un contrato de compraventa, se estima efectuada cuando la empresa compradora o su agente adquiere la custodia de las mercancías o se autoriza para ejercer el control efectivo sobre ellas. El momento en que se hace efectiva la entrega depende de lo que estipule el contrato. La determinación de este momento es de gran importancia, pues la entrega efectiva marca el final del período de custodia de las mercancías por la empresa porteadora y el comienzo del plazo para presentar reservas y computar el período de un año para formular reclamaciones por faltas o averías.

El documento de transporte multimodal puede ser negociable o no. En el caso de que lo fuera, será extendido a la orden o al portador, y si lo es a la orden, será transferible mediante endoso, que no se exige si se extiende al portador. La devolución del documento, con el correspondiente endoso, si ha sido extendido a la orden, es requisito indispensable para que pueda ser entregada la mercancía. La empresa operadora queda liberada de sus obligaciones contractuales si entrega las mercancías al consignatario, cuyo nombre figura en el documento de transporte multimodal no negociable o cualquier otra persona conforme a las instrucciones recibidas al efecto.

1.7.2 La recepción

La empresa porteadora recibe la mercancía para su custodia cuando se le entregue legítimamente.

El acto de entrega así considerado comprende la transferencia material de la disponibilidad de la misma, y situarla de tal manera, que la OTM tenga acceso a ella para ejecutar con el resultado efectivo los actos de custodia y disposición.

La prueba de que la carga ha sido recibida por la OTM es el documento de transporte multimodal, en atención a su carácter probatorio. Este documento tiene su precedente, como se ha señalado, en los conocimientos de embarque de transporte marítimo. En este sentido, las Reglas de la Haya (art. 3.4) dicen: «...el conocimiento establecerá la presunción, salvo prueba en contrario de la recepción por el porteador de las mercancías en la forma que aparecen descritas». Las Reglas de Hamburgo (art. 17) definen como conocimiento de embarque el «documento que hace prueba de un transporte marítimo y acredita que el porteador ha tomado a su cargo o ha cargado las mercancías».

En el Convenio de Ginebra sobre transporte multimodal de 1980 se especifica que «documento de transporte multimodal» se refiere al documento que hace prueba de un contrato de transporte multimodal, y acredita que la OTM ha tomado las mercancías bajo su custodia y que se ha comprometido a entregarlas según el contrato.

Salvo que expresamente se haga constar otra cosa, en el momento de la recepción se entiende que las mercancías se entregan en buen estado y que han de ser devueltas en ese mismo estado al consignatario en destino. La OTM viene obligada al examen del aspecto exterior de la mercancía cuando se hace cargo de ella, y, en su caso, a formular las reservas pertinentes en el documento de transporte multimodal.

2   El criterio unitario de bulto o unidad. La fórmula contenedor en relación a la limitación de responsabilidad

Las Reglas de la Haya-Visby (art. 4.5, a) establecen que:

> «Salvo que la naturaleza y el valor de las mercancías hayan sido declaradas por el cargador con anterioridad al embarque y así conste en el conocimiento, ni el porteador ni el buque serán en ningún caso responsables de la pérdida o el daño de las mercancías o con ellas relacionadas por una suma superior a 666,67 unidades de cuenta por bulto o unidad, o dos unidades de cuenta por kilogramo de peso bruto de las mercancías perdidas o dañadas, aplicándose el límite más elevado».

Para algunos autores, la responsabilidad de la empresa porteadora es limitada, pues se trata más bien de una limitación de deuda.

El problema que tradicionalmente ha requerido una mayor precisión es determinar qué es lo que debe entenderse por bulto o unidad. Sin embargo, la inclusión en el Protocolo de Visby de la alternativa al peso bruto obliga a analizar la problemática relativa a este concepto.

Cuando se aborda la noción de bulto o unidad para determinar la cuantía de la limitación de responsabilidad, nos encontramos con dos problemas: no existe una definición legal y se ha de precisar si el término se refiere a la unidad de carga o a la unidad de flete.

Al no existir un concepto legal hemos de acudir a su acepción común, que tratándose de transportes, se utiliza para designar los fardos, las cajas, los baúles u otras unidades de carga. Todos los objetos a que hace referencia la palabra bulto revelan la existencia de un contenido y un continente, es decir, están dotados de una cubierta que sirve para resguardar los objetos y que se conoce como embalaje. Cuando se trata de mercancías embaladas parece que no existe ningún problema interpretativo, pues la limitación de la deuda se atribuye a cada bulto dañado o perdido.

La definición legal de bulto, en atención a la jurisprudencia y al sentido común del término, se puede entender como «cualquier objeto que pueda ser manejado durante el transporte como una unidad singular, aunque no se encuentre embalada», pues el hecho de que el porteador tenga ocasión de comprobar su valor, no incide para nada al cuantificar la deuda, limitada a 666,67 unidades de cuenta o a dos unidades de cuenta por kilogramo de peso bruto, cuando el peso bruto conste en el conocimiento de embarque. Íntimamente relacionado con el concepto de bulto está el de unidad. Se plantea la cuestión de si del hecho que el importe del flete venga determinado generalmente por el peso de la mercancía, la limitación de la deuda debe reconducirse al bulto o a la unidad de flete. La solución parece admitir que el límite por bulto se debe aplicar en todos aquellos casos en que la mercancía se encuentra contenida en un bulto o es de tal forma considerada, con independencia de que el flete se calcule por unidad.

El Protocolo de 1979 reduce la polémica con la alternativa del cálculo de la limitación por unidad de kilogramo bruto si esta cifra resulta más elevada. Sin embargo, subsistiría el problema cuando la cifra más elevada esté determinada por bulto o cuando se considere como unidad normalmente utilizada, según los usos, para calcular el flete, la *shipping unit*.

La alternativa de cuantificación de la deuda por kilogramo de peso bruto, plantea otros problemas que pasamos a examinar sobre la determinación de la expresión «peso bruto».

Esta puede tener distinta extensión si se considera la calidad de las mercancías y su eventual embalaje. No suele haber dudas cuando las mercancías se encuentran embaladas, puesto que entonces el peso bruto incluye al propio embalaje. En este caso, el cálculo del límite no ofrece dificultades si la pérdida o el daño ha sido total, pero si es parcial se puede dar la paradoja de que la parte de mercancías perdidas o dañadas no se encuentren englobadas en el peso bruto. Piénsese, por ejemplo, en un cajón que contiene diez televisores y son robados cinco de ellos. El peso de la mercancía perdida es el peso de los televisores, sin que pueda comprenderse una parte proporcional del cajón. Otro tanto ocurre con las mercancías cargadas a granel cuando se da un supuesto de combustión, como es el caso del petróleo sin refinar, cuya composición incluye el agua y los sedimentos: mientras el precio de compraventa viene referido al peso neto, al petróleo ya refinado, el flete se calcula basándose en el peso bruto.

En este sentido, el Protocolo de 1968 establece:

«Cuando se utilicen para agrupar mercancías un contenedor, un palé o cualquier dispositivo similar, todo bulto o unidad que según el conocimiento vaya embalado en tal dispositivo se considerará como un bulto o una unidad a los efectos de este párrafo. Fuera de este caso, tal dispositivo se considerará como el bulto o la unidad» (art. 4.5, c).

La norma parece clara, en principio, al delimitar dos supuestos en función de que el conocimiento contemple solo el contenedor o bien el número de bultos incluidos en él. Como se puede advertir, la limitación de la deuda varía sustancialmente según se adopte una de estas dos fórmulas:

- Si el conocimiento enumera los bultos o las unidades que han sido agrupados o almacenados en el contenedor, tal limitación se relacionará con cada uno de esos bultos.
- Si, por el contrario, el conocimiento contempla únicamente el contenedor, sin especificar ni individualizar los bultos o las unidades dispuestos en él, la limitación funcionará en relación con un solo bulto.

Las Reglas Unctad/ICC 1991, se basan en la denominada «fórmula del contenedor», según la cual la persona reclamante puede utilizar las unidades incluidas en el contenedor a efectos de la limitación de responsabilidad siempre que se hayan enumerado en el documento de transporte.

2.1 Responsabilidad y tratamiento de la limitación de responsabilidad

Las normativas nacionales, como la Ley de Navegación Marítima española (LNM), por ejemplo acostumbran a seguir el esquema de las Reglas de la Haya-Visby, art. 277.3:

> «Los contratos de transporte marítimo de mercancías, nacional o internacional, en régimen de conocimiento de embarque y la responsabilidad del porteador, se regirán por el Convenio Internacional para la Unificación de Ciertas Reglas en Materia de Conocimientos de Embarque, firmado en Bruselas el 25 de agosto de 1924, los protocolos que lo modifican de los que España sea Estado parte y esta ley».

2.1.1 La responsabilidad

La empresa porteadora es responsable de todo daño o pérdida de las mercancías, así como del retraso en su entrega, causados mientras se encontraban bajo su custodia, las cuales se aplicarán imperativamente a todo contrato de transporte marítimo. No tendrán efecto las cláusulas contractuales que pretendan directa o indirectamente atenuar o anular aquella responsabilidad en perjuicio del titular del derecho a recibir las mercancías.

De acuerdo con las Reglas de la Haya-Visby (art. 4.5) ni la empresa porteadora ni el buque serán en ningún caso responsables de la pérdida o el daño de las mercancías o con ellas relacionadas por una suma superior a 666,67 unidades de cuenta por bulto o unidad, o dos unidades de cuenta por kilogramo de peso bruto de las mercancías perdidas o dañadas, aplicándose el límite más elevado.

La responsabilidad alcanza tanto a la empresa porteadora contractual como a la efectiva. En este sentido, por ejemplo, la legislación española señala lo siguiente:[3]

«La responsabilidad establecida en esta sección alcanza solidariamente tanto a quien se compromete a realizar el transporte como a quien lo realiza efectivamente con sus propios medios. En el primer caso estarán comprendidos los comisionistas de transportes, transitarios y demás personas que se comprometan con el cargador a realizar el transporte por medio de otros. También estarán comprendidos los fletadores de un buque que contraten en la forma prevista en el artículo 207. En el segundo estará incluido, en todo caso, el armador del buque porteador».

El porteador contractual tendrá derecho a repetir contra el efectivo las indemnizaciones satisfechas en virtud de la responsabilidad que para él se establezca. La acción de repetición del porteador contractual contra el porteador efectivo estará sujeta a un plazo de prescripción de un año a contar desde el momento de abono de la indemnización.

2.1.2 *Limitación de la responsabilidad por pérdida o daño*

La responsabilidad del porteador por pérdida o daño de las mercancías transportadas estará limitada, salvo que en el conocimiento de embarque se haya declarado el valor real de tales mercancías, a las cifras establecidas en las Reglas de la Haya-Visby.

Si en el transporte se utilizaran contenedores, bandejas de carga u otros medios similares de agrupación de mercancías, cualquier bulto o unidad enumerado en el conocimiento de embarque como incluido dentro de dicho medio de agrupación se considerará como un bulto o unidad a efectos de limitación de responsabilidad por pérdida o daño. Si el contenedor o medio de agrupación hubiera sido suministrado por la empresa cargadora, se considerará como un bulto más a tales efectos. Si en el conocimiento no se hiciera constar la enumeración del contenido, se considerará que existe un solo bulto.

El régimen de responsabilidad de la empresa porteadora y su limitación será aplicable a toda acción que persiga una indemnización por daños o pérdidas experimentados, independientemente de cuál sea el procedimiento en que se ejercite la acción, así como su fundamento, sea contractual o extracontractual y, tanto si se dirige contra la portea-

---

[3] Artículo 278 de la Ley de Navegación Marítima española (LNM), de 2014.

dora como si lo hace contra las personas o empresas auxiliares que esta emplee para el cumplimiento de su prestación.

La empresa porteadora –o sus auxiliares– no podrá prevalerse del derecho a limitar su responsabilidad cuando se pruebe que el daño o la pérdida han sido causados por ella misma, intencionadamente o actuando en forma temeraria y con conciencia de su probabilidad.

3   Cláusulas contractuales de carga y descarga. Régimen jurídico de la estiba

La estiba y desestiba de los contenedores participa del régimen jurídico de las operaciones de carga y descarga con unas particularidades propias. Toda cláusula relativa a pactos sobre operaciones de carga y descarga contiene o suele contener, con carácter general, dos estipulaciones:

- ¿Quién tiene a su cargo la obligación de ejecutar por sí o por otros las operaciones de carga y descarga? y ¿quién corre con los gastos de la ejecución de tales operaciones?
- ¿Dónde se produce la recepción o entrega de la carga? Y, por tanto, ¿dónde empieza y termina la obligación de custodiar el cargamento?

Estas cláusulas pueden dividirse en las siguientes categorías:

- Cláusulas para el transporte común.
- Cláusulas para los transportes especiales, de la que no nos ocuparemos en el presente libro.[4]

3.1   Cláusulas para el transporte común

Pueden dividirse en condiciones brutas *(gross terms)* y condiciones netas *(net terms)*.

Para la interpretación de las diversas cláusulas, se ha de tener en cuenta, en primer lugar, la definición que se establezca en los contratos y, en su defecto, los usos y costumbres del puerto donde se lleve a cabo la carga o descarga. A falta de costumbre, prevalecerá el

---

[4] Ver del autor in extenso *Las cláusulas contractuales de carga y descarga* (2009), disponible en http://hdl.handle.net/2117/6158.

significado ordinario de las palabras o bien una cláusula que extienda la obligación del fletador más allá de lo que se establezca en las normativas nacionales.

La interpretación de los términos que se exponen a continuación se efectúa a falta de acuerdo expreso sobre su interpretación y de uso o costumbre en contra.

3.1.1 *Condiciones brutas* (gross terms)

En este tipo de cláusulas, con carácter general, el fletante tiene la obligación de ejecutar por sí o por otros las operaciones de carga, estiba, enrasado, etc., y la desestiba y descarga y el costo de estas operaciones está incluido en el flete.

El cargamento se recibe al costado del buque en el puerto de carga y es entregado en el muelle en el puerto de descarga, corriendo el fletante con los riesgos de tales operaciones y teniendo la custodia desde la recepción de la carga al costado del buque hasta su entrega al costado del mismo.

- **Condiciones de línea** *(liner terms)*
  Este término es habitual en las grandes navieras que transportan contenedores. Indica cualesquiera condiciones que se apliquen en los buques de línea o a cargamentos parciales que operen en este régimen. Frecuentemente significa que el cargamento se recibe y se entrega al costado del buque, corriendo el fletante con los gastos y los riesgos de la carga, estiba, desestiba y descarga. El uso de este término es frecuente en los buques de línea que embarcan pequeñas partidas, pues es imposible que cada embarcador utilice su propia empresa estibadora. En algunas ocasiones, la cláusula se entiende como que el cargamento es recibido por el fletante al costado del buque, siendo la naviera quien debe ejecutar las tareas de carga y descarga, y correr con los riesgos de la operación. Sin embargo, los gastos de carga son soportados por el embarcador, abonando la naviera exclusivamente los gastos de estiba y trincado, y el receptor, los gastos de descarga.

  En relación al tráfico de contenedores, y que es utilizada por la mayor parte de las compañías navieras o terminales, implica que el contenedor es manipulado hasta la carga y descarga al costado del buque, por cuenta de la terminal, o el embarcador a partir de la izada es de cuenta del buque. El tráfico de contenedores ha acuñado la expresión THC *(terminal handling charge)* como concepto económico comprensivo de los gastos del contenedor desde su llegada a la terminal hasta su izada al buque, conocido como fase terrestre e incluye *gate,* explanada, clasificación, traslado al muelle, etc. Los movimientos interiores del contenedor en la bodega del buque (remociones, transbordos) son de cuenta de la naviera, esto es, están comprendidos dentro del flete oceánico y no son trasladables a la carga.

- **COP** *(custom of the port)*

  Las operaciones quedan sometidas a las «costumbres del puerto». Frecuentemente, se utiliza para mercancías destinadas a puertos árabes e implican un uso local equivalente al anterior y asumiendo el fletante o buque todos o parte de los gastos y riesgos, según los puertos.

- ***Berth terms***

  Es equivalente al *liner terms* y se suele utilizar en los fletamentos *tramp*.

- **Bajo puntal** *(sous palan; under derrick; sotto paranco)*

  La naviera recibe el cargamento en la vertical del puntal del buque (o de la grúa, si se contratan grúas de tierra), efectuando por su cuenta y riesgo las operaciones de carga y estiba, para entregar la mercancía en la vertical del puntal (o grúa, si se emplea grúa de tierra) en el puerto de descarga. En la práctica, la cláusula es similar a las anteriores y su interpretación puede variar de acuerdo con los usos y las costumbres de algunos puertos.

- **Libre al costado del buque (FAS,** *free alongside ship)*

  Similar a la anterior. La obligación del embarcador se completa cuando el cargamento ha sido entregado debajo de los puntales del buque (o grúa de tierra, si así se efectúa). Los costos posteriores a cargar y estibar son por cuenta de la naviera.

3.1.2 *Condiciones netas* (net terms)

La obligación del fletante se reduce a la estricta de transporte marítimo, recibiéndose y entregándose la mercancía a bordo y siendo por cuenta del fletador todos los gastos y riesgos de la ejecución de operaciones de carga y descarga, deben entenderse en un sentido estricto (a falta de uso) y no se extienden a lo que expresamente no se manifiesta. Así, si no se dice de manera expresa que la estiba es por cuenta del fletador *(free stowage)*.

Las cláusulas más usuales son:

- **FOB** *(free on board)*

  Significa que el fletador tiene la obligación de ejecutar por sí o por otros las operaciones de carga y estiba y pagar, si es preciso, los costos de ejecución de tales operaciones y corriendo con sus riesgos. La entrega de la mercancía se produce a bordo del buque una vez que el cargamento queda situado en las bodegas, comenzando la obligación de custodia por parte del fletante.

- **FD** *(free discharge)*

  Este término significa que el fletador tiene a su cargo la obligación de ejecutar por sí o por otros las operaciones de descarga y desestiba, abonar sus gastos y correr con el riesgo de tales operaciones y el cargamento se entrega dentro de las bodegas del buque en el puerto de descarga. Termina allí la obligación de custodia para el fletante.

- **FIO** *(free in and out)*

  Esta cláusula se puede considerar la suma de las dos anteriores.

- **FIOS** *(free in and out stowed)*

  Similar a la anterior, aclara las posibles dudas sobre quién corre con los gastos y las responsabilidades de la colocación del cargamento en las bodegas.

- **FIOST** *(free in and out stowed and trimmed).*

  Al igual que la anterior, esta cláusula tiene por objeto especificar con mayor detalle las operaciones que son por cuenta del fletador para evitar que su no especificación perjudique al fletante. Este tipo de cláusula se utiliza expresamente para gráneles que necesitan un trimado, nivelación o paleo dentro de las bodegas para abarrotarlas y colocar el cargamento en condiciones de una buena navegación.

- **FIOSTLSD** *(free in and out stowed trimmed lashed secured and dunnaged)*

  Como la anterior, también tiene por objeto especificar sin que haya lugar a dudas cuáles son las operaciones que son por cuenta del fletador y añade el trincaje, ensolerado, etc.

3.2 Cláusulas de carácter mixto

Estas cláusulas cubren determinadas necesidades del tráfico marítimo, entre las cuales destacan las siguientes:

- **FILO** *(free in liner out)*

  Esta cláusula es muy usual en las mercancías que se transportan desde Europa hasta países donde existan congestiones portuarias que impidan a los embarcadores pactar condiciones de descarga o correr con los gastos del puerto de descarga. En virtud de esta cláusula, el fletador tiene a su cargo la obligación de ejecutar, por sí o por otros, las operaciones de carga y estiba en el puerto de carga, pagando si es preciso y corriendo a su riesgo tales operaciones. La naviera o fletante se obliga a ejecutar, por sí o por otros, las operaciones de desestiba y descarga en el puerto de destino, corriendo por su cuenta y riesgo tales operaciones y la mercancía se entrega a bordo en el puerto de carga y se recibe en el muelle al costado del buque en el puerto de descarga.

- **FIOCOP** *(free in and out customs of the port)*
  Muy similar a la anterior.

- **LIFO** *(liner in free out)*
  Esta cláusula es la opuesta a la FILO.

3.3   Cláusulas que separan riesgos y gastos

En los fletamentos de línea regular se suelen establecer cláusulas del siguiente tenor: «La mercancía será cargada y descargada por la naviera, efectuándose tales operaciones por cuenta y riesgo del fletador».

Trata de deslindar entre quién se compromete a ejecutar las operaciones de carga y descarga (la naviera o fletante) por cuenta del tercero (el fletador) y dónde se produce el traspaso de la posesión del cargamento (a bordo del buque).

3.4   Cláusulas para tráficos de contenedores

Se suelen utilizar las siguientes cláusulas:

- **Puerta a puerta** *(house to house)*
  La empresa cargadora entrega el contenedor en sus almacenes (una vez cargado por su cuenta y riesgo) a la porteadora. Esta lo transporta por su cuenta y riesgo desde el almacén de origen hasta el de destino, y lo entrega al receptor, siendo por cuenta y riesgo de este último la operación de desagrupar la carga del contenedor.

- **FCL** *(full container load)*
  Suele ser habitual en un conocimiento de embarque e indica que se trata de un transporte puerta a puerta *(house to house),* quienes han sido los agentes que han intervenido en el transporte, y los responsables de la carga o consolidación de la mercancía en el contenedor. En este sentido, esta cláusula significa que el contenedor se ha llenado o consolidado en el domicilio de la empresa cargadora, es decir, que ha sido retirado del depósito por la exportadora o fabricante, quien ha llevado a cabo la estiba de las mercancías por su cuenta y riesgo, y ha entregado el contenedor cerrado

y generalmente precintado a la transportista, que lo entregará al receptor, que será el encargado final de desconsolidar la mercancía en su propio almacén.

- **LCL** *(less than container load)*

  Con esta modalidad, la empresa cargadora entrega las mercancías en un depósito o almacén diferente al propio (normalmente, una terminal de contenedores) para su transporte en contenedor. Una vez entregada, es por cuenta de la naviera o fletante el empaquetado o estibado de la mercancía dentro del contenedor, para entregarla en otro depósito en el puerto de destino, siendo por cuenta de la naviera el desempaquetado o desestiba del cargamento ubicado en el contenedor.

4   El contrato de manipulación portuaria

El contrato de manipulación portuaria se regula de forma novedosa en la Ley de Navegación marítima española (LNM) y tiene por objeto, a tenor de lo establecido en su artículo 330.1, operaciones como las de carga, descarga, estiba y desestiba a bordo de los buques, así como las de recepción, clasificación, depósito y almacenamiento en muelle o almacenes portuarios, y las de los transportes interiores en el puerto, y de las de operaciones conexas a las anteriores.

Los artículos 331 y 332 de la LNM hacen referencia a la forma del contrato de manipulación portuaria. El artículo 332, plantea de forma potestativa la suscripción de un documento en concepto de recibo de las mercancías que, si bien tiene por fin esencial probar las condiciones en el que estas han sido recibidas, puede cumplir igual e indirectamente la función de probar la existencia del contrato. Ante la falta de tal documento acreditativo, la LNM establece la presunción, en su artículo 332.3, de una correcta recepción de las mercancías, caracterizada, *a priori* por las buenas condiciones de las mismas.

La autonomía de la voluntad de las partes juega un papel importante en el ámbito de la manipulación portuaria, algo que se deduce del propio artículo 331 al referirse a la opción de contratación, ya sea por las propias empresas cargadoras de las mercancías, las destinatarias o quienes la realicen llegado el momento.

El artículo 333 de la LNM recoge como regla general que será responsable la empresa operadora portuaria encargada de la manipulación en aquellos supuestos en los que se generen daños en las mercancías, se produzca una pérdida de las mismas o un retraso en su puesta a disposición.

La responsabilidad del operador portuario puede limitarse, según lo establecido en el artículo 334 de la LNM en los casos de pérdida o daño en las mercancías o retraso en su entrega, y de conformidad con una serie de parámetros recogidos en el referido precepto, a saber:

- Limitación a una suma de dos DEG por kilogramo de peso bruto, para los supuestos de pérdidas o daños en las mercancías.
- Limitación a una suma equivalente a dos veces y media de la remuneración que deba pagársele por los servicios prestados con respecto a las mercancías que se hayan recibido con retraso, sin exceder de la cuantía total de la remuneración debida por la remesa de que formen parte esas mercancías.

En cualquier caso, la responsabilidad acumulada de los dos supuestos anteriores (pérdida o daño en las mercancías y retraso) no podrá superar la cuantía establecida para la pérdida total de las mercancías.

Es preciso subrayar que estos parámetros cuantitativos de responsabilidad tienen un carácter mínimo e imperativo, en el sentido de que la operadora portuaria podrá voluntariamente hacer frente a importes superiores a los fijados por esta normativa,pero nunca inferiores.

No obstante, el beneficio que faculta a la operadora portuaria a limitar la responsabilidad, deviene inoperativo en ciertos supuestos, para los que la propia LNM se remite a lo establecido en las Reglas de la Haya-Visby, cuyo artículo 4.5 e) dispone que: «Ni el porteador ni el buque tendrán derecho a beneficiarse de la limitación de responsabilidad que en este párrafo se determina si se prueba que el daño es resultado de un acto o de una omisión del porteador, que se produjo o con intención de provocar un daño o temerariamente y con conocimiento de que probablemente de ello se deducirá un daño», de igual aplicación a la operadora portuaria.

En cuanto a los sujetos legitimados para accionar exigiendo responsabilidad a la operadora portuaria, el artículo 336 de la LNM faculta primeramente al sujeto con el que se hubieren contratado las operaciones. Además, la normativa observa la acción directa de la empresa destinataria de las mercancías, la empresa transitaria o la comisionista, lo que no excluye la posibilidad de accionar de la parte contratante también contra la empresa porteadora, la comisionista o la transitaria.

La LNM también aborda el derecho que asiste a la operadora portuaria, consistente en retener las mercancías como garantía de cobro, en aquellos supuestos en los que no se le abone el precio pactado por la prestación de sus servicios.

5 Responsabilidad de las empresas estibadores de terminales

En cuanto a la regulación del contrato de manipulación portuaria, en el presente apartado vamos a tratar las prácticas marítimas internacionales y el derecho comparado.

Es difícil destacar lo que provoca los mayores daños y pérdidas en el manejo de la mercancía en las áreas portuarias, debido a la gran variedad de situaciones que se dan en la operativa de las terminales: mercancía general, gráneles, contenedores, etc.

Por ello, solo expondremos los aspectos más significativos de la responsabilidad de los operadores de terminales: la protección de terminales y la responsabilidad de los cargadores en casos de daño o pérdida ocurridos bajo su custodia (en especial, la cobertura de la cláusula Himalaya y su aplicación a partir del caso Mahkutai).

5.1 Estudio de la cláusula Himalaya

El objeto de la cláusula Himalaya es la protección de los agentes, subcontratistas y demás dependientes de la empresa porteadora, tales como estibadores y transportistas terrestres, que de otra manera se verían expuestos a una responsabilidad indirecta, en cuanto al daño o a la pérdida que ocurriera bajo su custodia.

Uno de los principios fundamentales en el derecho inglés es que solo la persona parte de un contrato puede efectuar una acción en relación con este. De manera similar, la protección ofrecida por los términos del contrato únicamente puede extenderse a las partes contratantes, y por ello, el beneficio de cualquier excepción o cláusula de limitación de responsabilidad en un contrato de fletamento no puede hacerse valer por una persona ajena al contrato, aunque hayan participado en la ejecución del mismo.

Por tanto, la naviera que quiera proteger a su capitán, tripulación o contratistas independientes, ha de hacer expresa mención de excluir a dichas personas de sus responsabilidades en el contrato de fletamento y, en particular, en el conocimiento de embarque. La cláusula utilizada habitualmente es la cláusula Himalaya, que tiene su origen en el caso Adler versus Dickson, en 1954, en una demanda de lesiones personales a bordo del *S.S. Himalaya* y en el billete de pasaje se incluía dicha cláusula.

En virtud del artículo 4 bis de las Reglas de la Haya-Visby, por primera vez en el transporte de mercancías por mar, el beneficio de excepciones previstas a favor de la naviera se extiende a «un sirviente o agente del porteador (no siendo dicho sirviente o agente un contratista independiente)».

5.2 El caso The Mahkutai

El debate sobre si una empresa estibadora puede acogerse a la cláusula Himalaya, incluida en un conocimiento de embarque sujeto a las Reglas de la Haya-Visby, se resolvió en 1996 en la decisión sobre el caso The Mahkutai. En virtud de ella, el péndulo de la opinión judicial ha llegado a un fin y la responsabilidad del estibador está excluida, así como la responsabilidad de los sirvientes o agentes de la naviera.

En resumen, esta era la decisión del Privy Council en respuesta a la Corte de Apelación de Hong Kong: durante el viaje de Jakarta (Indonesia) a Shantou (China), la mercancía había resultado dañada por el agua de mar. Luego, el buque siguió hasta Hong Kong, donde los propietarios de la mercancía presentaron demanda contra la naviera pidiendo daños por incumplimiento de contrato. La naviera, en respuesta a dicha demanda, invocó la cláusula Himalaya contenida en el conocimiento de embarque del cual no formaban parte.

Al comienzo del juicio, Lord Goff analizó con detenimiento el impacto de la cláusula en el presente contexto y afirmó:

> «Durante del siglo xx ha ido variando la opinión sobre la oportunidad de modificar o incluir alguna excepción a la obligatoriedad exclusiva del contrato entre las partes, sin que pueda afectar a terceros no firmantes. Con ello se ha pretendido reconciliar situaciones que surgen en el transporte marítimo de mercancías. Algunas opiniones están de acuerdo en que los beneficios de ciertos tipos de contrato de transporte tendrían que extenderse a todas las partes involucradas en la aventura, aunque no formen parte del contrato; como es el caso de los estibadores, que piden que se les extiendan los beneficios de las limitaciones contenidas en los conocimientos de embarque, y también de los armadores, que piden protección en los términos contenidos en el conocimiento del fletador. A primera vista, parece que exista buena disposición por parte de los jueces para reconocer dichas pretensiones, especialmente en el caso Elder, Dempster & Co. versus Paterson, Zochonis & Co. Ltd. (1924), que se refieren al principio de libertad bajo fianza. Pero la opinión en contra se reforzó a mediados de siglo, cuando el péndulo osciló atrás en dirección de la ortodoxia en el caso Midland Silicones Ltd. versus Scruttons Ltd. (1962). De todas maneras, recientemente ha vuelto a oscilar a favor del reconocimiento de su significado comercial, sobre todo en dos casos de estibadores, invocando la protección de la cláusula Himalaya».

Como resultado del caso Mahkutai, la cláusula Himalaya, insertada en un conocimiento de embarque sujeto a las Reglas de la Haya-Visby, fue utilizada para proteger los intereses de los estibadores en casos de pérdida o daños a la mercancía cuando esta se encontraba bajo su custodia, reconociéndoles expresamente la posibilidad de invocar en su propio nombre la limitación de responsabilidad del transportista.

5.3 La Convención de las Naciones Unidas sobre la responsabilidad de las empresas de terminales de transporte

La Convención de las Naciones Unidas sobre la responsabilidad de los empresarios de terminales de transporte en el comercio internacional, promovida por la CNUDMI/

Uncitral (Comisión de las Naciones Unidas para el Derecho Mercantil Internacional) adoptó normas uniformes que rigen la responsabilidad de estas empresas por las pérdidas y los daños que sufran las mercancías objeto de transporte internacional mientras se encuentran en la terminal, así como por la demora en su entrega. La convención fue adoptada por una conferencia diplomática, quedó abierta a la firma el 19 de abril de 1991 y entrará en vigor cuando se depositen cinco instrumentos de ratificación, aceptación, aprobación o adhesión. A día de hoy solo lo han firmado cuatro Estados, lo que plantea dudas sobre una entrada en vigor en el corto plazo.

La empresa de terminal de transporte es definida en el artículo 1 del convenio como una empresa comercial que maneja las mercancías que le han sido confiadas por un porteador, el remitente o el destinatario, antes, durante o después de su transporte por cualquier medio. La actividad de dicha empresa puede ser la carga, la descarga, el almacenaje, la estiba, etc.

Para aplicar el convenio, el transporte en cuestión debe considerarse internacional en el momento en que el porteador recibe las mercancías. Para ello, el punto de partida y de llegada de las mercancías debe encontrarse en estados diferentes.

La responsabilidad comienza una vez que las mercancías han sido entregadas en la terminal y finaliza cuando la empresa que la gestiona las ha entregado de conformidad con lo que expresa el contrato de transporte utilizado y el peso de las mercancías. Según el artículo 5, la empresa será responsable de los perjuicios resultantes de la pérdida, el daño de las mercancías o el retraso en la entrega, si el hecho que los ha causado se produjo durante el período en el que respondía de las mercaderías, a menos que pruebe que ella, sus empleados, mandatarios u otras personas a cuyos servicios recurra para la prestación de los servicios relacionados con el transporte adoptaron todas las medidas que razonablemente podían exigirse para evitar el hecho y sus consecuencias. Dicha responsabilidad de la empresa de terminal de transporte está limitada a una suma que no exceda de 8,33 unidades de cuenta por kilogramo de peso bruto de las mercancías perdidas o dañadas. No obstante, si estas se ponen en poder de la empresa inmediatamente después de un transporte por mar o por vías de navegación interior, o si la empresa las entrega o ha de entregarlas para que sean objeto de tal transporte, la responsabilidad de esta por los perjuicios resultantes de la pérdida o el daño no excederá de 2,75 unidades de cuenta por kilogramo de peso bruto.

Sin embargo, la responsabilidad será ilimitada en caso de que el daño resulte de una acción o una omisión de la propia empresa, de las personas empleadas o directivas, llevada a cabo con intención de causar tal pérdida, daño o retraso, o temerariamente y a sabiendas de que probablemente sobrevendrían la pérdida, el daño o el retraso (art. 8).

Bibliografía

ARROYO, I. (1985). *Estudios de derecho marítimo*. Bosch, Barcelona.

BOLHMAN, M.T. (2001). «ISO's container standards are nothing but good news». *ISO Bulletin*, Ginebra.

CABRERA CÁNOVAS, A. (2013). *Transporte internacional marítimo en contenedor*. ICEX, Madrid.

COMUNIDAD DE MADRID-GEDESMA (2002). *60 preguntas y respuestas básicas sobre residuos*. Centro del Producto Reciclado, Madrid.

CUDAHY, B.J. (2006a). *Box boats: how container ships changed the world*. Fordham University Press, Nueva York.

— (2006b). «The Containership Revolution: Malcolm McLean's 1956 Innovation Goes Global». *TR News*, Washington.

CABEZA, D. (2012). *Logística inversa en la gestión de la cadena del suministro*. Marge Books, Barcelona.

DÍEZ, A.M.; MUÑOZ, C.E.; MARÍN, J.M. (2016). *Manual del transporte marítimo*. Marge Books, Barcelona.

FERNÁNDEZ SASIAÍN, F. (2014). *Estiba y trincaje de mercancías en contenedor*. Marge Books, Barcelona.

GANADO, M.; KINDRED, H. (1990). *Marine Cargo delays*. Lloyd's of London Press Ltd., Londres.

GÓMEZ SEGADE, J.A. (1980). *El transporte marítimo de mercancías: de las Reglas de la Haya a las Reglas de Hamburgo*. RDM.

GRIGGS-WILIAMS (1991). *Limitation of liability for maritime claims*. Lloyd's London Press, Londres.

KNIGHT, K.G. (1985). *Lloyd's Survey Handbook*. Lloyd's of London Press Ltd., 4.ª ed, Londres.

Kuhne, G.; Blanco Celiarain, J. (1976). *Envasajes y embalajes de plástico.* Gustavo Gili, Barcelona.

Levinston, M. (2006). *The Box: How the Shipping Container Made the World Smaller and the World Economy Bigger.* Princeton University Press.

López Rueda, F.C. (2000). *El* régimen *jurídico del transporte multimodal.* La Ley, Madrid.

Marí Sagarra, R.; Rodrigo de Larrucea, J.; Sousa, A.; Martín, J. (2003). *El transporte de contenedores: terminales, operatividad y casuística.* UPC, Barcelona.

Marí Sagarra, R.; Rodrigo de Larrucea, J.; Libran, A. (2005). *La seguridad en los puertos.* Marge Books, Barcelona.

Martínez Jiménez, I. (1991). *Los contratos de explotación del buque.* Bosch, Barcelona.

McNicholas, M. (2008). *Maritime security: an introduction.* Butterworth Heinemann, Boston.

Monfort, A. *et al.* (2001). *Terminales marítimas de contenedores: el desarrollo de la automatización.* Fundación IPEC, Valencia.

Palacio López, P. (2001). *Transporte marítimo de contenedores: organización y Gestión.* Fundación IPEC, Valencia.

Pérez, A.; Sabrià, F.; Rodríguez, M.A. (2003). *Logística inversa.* Marge Books, Barcelona.

Ramberg, J. (1988). *The International Commercial Law Series,* Schmithoff, Londres.

Rodiere, R., (1972) *Introduction to Transport Law and Combined Transports, International Encyclopedia of Comparative Law,* vol. xii, Law of Transport. Oceane Publications, Inc., Tübingen, La Haya, París, Nueva York.

— (1968). *Traité général de Droit maritime. Affretements et transports,* t. ii, París.

Rodrigo de Larrucea, J. (2017). *Manual del transporte en contenedor.* Marge Books, Barcelona.

— (2018). *Manual de Transporte en contenedor.* Marge Books, Barcelona.

Rueda, J.A. (1982). *La responsabilidad ex-recepto en el derecho romano en la limitación de responsabilidad del porteador en el transporte marítimo de mercancías,* ADM, vol.VI.

Ruiz Soroa, J.M. (1986). *Manual de derecho del transporte marítimo.* Gobierno Vasco, Vitoria.

Saborío, D. (1998). *Manejo Poscosecha II.* Universidad Estatal a Distancia, San José de Costa Rica.

Sánchez Andrés, A. (1981). *La avería gruesa en relación con la responsabilidad del porteador,* ADM.

Sarmiento, A.E. *Logística de transporte de mercancías en contenedores marítimos,* Ediciones de la U, Bogota.

Sauerbier, Ch.L.; Meurn, R.J. (2004). *Marine Cargo Operations: a guide to stowage.* Cornell Maritime Press, Cambridge.

Soler, A. (2011). *La seguridad en el contenedor marítimo.* Fundación Valenciaport, Valencia.

Soler, D. (2021) *Guía práctica de las reglas Incoterms 2020.* Marge Books, Barcelona.

Soler, D.; Mira, J. (2015). *Manual del transporte de mercancías.* Marge Books, Barcelona.

Unctad (2017). *Informe sobre el transporte marítimo.* Naciones Unidas, Nueva York, Ginebra.

The Economist (2006). «The container industry: the world in a box». *The Economist,* Nueva York.

Wilson, J.F. (2008). *Carriage of Goods by Sea.* Pearson Education, Harlow.

Artículos

Co-operation and competition in international container transport: strategies for ports. T Heaver, H Meersman… - Maritime Policy & …, 2001 - Taylor & Francis

Institutional perspective on the adoption of technology for the security enhancement of container transport. YHV Lun, CWY Wong, KH Lai, TCE Cheng - Transport Reviews, 2008 - Taylor & Francis

Ocean container transport in global supply chains: Overview and research opportunities. CY Lee, DP Song - Transportation Research Part B: Methodological, 2017 - Elsevier

Port performance in container transport logistics: A multi-stakeholder perspective. MH Ha, Z Yang, JSL Lam - Transport Policy, 2019 - Elsevier

Stowage planning in maritime container transportation. JG Kang, YD Kim - Journal of the Operational Research Society, 2002 - Taylor & Francis

The critical role of ocean container transport in global supply chain performance. JC Fransoo, CY Lee - Production and Operations Management, 2013 - Wiley Online Library

The value of information in container transport. RA Zuidwijk, AW Veenstra - Transportation Science, 2015 - pubsonline.informs.org

Webs

Pier Next (web innovación Puerto de Barcelona): https://piernext.portdebarcelona.cat/

**Manual del transporte
de mercancías**

Jaime Mira, David Soler

**Prevención de riesgos
laborales: Personal
de transporte y estiba**

*Alba Ramírez Soriano,
Eva María Hernández Ramos*

**Prevención de riesgos
laborales: Personal de
reparto y de conducción**

Alba Ramírez Soriano

**Guía práctica de las reglas
Incoterms 2020**

David Soler

**Manual del transporte
en contenedor**

Jaime Rodrigo de Larrucea

Gestión logística integral

Luis Aníbal Mora García

**Manual del transporte de
mercancías por carretera**

José Manuel Ruiz Rodríguez

**Manual de gestión
de almacenes**

Sergi Flamarique

Título de transportista

*Francisco Martín, M. Teresa
Maza, María J. de la Maza,
Antonio Muñoz*

Manual de gestión de tráfico de mercancías
Rut Castell

Mediciones e instrumentación. Metrología, modelamiento, sensórica
Luis Enrique Martín Santamaría

Economía circular. Un enfoque práctico para transformar los modelos empresariales
Rozanne Henzen, Ed Weenk

Transporte ferroviario de mercancías
Miguel Ángel Dombriz

Gestión de inventarios. Métodos cuantitativos
Marco Espejo González

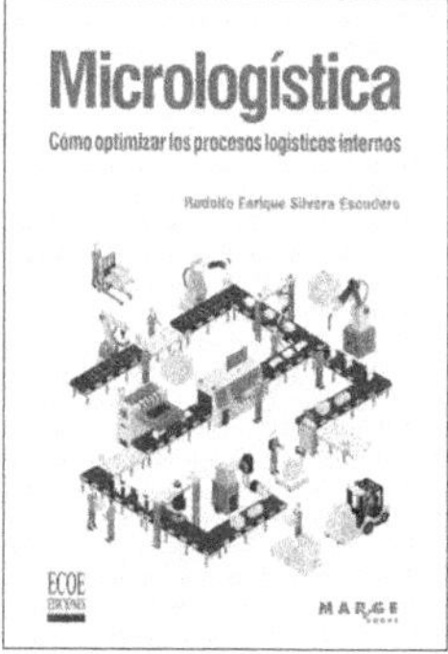

Micrologística
Rodolfo Enrique Silvera Escudero

Transporte marítimo de mercancías. Los elementos clave, los contratos y los seguros
Rosa Romero, Alfons Esteve

Cómo gestionar la cadena de suministo
Ed Weenk

Estiba y trincaje de las mercancías en contenedor
Francisco Fernández Sasiaín

Brutau, 160 – 08203 Sabadell (Barcelona) – Tel. +34-931 429 486 – marge@margebooks.com – www.margebooks.com